赤峰学院学术专著出版基金
CHIFENGXUEYUANXUESHUZHUANZHUCHUBANJIJIN

本书由赤峰学院资助出版

DONGXIANGYU YINXI YANJIU

东乡语音系研究

呼和额日格　著

民族出版社

前言

本书由绪论、正文4章、总结与展望、参考文献和附录组成。绪论中主要介绍了东乡族和东乡语以及东乡语的研究概况，论述了本次研究的意义、内容和方法，阐明了本次研究的语料库及参数库概况和研究的主要工作及观点。

本书主体由4章组成。

第一章为元音声学分析，主要采用了声学分析法对东乡语的20个声学单元音和22个声学复合元音的舌位特征、音长、音强、音高进行了分析。声学单元音包括[ɐ]、[ʌ]、[ɜ]、[ɛ]、[ə]、[e]、[i]、[ɪ]、[ɨ]、[ʅ]、[ʯ]、[o]、[ɵ]、[ɞ]、[ɔ]、[u]、[ʉ]、[ʊ]、[ɚ]、[ɝ]等；声学复合元音包括[ei]、[eɪ]、[əi]、[ɛi]、[əu]、[əʊ]、[əʉ]、[ou]、[oʉ]、[oʊ]、[ui]、[uɪ]、[ʉi]、[ɵi]、[ʊi]、[iɐ]、[iə]、[iɜ]、[iɔ]、[iu]、[ʊɐ]、[ʊei]等。

第二章为辅音声学分析部分，主要采用了声学分析法对东乡语的辅音进行了分析，重点在于辅音的语图表现、过渡音征、强频集中区、浊音的共振峰频率和音长、音强、音高等信息，从而获得了31个声学辅音，即[p]、[p^h]、[t]、[t^h]、[k]、[k^h]、[q]、[q^h]、[s]、[ʂ]、[ʐ]、[ɕ]、[ɸ]、[β]、[χ]、[ʁ]、[h]、[tʂ]、[$tʂ^h$]、[tɕ]、[$tɕ^h$]、[ts]、[ts^h]、[n]、[m]、[ŋ]、[l]、[j]、[w]、[ɾ]、[r]等。

第三章为东乡语音段音位部分。东乡语的20个声学单元音可归纳成/ɐ/、/ə/、/i/、/o/、/u/ 5个固有元音音位和1个借入元音音位/ɚ/。22个声学复合元音可归纳成/əi/、/əu/、/ui/、/iɐ/、/iə/、/iu/、/ʊɐ/、/iɔ/、/uəi/等9个复合元音音位。元音无长短对立。东乡语元音的音长和音强从低元音处向高元音依次递减。

31个声学辅音可归纳成8个塞音（/p/、/p^h/、/t/、/t^h/、/k/、/k^h/、/q/、/q^h/）、8个擦音（/s/、/ʂ/、/ʐ/、/ɕ/、/ɸ/、/χ/、/ʁ/、/h/）、6个塞擦音（/tʂ/、/$tʂ^h$/、

/tɕ/、/tɕʰ/、/ts/、/tsʰ/）、2 个鼻音（/n/、/m/）、1 个边音（/l/）、1 个闪音（/ɾ/）、2 个近音（/j/ 和 /w/）共 28 个辅音音位，其中有 3 个借入音位 /ʐ/、/ts/ 和 /tsʰ/。

东乡语音系包括 15 个元音音位，28 个辅音音位，共计 43 个音段音位。

东乡语元音音变主要有清化、展唇化、同化、鼻化、脱落和复合元音单化。清化主要涉及高元音，展唇化涉及唇元音，鼻化涉及 /n/ 结尾的前置元音，脱落则关系到词首非重读音节的元音。辅音音变包括清化、擦化、浊化和唇化，清化涉及 [ʁ]，擦化涉及 [ɾ] 和 [tsʰ]，浊化涉及 [p]，唇化涉及 [p] 前出现的 [n]。

东乡语音段音位的区别特征有 9 对，即元音性 / 非元音性、辅音性 / 非辅音性、暂音性 / 延音性、糙音性 / 润音性、送气 / 不送气、鼻音性 / 口音性、集聚性 / 分散性、钝音性 / 锐音性、降音性 / 平音性。

第四章为东乡语的超音段特征。东乡语音节结构模板为（C）V（C），包括 V、VC、CV、CVC 4 种基本类型，CV 音节占绝对优势，其次为 CVC 音节，东乡语音节以开音节为主。

东乡语词的音长、音强、音高基本落点在词末音节，合成词、部分名词、副词和词后缀接附加成分时，重音有前移现象，汉语借词受当地汉语方言影响，重音落点不稳定，主要受声调影响。音强落点倾向依次是去声、平声、上声，音强落点受语境影响较大，音高落点最为稳定，与音长有一定的关联性，因此可以认为东乡语的重音性质为音高重音。

东乡语的元音和谐主要是以舌位高低不同为基础的元音和谐，主要涉及中元音和低元音。单元音中，阳性元音为 /ɐ/，阴性元音为 /ə/ 和 /o/，/i/ 和 /u/ 为中性元音。复合元音性质由结尾段元音决定，/uɐ/、/iɐ/ 为阳性元音，/iə/ 为阴性元音，/iu/、/ui/、/əu/、/əi/ 和 /uəi/ 为中性元音。元音和谐仅存于词干中，派生词、合成词和借词不在其列。

目 录

绪 论…………………………………………………………………………1
第一节 东乡族和东乡语……………………………………………………1
第二节 东乡语研究概况……………………………………………………5
第三节 东乡语音系研究的意义、研究内容和方法………………………13
第四节 语料库及参数库概况………………………………………………16
第五节 本研究的主要工作及观点…………………………………………19

第一章 元音声学分析………………………………………………………21
第一节 单元音………………………………………………………………21
第二节 复合元音……………………………………………………………55
小 结…………………………………………………………………………80

第二章 辅音声学分析………………………………………………………84
第一节 塞 音………………………………………………………………84
第二节 擦 音………………………………………………………………100
第三节 塞擦音………………………………………………………………113
第四节 鼻 音………………………………………………………………121
第五节 边 音………………………………………………………………126
第六节 近 音………………………………………………………………128
第七节 闪音和弹音…………………………………………………………132

小　结…………………………………………………………………… 134

第三章　东乡语音段音位…………………………………………………… 135
第一节　元音音位………………………………………………………… 135
第二节　辅音音位………………………………………………………… 151
第三节　音变及其规则…………………………………………………… 160
第四节　区别性特征……………………………………………………… 167
小　结…………………………………………………………………… 171

第四章　超音段特征………………………………………………………… 173
第一节　东乡语的音节…………………………………………………… 173
第二节　东乡语词重音…………………………………………………… 180
第三节　东乡语元音和谐………………………………………………… 187
小　结…………………………………………………………………… 192

总结与展望………………………………………………………………… 194
第一节　总　结…………………………………………………………… 194
第二节　展　望…………………………………………………………… 203

参考文献…………………………………………………………………… 205

附　录……………………………………………………………………… 212
一、符号表………………………………………………………………… 212
二、实验词样本…………………………………………………………… 214
三、频谱图样本…………………………………………………………… 250

绪论

第一节 东乡族和东乡语

一、东乡族

东乡族主要聚居在甘肃省临夏回族自治州，其中东乡族自治县最为集中，县域内约有20万人使用东乡语。临夏古属河州，东南西北各有一乡，东乡因此得名。中华人民共和国成立后确认东乡族为单一民族，是我国56个民族之一。据2010年人口普查，我国东乡族有621500人。东乡族主要从事农业，兼营少量牧业、手工业和商业。[①]此外，甘肃省兰州市以及青海省和新疆维吾尔自治区也散居着一部分东乡族。

东乡族自治县位于临夏回族自治州东面，东临洮河，西隔大夏河与临夏市、临夏县毗邻，南与广河县、和政县接壤，北面黄河。地貌属黄土地貌，山坡陡峭、沟壑纵横，虽四面环水，但干旱少雨，土地贫瘠，植被覆盖稀少，水土流失严重，“陇中苦瘠甲天下，东乡苦瘠甲陇中”就是这里的写照。[②]

过去，东乡族因语言像蒙古语而混同于蒙古族（多见于明时及清初），又因信仰伊斯兰教而混同于回族（多见于清后），因此被其他民族称为“蒙古回回”“东

① 数字引自国务院人口普查办公室、国家统计局人口和就业统计司：《中国2010年人口普查资料》（上中下），中国统计出版社，2012。

② 东乡族自治县地方史志编纂委员会编：《东乡族自治县志》，序言，兰州，甘肃文化出版社，1985。

乡回回”“土著回回”等。[①] 东乡族自称“撒尔塔坤”（santa kun 或 sarta kun）。

关于“sarta”一词的词源学界观点比较一致，认为来自于印度语或梵语，意为“商贾”。[②] 蒙古文献中记载为“sartagul”或“sartagtai”，最早出现于“成吉思汗碑文”，《蒙古秘史》中旁注为“回回”。学者陈其斌在其《东乡社会研究》一书中对这些意见进行了较为全面的归纳。[③]

东乡族的历史来源问题上，学者们的意见并不一致，主要有以下几种观点。一是蒙古人为主说。主要理由：其一，东乡语为蒙古语族语言之一，语音有对应关系，词汇中 55% 为同源词，语法模式相同。其二，两个民族之间的民间文学作品基本相同。其三，从风俗习惯上，东乡族的赛马、跨腰刀、放鹰、吸鼻烟、举行“那达慕”以及好茶等习俗和习惯均与蒙古族相同。二是色目人为主说。这部分学者认为：“东乡族是成吉思汗或其后人西征时俘获或征集的中亚细亚一带信仰伊斯兰教的色目人工匠，随着蒙古军居住临夏地区，后娶妻室，移往东乡地区，繁衍生息，并在后来逐渐融合了当地汉族、回族、藏族而形成的。”[④] 三是撒尔塔人为主说。该观点与色目人为主说一脉相承，但更具体。持该观点的学者认为和东乡族关联的色目人主要有回回、乃蛮、钦察、哈剌鲁、甘土鲁和康里。[⑤] 色目人为主说和撒尔塔人为主说的考证可以归纳为几点。其一，东乡族的地区名称中仍有大量手工业行业名称，如伊哈池（碗匠）、免古池（银匠）、阿搂池（编背筐的匠人）、阿拉隼池（皮匠）等。其二，撒尔塔地区的地名与今东乡地区的地名相近或一致，如本池光、八拉成、巴哈寺、者合里等。其三，从遗传学角度看，东乡人更接近中亚人，而非蒙古人。其四，风俗习惯上仍保留中亚人的特点，如娶亲时在路旁为娶亲的人准备茶食的习俗，称之为“图苏湖”（突厥语，意为献纳食物），还过“阿守拉节”（粮食节）的习俗、正月十五跳火堆的习俗。其五，东乡族人自称“撒尔塔”。其六，有传说称，东乡族先人大部分

① 东乡族自治县地方史志编纂委员会编：《东乡族自治县志》，序言，兰州，甘肃文化出版社，1985。
② 马志勇：《“撒尔塔”与东乡族族源》，载《西北民族学院学报》，1983（1）。
③ 陈其斌：《东乡社会研究》，北京，民族出版社，2006。
④ 马国忠、马自祥：《关于东乡族族源问题》，载《西北民族学院学报》，1982（3）。
⑤ 马志勇：《“撒尔塔”与东乡族族源》，载《西北民族学院学报》，1983（1）。

是通过传教途径来东乡定居的，这些传说中有“赛义德”的传说和“哈木则”的传说等。四是多民族融合说。该观点的代表人物是《东乡族简史》的作者杨建新。他认为，东乡族是居住在东乡地区的回族人、蒙古族人、藏族人和当地汉族人共同融合而成的。

除以上 4 种说法之外，还有吐谷浑人为主说等观点，但均为猜测，未有实质性证据。又有从体质特征、血型分布、遗传 DNA 等角度，用自然科学的方法考证东乡族族源的著作问世。如戴玉晶认为：“东乡族主要成分是回族、蒙古族、汉族，此外藏族也是东乡族族源的主要成分。”[①] 刘桂枝认为：“维吾尔族和东乡族的 ABO 血型分布特点完全一致，民族指数均小于 1，遗传距离较近。”[②] 谢小冬等认为：“东乡族基本上与回族、藏族及北方汉族相接近。”[③]

二、东乡语和东乡文字

东乡语是阿尔泰语系蒙古语族语言，属黏着性语言。语音中保留了中世纪蒙古语的喉门擦音和小舌塞擦音 [h]、[q^h] 等，词汇中亦有在现代蒙古语中消失了的古代蒙古语词。此外，东乡语词汇中又有一些突厥语、波斯语、阿拉伯语和藏语词汇，持“撒尔塔人为主说”的学者们认为，波斯语、阿拉伯语和突厥语为东乡语的底层。借词当中汉语借词数量最多，生活中使用频率也高。

东乡语可分为 3 个土语，分别为锁南坝土语、汪家集土语和四甲集土语。[④] 锁南坝土语分布在东乡县锁南镇、春台镇、坪庄乡（坪庄、免古池、大树、达板空等村）、沿岭乡、东塬乡、百和乡及临夏县、和政县等地区，使用该土语的人大概占东乡语使用者总数的 50%。汪家集土语分布在东乡县汪集乡、果园乡、那勒寺镇、达板镇及广河县、康乐县等地区，使用该土语的人大概占总数的 30%。四甲集土语分布在东乡县龙泉乡、唐汪镇、考勒乡及永靖县等地区，使用该土语

① 戴玉晶：《甘肃东乡族体质特征研究》，载《人类学学报》，1991，10（2）。
② 刘桂枝：《西北地区七个民族 ABO 血型分布特点及分析》，载《西北民族学报》，1996（1）。
③ 谢小冬、王励陵、安黎哲：《从群体遗传的 DNA 线索看东乡族族源问题》，载《民族研究》，2002（1）。
④ 刘照雄：《东乡语简志》，北京，民族出版社，1981。

的人大概占总数的20%。3个土语词汇上有些差别，此外汪家集土语元音多卷舌音，四甲集土语多保留较古的读法。① 此外，20世纪50年代末至80年代初，部分东乡族从甘肃临夏地区搬迁至新疆，其中伊犁地区最为集中，占全新疆东乡人的80%左右，因迁源地的不同，操持的土语也不同，即上述3种土语均有出现。近年来，部分学者发表了对东乡语土语的不同观点，呼司乐土在《基于数据库的东乡语元音声学研究》中划分了以下几个方言土语点：锁南坝方言（汪家集土语、四甲集土语）、伊犁方言、玉门方言、古浪方言、海原方言。②

以往多数学者认为东乡族没有文字，但近年来东乡族本民族学者提出，东乡族使用“消经”文至今，该文字是用阿拉伯文拼写东乡语的拼音文字，有35个字母，其中包括阿拉伯、波斯和回族“消经”中没有的文字符号，有9个附加符号和3个标点符号。字母无大小写体区别，书写习惯与回族“消经”基本一致，自右向左横写，每个字母因连写需要有单写、词首、词中、词尾4种形式，有些字母还有变体或盖笔形的写法。③ 使用该文字的人主要是掌握阿拉伯文拼写法的东乡人，一般记录民间文学、宗教知识，并用于通信。笔者于东乡采访“米拉尕黑”传承人马虎成时发现，马虎成先生不仅用“消经”记录“米拉尕黑”，还书写一些符文。

1957年，中国科学院少数民族语言研究所东乡语调查组曾拟定了《东乡族文字方案草案》，该草案以锁南坝语音为标准音，在俄文29个字母基础上，按语音学的原则拟定，但并未普及开来。

2001年4月马国忠、陈元龙编著的《东乡语汉语词典》出版，词典中使用了《东乡语实用记音符号》，该符号以《汉语拼音方案》为基础，记音符号与汉语拼音的读法大体一致。

① 刘照雄：《东乡语简志》，北京，民族出版社，1981。
② 呼司乐土：《基于数据库的东乡语元音声学研究》，兰州，西北民族大学硕士学位论文，2015。
③ 阿·伊布拉黑麦、陈元龙：《东乡族的“消经”文字》，89页，兰州，甘肃人民出版社，1999。

第二节 东乡语研究概况

一、国外研究概况

1884—1886年，俄国探险家波塔宁（Potanin）在兰州与河州之间的宋家村，从当时迁徙而来的东乡族那里收录200多条单词。1906—1908年，芬兰旅行家曼纳尔黑麦（Mannerheim）在其田野笔记中也记录过东乡族相关信息。1931年，比利时传教士田清波（Mostaert）在其《甘肃的蒙古人及其语言》① 当中提到三塔（东乡）语。

国外对东乡语的早期描写从20世纪50年代中后期开始。苏联学者托达叶娃（Todaeva）一行于1956年到临夏地区进行东乡语调查，回国后于1959年在ACTA ORIENTALIA刊物第11期上发表论文《论东乡语》②，随后1961年出版《东乡语》③ 一书。此外，为比较蒙古语族语言，日本学者也做了相应的研究工作，有角道正佳的《东乡语的语音变化》④ 和栗林均的《“东乡语词汇”蒙古文索引》⑤ 等。

因受当时条件所限，直到90年代，一度中断的东乡语研究才又重新进入国外学者的视线。1992年美国学者肯尼斯·菲尔德（Field.L.Kenneth）到临夏地区学习东乡语，1997年撰写博士论文《东乡语语法概要》⑥，并通过论文答辩。韩国学者金瑞卿于1996—1997年用两年的时间在兰州东乡族聚集区学习调查东乡语，

① Mostaert: “The Mongols of Kansu and Their Language”, Bulletin no.8 of the Catholic University of Peking. 1931，原文来自中国国家图书馆馆藏外文资源。

② 托达叶娃：《论东乡语》，转引自栗林均：《“东乡语词汇”蒙古文索引》，东京，东京外国语大学，1986。

③ Тодаева,В.Х:Дунсианский Япзук,Москва:Издател’ствво Восточнои Литерури,1961.

④ 角道正佳：《东乡语的语音变化》，载《大阪外国语大学学报》，1982。

⑤ 栗林均：《“东乡语词汇”蒙古文索引》，东京，东京外国语大学，1986。

⑥ Field.l.kenneth: “A Grammatical Overview of Santa Mongolian”, Ph.D dissertation, University of California, Santa Barbara, 1997.

1998年博士论文《东乡语词法研究》[①]通过答辩。论文内容虽以词法为主，但在第一章中详细描写东乡语的音位，说明音位之间的对立、互补原则，并例证其区别特征。该论文不乏新观点，如将 /ɯ/ 解释为音位 /i/ 的变体，将辅音归纳为23个音位，比其他多数学者的28个音位少5个音位。

二、国内研究概况

20世纪50年代中期我国开展的语言调查是国内东乡语研究的开端，金双龙等学者认为这一时期为早期描写研究阶段。学者们在1955年和1956年两次语言调查的基础上，对东乡语的语音、语法、词汇等方面做了详细的描写。[②]这一阶段的论著有清格尔泰于1957—1958年在《蒙古语文》杂志上连载的《中国境内蒙古语族语言及蒙古语方言概况》[③]，1959年那森柏在乌兰巴托召开的第一届国际蒙古学会议上宣读的《东乡语札记》[④]，1965年刘照雄在《中国语文》杂志上发表的《东乡语概况》[⑤]等。

经过摸底调查后，东乡语研究进入了一个新的阶段，"这一阶段研究的主要特点是描写研究的深入和历史比较研究的开始"[⑥]。1981年，学者刘照雄出版著作《东乡语简志》[⑦]。1980年，内蒙古大学的布和老师与研究生宝力高、呼和巴拉（呼和巴尔）等编写了《东乡语和蒙古语》[⑧]、《东乡语话语材料》[⑨]、《东乡语词汇》[⑩]等。《东乡语和蒙古语》一书对东乡语和蒙古语的语音、词汇、语法进行了系统的历史比较研究；《东乡语词汇》收录词汇四千余条，并注明了每个词的

① 金瑞卿：《东乡语词法研究》，北京，中央民族大学博士论文，1998。
② 金双龙：《东乡语研究》，导言，北京，民族出版社，2020。
③ 清格尔泰：《清格尔泰文集》，赤峰，内蒙古科学技术出版社，2011。
④ 那森柏：《东乡语札记》，载《蒙古学研究某些问题》，乌兰巴托，1961。
⑤ 刘照雄：《东乡语概况》，载《中国语文》，1965（2）。
⑥ 金双龙：《东乡语研究》，导言，北京，民族出版社，2020。
⑦ 刘照雄：《东乡语简志》，北京，民族出版社，1981。
⑧ 布和：《东乡语和蒙古语》，呼和浩特，内蒙古人民出版社，1986。
⑨ 布和等：《东乡语话语材料》，呼和浩特，内蒙古人民出版社，1987。
⑩ 布和等：《东乡语词汇》，呼和浩特，内蒙古人民出版社，1983。

来源。这一时期的主要论著还有马国良、刘照雄的《东乡语研究》[①]，呼和巴尔的《东乡语复数附加成分 -çiəla》[②]、《东乡语和蒙古语同源的词》[③]，那德木德、桑杰的《关于东乡语名词末尾音 -n》[④]，那德木德的《关于东乡语元音》[⑤]，阿·伊布拉黑麦的《关于东乡语语音的几个音位》[⑥]、《东乡语构词法补遗》[⑦]、《东乡语话语材料》[⑧]、《东乡语的音位》[⑨]、《东乡语的构词法》[⑩]，布和的《东乡语的元音和谐现状探析》[⑪]、《东乡语的鼻辅音 n 和 ŋ》[⑫]、《东乡语动词"式"的一个形式——附加成分 -mu》[⑬]、《东乡语词汇初探》[⑭]，包力高（宝力高）的《东乡语与蒙古书面语元音辅音的对应》[⑮]，那森柏的《东乡语的词重音》[⑯]、《东乡语蒙古语人称代词比较研究》[⑰]，余志鸿的《从〈蒙古秘史〉语言看东乡语》[⑱]，孙竹的《东乡语实词及其形态》[⑲]、《蒙古语达斡尔语东乡语的数范畴比较》[⑳] 等。1988 年，甘肃省民族事

① 马国良、刘照雄：《东乡语研究》，见甘肃省民族事务委员会少数民族语言文字办公室、西北民族学院西北民族研究所编：《东乡语论集》，兰州，甘肃民族出版社，1998。

② 呼和巴尔：《东乡语复数附加成分 -çiəla》，见甘肃省民族事务委员会少数民族语言文字办公室、西北民族学院西北民族研究所编：《东乡语论集》，兰州，甘肃民族出版社，1998。

③ 呼和巴尔：《东乡语和蒙古语同源的词》，载《蒙古语言文学》，1986（1）。

④ 那德木德、桑杰：《关于东乡语名词末尾音 -n》，载内蒙古大学蒙古语研究室：《蒙古语文研究参考资料》（内部资料），1984。

⑤ 那德木德：《关于东乡语元音》，载《西北民族学院学报（哲学社会科学版）》，1982（3）。

⑥ 阿·伊布拉黑麦：《关于东乡语语音的几个音位》，载《甘肃民族研究》，1985（2）。

⑦ 阿·伊布拉黑麦：《东乡语构词法补遗》，载《甘肃民族研究》，1987（1、2）。

⑧ 阿·伊布拉黑麦：《东乡语话语材料》，载《民族语文》，1987（3）。

⑨ 阿·伊布拉黑麦：《东乡语的音位》，见甘肃省民族事务委员会少数民族语言文字办公室、西北民族学院西北民族研究所编：《东乡语论集》，兰州，甘肃民族出版社，1998。

⑩ 阿·伊布拉黑麦：《东乡语的构词法》，见甘肃省民族事务委员会少数民族语言文字办公室、西北民族学院西北民族研究所编：《东乡语论集》，兰州，甘肃民族出版社，1998。

⑪ 布和：《东乡语的元音和谐现状探析》，见甘肃省民族事务委员会少数民族语言文字办公室、西北民族学院西北民族研究所编：《东乡语论集》，兰州，甘肃民族出版社，1998。

⑫ 布和：《东乡语的鼻辅音 n 和 ŋ》，载《内蒙古大学学报（蒙文版）》，1985（2）。

⑬ 布和：《东乡语动词"式"的一个形式——附加成分 -mu》，见甘肃省民族事务委员会少数民族语言文字办公室、西北民族学院西北民族研究所编：《东乡语论集》，兰州，甘肃民族出版社，1998。

⑭ 布和：《东乡语词汇初探》，载《内蒙古大学学报（蒙文版）》，1982（1）。

⑮ 包力高：《东乡语与蒙古书面语元音辅音的对应》，见甘肃省民族事务委员会少数民族语言文字办公室、西北民族学院西北民族研究所编：《东乡语论集》，兰州，甘肃民族出版社，1998。

⑯ 那森柏：《东乡语的词重音》，载《蒙古语言文学》，1981（1）。

⑰ 那森柏：《东乡语蒙古语人称代词比较研究》，载《蒙古语言文学》，1983（1）。

⑱ 余志鸿：《从〈蒙古秘史〉语言看东乡语》，载《民族语文》，1994（1）。

⑲ 孙竹：《东乡语实词及其形态》，载《蒙古语族语言研究》，1996（1）。

⑳ 孙竹：《蒙古语达斡尔语东乡语的数范畴比较》，载《民族语文》，1987（6）。

务委员会少数民族语言办公室和西北民族学院西北民族研究所合编的《东乡语论集》中收录了 11 篇关于东乡语的论文。这些论文能够大体上体现出当时我国东乡语研究状况。

进入 21 世纪以来，东乡语研究从方法和理论上趋于多元化，传统研究进一步深化，代表作有马如彪的《〈华夷译语〉与东乡语词汇探讨》①、包满亮的《东乡语情态词初探》② 等。由马国忠与陈元龙历时十余年编著而成的《东乡语汉语词典》③ 是第一部东乡语词典。此外，有人从语言接触角度探讨东乡语历史发展问题，通过分析东乡语汉语接触及其相互影响的条件、方式、过程、结果，为阿尔泰语系语言与汉藏语系的语言接触研究提供了例证。包萨仁的《蒙古语族东乡语与汉语的接触研究》④、《从语言接触看东乡语和临夏话的语序变化》⑤、《蒙古语科尔沁土语和东乡语汉借虚词比较研究》⑥、《东乡语汉语接触模式探析》⑦ 等论文可谓此类研究的开端。敏春芳的《语言接触视域下东乡语副动词研究》⑧、《东乡语汉语借词研究》⑨ 亦可纳入此序列。2010 年青年学者金双龙撰写硕士论文《新疆东乡语语音研究》⑩，2013 年其博士论文《东乡语研究》⑪，结合实验语音学方法和历史比较法详细描写了东乡语的语音、词汇和语法。

这一阶段，东乡语语音描写研究进一步深化，在方法论上注意利用测量仪器量化描写语音，重视语言本身的固有特征，力求探索其语言本身客观存在的规则体系。主要著作有张瑞珊的《东乡语元音声学研究》⑫、《东乡语塞音清浊问题的声

① 马如彪：《〈华夷译语〉与东乡语词汇探讨》，《语言与翻译》，2016（1）。
② 包满亮：《东乡语情态词初探》，载《中央民族大学学报（哲学社会科学版）》，2016（2）。
③ 马国忠、陈元龙：《东乡语汉语词典》，兰州，甘肃民族出版社，2001。
④ 包萨仁：《蒙古语族东乡语与汉语的接触研究》，北京，北京大学博士学位论文，2006。
⑤ 包萨仁：《从语言接触看东乡语和临夏话的语序变化》，载《西北第二民族学院学报（哲学社会科学版）》，2006（2）。
⑥ 包萨仁：《蒙古语科尔沁土语和东乡语汉借虚词比较研究》，载《内蒙古民族大学学报（社会科学版）》，2006（2）。
⑦ 包萨仁：《东乡语汉语接触模式探析》，载《北方语言论丛》，2011。
⑧ 敏春芳：《语言接触视域下东乡语副动词研究》，载《甘肃高师学报》，2013（6）。
⑨ 敏春芳：《东乡语汉语借词研究》，载《汉语史研究集刊》，2012。
⑩ 金双龙：《新疆东乡语语音研究》，呼和浩特，内蒙古大学硕士学位论文，2010。
⑪ 金双龙：《东乡语研究》，呼和浩特，内蒙古大学博士学位论文，2013。
⑫ 张瑞珊：《东乡语元音声学研究》，兰州，西北民族大学硕士学位论文，2010。

学分析》[①]，金雅声、张瑞珊的《东乡语单元音声学研究》[②]，吕士良、胡阿旭、于洪志等的《东乡语元音的嗓音特征研究》[③]，瞿世伟的《东乡语语音声学研究》[④]，呼司乐土的《基于数据库的东乡语元音声学研究》[⑤]，呼司乐土、巴图格日勒的《关于蒙古语族东乡语双音节词重音问题》[⑥]，呼司乐土的《基于声学参数数据库东乡语 /k/ 辅音研究》[⑦]，呼司乐土、巴图格日勒、格根塔娜、德格吉呼的《基于语音声学参数数据库的东乡语元音 /i/ 音位分析》[⑧] 等论文。此外，2012 年巴图格日勒教授的国家社会科学基金项目《基于数据库东乡语语音声学研究》启动。东乡语声学描写的成果多数集中发表于近十年，主要用声学分析求证以往东乡语研究的结论。

表 0–1 和表 0–2 展示学者们东乡语研究成果，以便进行对比和阐释。[⑨]（作者后面的数字表示其不同年份的著作，因学者们研究领域不同，两个表格所收论著也不尽相同）

表 0–1 东乡语元音研究结果

作者	单元音	复合元音	借词元音
托达叶娃	ɑ, ə, i, o, u, ɯ	ai, əi, ɑu, əu, ui, iɑ, iə, uɑ, iu, uə, iɑu, uɑi	
清格尔泰	ɑ, ə(ɛ), ɯ, i(ʅ), o, u, ɚ	ai, ɑu, əi, əu, ou, ui, iɑ, iə, io, iu, uɑ, uɑi, iɑu	ɚ
刘照雄	ɑ, ə, i, o, u, ɯ, ɚ	ai, əi, ɑo, ou, iɑ, iə, uɑ, iɑo, iou, uɑi, uəi	ɚ
那森柏	ɑ, ə, i, o, u	ai, ɑu, ou, ui, əi, iɑ, io, iu, iə, uɑ, uɑi, iɑu	
布和	ɑ, ə, i, o, u, ɯ, ɚ	ai, əi, ui, ɑu, əu, iɑ, iə, iu, uɑ, iɑu, uɑi	ɚ

① 张瑞珊：《东乡语塞音清浊问题的声学分析》，载《科技信息》，2009（33）。
② 金雅声、张瑞珊：《东乡语单元音声学研究》，载《西北民族研究》，2010（4）。
③ 吕士良、胡阿旭、于洪志：《东乡语元音的嗓音特征研究》，载《西北民族大学学报（自然科学版）》，2011（2）。
④ 瞿世伟：《东乡语语音声学研究》，兰州，西北民族大学硕士学位论文，2012。
⑤ 呼司乐土：《基于数据库的东乡语元音声学研究》，兰州，西北民族大学硕士学位论文，2015。
⑥ 呼司乐土、巴图格日勒：《关于蒙古语族东乡语双音节词重音问题》，载《中国蒙古学》，2016（4）。
⑦ 呼司乐土：《基于声学参数数据库东乡语 /k/ 辅音研究》，载《青年文学家》，2014（35）。
⑧ 呼司乐土、巴图格日勒、格根塔娜、德格吉呼：《基于语音声学参数数据库的东乡语元音 /i/ 音位分析》，载《西北民族大学学报（自然科学版）》，2015（4）。
⑨ 为方便比较，笔者将学者们使用的不同音标统一为严式国际音标。

续表

作者	单元音	复合元音	借词元音
那德木德	ɑ, ə, i, o, u	ɑo, ɑu, ou, əu, uɑ, uɑj	
阿·伊布拉黑麦（1988）	ɑ, ɛ, ə, i, o, u, ɔ	iɑ, iə, iu, iɔ, uɑ, uɛ, uə, əi, ou, ui	
阿·伊布拉黑麦（1987）	ɑ, ə, i, o, u	iɑ, iə, iu, iɔ, uɑ, uɛ, uə, əi, ou, ui	
包力高	ɑ, ə, i, o, u, ɯ, ɚ	ɑi, əi, ui, ɑu, əu, iɑ, iə, iu, uɑ, iɑu, uɑi	ɚ
包萨仁	ɑ, ə, i, o, u		
金瑞卿	ɑ, ə, i, o, u, ɚ	ui, iu, əi, əu, iɛ, ɛi, ɔu, iɔ, iɑ, uɑ, uɛi	
金双龙	ɑ, u, ɯ, ə, o, i	ɑi, ɑu, əi, ui, əu, iɑ, iə, iu, uɑ	
呼司乐土	ɐ, i, u, ɛ, o, ə, ɚ, ɯ	ɐi, əi, uɐ, ui, au, ia, iə, iu, uo, əu, ou, iɔ	

表 0-2　东乡语辅音研究结果

作者	单辅音	复辅音	借词辅音
托达叶娃	p, pʰ, w, k, kʰ, t, tʰ, tʂ, tʂʰ, tsʰ, j, q, qʰ, l, m, n, ŋ, r, s, f, χ, h, tɕ, ɕ		
清格尔泰	p, pʰ, m, w, f, t, tʰ, s, ts, tsʰ, n, l, r, tʂ, tʂʰ, ʂ, ʐ, tɕ, tɕʰ, ɕ, j, k, kʰ, ɢ, qʰ, x, ʁ, h		
刘照雄	p, pʰ, m, f, t, tʰ, n, l, r, ts, tsʰ, s, tɕ, tɕʰ, ɕ, tʂ, tʂʰ, ʂ, ʐ, k, kʰ, x, ɣ, ɢ, qʰ, h, j, w		
布和	p, pʰ, m, w, f, t, tʰ, n, l, r, ts, s, tʂ, tʂʰ, ʂ, ʐ, tɕ, tɕʰ, ɕ, j, k, kʰ, x, ŋ, ɢ, qʰ, ʁ, h	st, stʂ, sr, ʂt, stʂ, ft, fk	tsʰ, ʐ
阿·伊布拉黑麦（1988）	p, pʰ, m, f, t, tʰ, n, l, r, s, tsʰ, tʂ, tʂʰ, ʂ, ʃ, ts, k, kʰ, G, qʰ, x, ʁ, h		ts
阿·伊布拉黑麦（1987）	p, pʰ, m, f, t, tʰ, n, l, r, ts, s, ʃ, tʂ, tʂʰ, ʂ, ts, k, kʰ, ɢ, qʰ, x, ʁ, h, j, w		ts
包力高	p, pʰ, m, w, f, t, tʰ, n, l, r, ts, s, tʂ, tʂʰ, ʂ, ʐ, tɕ, tɕ, ɕ, j, k, kʰ, x, ŋ, ɢ, qʰ, ʁ, h	st, stʂ	
金瑞卿	p, t, f, k, ɢ, pʰ, tʰ, kʰ, q, tʂ, tʂʰ, s, ʂ, ts, tsʰ, f, x, h, ʁ, m, n, ŋ, l, r		ts, tsʰ, f
金双龙	n, ŋ, p, pʰ, f, x, h, qʰ, kʰ, q, ʁ, k, l, m, s, ɕ, ʂ, t, tʰ, tɕʰ, tsʰ, tʂʰ, tɕ, tsʰ, ts, tʂ, j, r, ʐ, w		ts, tsʰ

从表 0–1 可以看出，学者们对东乡语有 /a/、/ə/、/i/、/o/、/u/ 5 个单元音音位已达成共识，而分歧在于 /ɯ/、/ɚ/、/ɛ/、/ɔ/ 4 个音位。（1）关于 [ɯ]，多数学者没有给出明确答案，清格尔泰、布和等学者虽将其单独列出并归类到东乡语单元音音位，但对是否将其看作 /ə/ 或 /i/ 的变体，依然存有疑虑。那德木德的论文《关于东乡语音位》比较 /ɯ/ 与蒙古语一些方言中的音位 /ə/ 及其变体，并判断其为“可能是阳性 [ʅ]。因此，把 [ɯ] 元音之一部分看作 [ə] 或 [e] 的窄化是可以的。讲话时听起来比 [i] 为宽，稍厚一些。/ə/ 音位有 [ɯ]、[e]、[ʅ]、[ʮ] 之类的变体”。东乡族学者阿·伊布拉黑麦在其《东乡语音位》中将 /ɯ/ 归入 /i/ 的变体，出现条件为 [G]、[q^h] 之后。（2）有关 /ɚ/ 音位，争议明显多。学者们承认该元音只出现在借词当中。只有汪家集土语中，元音 /ɚ/ 可以出现在固有词里，因此部分学者将它归类为独立音位，而托达叶娃、那德木德、阿·伊布拉黑麦等学者认为 [ɚ] 是元音 [ə] 与辅音 [r] 的结合，是 [r] 弱化的结果，应为两个音位的体现，即 [ər]。（3）托达叶娃和刘照雄两位学者认为东乡语有 [ai]、[ao 或 au] 2 个复合元音，但阿·伊布拉黑麦在《东乡语的音位》一文中认为 [ai]、[ao 或 au] 应为单元音 [ɛ] 和 [ɔ]，此外部分学者用声学研究的方法尝试过用数据复证这一观点。

从表 0–2 可以看出，对于东乡语辅音音位的数量，学者们的观点不尽相同，从 23 个音位到 29 个音位不等，差距较大。大部分学者认同清格尔泰、刘照雄、包力高等学者的 28 个辅音音位。因东乡语深受汉语影响，是否将借词辅音当作独立音位，是争议的一个焦点。关于东乡语是否存在 /ŋ/ 音位，学者们意见也不一致，刘照雄在《东乡语概况》《东乡语简志》等著作中认为 /ŋ/ 是以元音后构成闭音节为条件的辅音 /n/ 的变体。阿·伊布拉黑麦的观点与此相同。另一个分歧在于是否将辅音 [tɕ]、[$tɕ^h$]、[ɕ] 视为独立音位这一问题上。阿·伊布拉黑麦认为 [tɕ]、[$tɕ^h$] 是出现于前高元音前的 /t/、/t^h/ 的条件变体，应正确记音为 [dʒ]、[$tʃ^h$]（[tʃ]、[$tʃ^h$]）。韩国学者金瑞卿的观点与此相同，并将 /ɕ/ 视作辅音音位 /s/ 的条件变体。阿·伊布拉黑麦与金瑞卿对 [j]、[w] 两个辅音的看法也一致，认为二者分别是 /i/、/u/ 两个元音的变体。

东乡语的词重音也是学者们关注的问题之一。早期学者们，如托达叶娃、清格尔泰等人认为东乡语的词重音虽不稳定，但似乎仍在词首音节。之后，那森柏1980年发表的论文《东乡语词重音》纠正了这一观点。他认为，（1）东乡语的元音清晰（除某些无声现象），带重音的音节强而有力，元音显得长一些，由此得出结论——东乡语的词重音为力重音（stress accent）；（2）东乡语的个别重音有区别语义的现象；（3）指出东乡语的重音基本在词末音节，即词干上（个别词除外，另：某些代词的重音情况较为复杂），而用附加成分（构形和构词成分）生成新词时，重音位置向新词的末尾音节或新词干移动。这一系列观点现被学界广泛接受，并被后来的声学分析所证实。

关于元音和谐问题，托达叶娃的著作《东乡语》有所述及，但没有对元音范畴进一步进行划分。清格尔泰在其《中国境内蒙古语族语言及蒙古语方言概况》中将东乡语元音划分为阳性 /ɑ/，阴性 /ə/、/o/，中性 /i/、/u/。阳性元音和阴性元音不共一个词干内，而中性元音可同另外两种元音和谐。那森柏在《东乡语读本》中的划分与此稍有不同，他将 /a/ 和 /o/ 归类为阳性元音，阴性元音只有 /ə/，中性元音为 /i/、/u/。布和在《东乡语的元音和谐现状探析》一文中将东乡语元音分为阳性 /ɑ/、阴性 /ə/、/o/、中性 /i/、/u/ 3 类，并认为东乡语元音和谐并不十分严密，只局限于一定范围内。

三、本次研究的背景和特点

2015 年笔者导师包玉柱教授主持的中国语言资源保护工程项目“北方少数民族语言调查·东乡语”启动，本人于 2015 年 7 月至 9 月中旬随导师前往东乡族自治县进行为期 72 天的田野调查。本次调查选东乡县锁南坝为调查点，以锁南坝土语为目标语，调查内容包括该土语的音系归纳、摄录基本词汇 3000 条、语法规则例句 100 条、口头文化长篇语料等。笔者于 2016 年和 2017 年先后独立主持中国语言资源保护工程项目“民族语言调查·甘肃临夏东乡语四甲集土语”和“民族语言调查·新疆霍城东乡语伊犁土语”，将调查范围扩展到东乡语其他土语点。

在攻读博士学位期间，共进行 4 次田野调查，累计 260 余天，分别为 2015

年7月1日至9月15日、2016年3月1日至6月20日、2016年7月10日至9月15日、2017年7月25至8月25日。调查显示，语言现象不仅和语言结构单位有关，而且和使用者的文化、习俗、经济等活动关系密切。我们在田野调查中，深入村庄，与村民同吃同住，在真实情境中感受语言背后的文化及历史。研究要求将目标语言作为一个系统掌握，而不局限于语音分析。调查除语音视频资料外，还涉及词汇、文本、文化习俗、民间故事、民歌诗歌等。

田野调查所得全部资料被收入两个数据库，一是《东乡语语音声学参数数据库》，另一是《东乡语语料库》。《东乡语语音声学参数数据库》是本次分析的直接语料来源，详见后文。《东乡语语料库》用fieldworks平台制作，包括词库和文本库。

语音现象与词汇形态和句法密切相关，制作《东乡语语料库》的目的在于将语音放在整个语言系统中进行观察，同时在形态研究、词典编撰中进一步验证、核实和补充语音分析成果。《东乡语语料库》语料来源有二：一为田野调查语义域收词所得，计有19637条；二为从马国忠、陈元龙编著的《东乡语汉语词典》所收11000余条词。《东乡语语音声学参数数据库》是语音分析专项数据库，侧重静态分析；《东乡语语料库》是综合型数据库，侧重系统分析。

第三节　东乡语音系研究的意义、研究内容和方法

一、研究意义

（一）致力于语言保护及应用

语音研究是语言研究的基础，是系统描写语言各个层级的第一步，在音系构建中解决遗存问题，有助于科学准确地记录和保存语言。语言多元化标志着一个国家文化的包容性。我国民族众多，但因经济、政治、教育、科技、社会变迁等诸多因素的影响，少数民族语言或多或少面临使用人口减少，应用范围萎缩等生

存压力，没有文字的语言尤甚，东乡语便是一例。因使用人口不足60万，使用范围局限于东乡族自治县一隅，随着信息化的加快，语言各要素受到的冲击比以往任何时候都要强烈。本研究的目的之一就是尽可能精细描写东乡语音系及其规则，从而完整、准确、系统地保存并保护现有语言资源，在一定程度上促进东乡语的学习及应用。

（二）研究重点的转移

以往的东乡语研究，在描写语音时，多侧重探讨谱系归属问题，历时比较研究的成果丰硕，这是由不同历史阶段的研究任务所决定的。本次研究的重点是语言本体，即在客观、充分、准确的语料基础上，深入挖掘东乡语本身固有的特点及规律。研究重点的转移有三个意义：一是充分尊重语言使用者的语感及其文化背景，调查是浸透式的，而不是走马观花；二是着重挖掘语言自身的规律，而不过多比照和借用其他语言的规律；三是为东乡语的信息化研究打基础。

（三）研究方法的改进

传统研究多用描写法、比较法，手段单一。近十年来，实验研究有所起色并受到业界关注。本次研究利用高质量的录音器材和通用语音分析软件进行数据采集、声学分析和数据统计，从而对东乡语的语音进行全方位的细致观察和描写，量化分析东乡语的语音现象及其规律。本次研究为东乡语研究导入现代音系学分析方法，以功能对立、语音自然类及区别特征理论分析其音系格局，归纳音位，建构音系，因而有一定的实验价值和示范价值。

二、研究内容

本研究的主要任务是建立并利用声学参数数据库，分析东乡语的语音现象，建构音系，对其词重音、音节模式、元音和谐律等超音段特征进行系统的研究。采集数据，建构数据库，多用实验语音学方法；建构音系多用音系学方法。

三、研究方法

（一）实验音系学方法

1. 本次研究基于语音实验方法，利用语音声学数据库对目标音的音段特征和超音段特征进行声学描写。用元音的前三个共振峰、音长描写元音声学特征；用辅音强频集中区、共振峰、辅音音长、音强和过渡特征描写辅音音段；用音高、音强和音长的分布研究超音段特征。

2. 在声学描写基础上，用音系学方法建构东乡语音系。包括功能对立和分布分析、音位自然类的划分、小系对立和音位格局分析，等等。

（二）描写方法

论文的主要方法属于描写语言学方法，但手段不同。用声学软件进行语音分析和描写，将数据组织成参数数据库，用数据库排列、筛选、统计语音数据，抽取特征信息，用定量定性相结合的方法详细记录、描写目标音。

（三）对比方法

描写语音时采用对比方法，对不同位置及不同音节内的元音进行对比，表现元音的音段和超音段特征；辅音的对比包括不同位置辅音声学特征比较和不同元音前后的辅音特征比较。对比不同音节类型、不同音节个数的词，观察东乡语的词重音表现；比较词干、附加成分、借词的重音移动数据，界定重音性质，归纳重音的移动规律。音位的功能对立、互补分布、自然类的划分、音位格局分析等，都使用对比分析方法。

第四节　语料库及参数库概况

一、语料来源

（一）《东乡语语音声学参数数据库》的建立

2016年3月及同年6月，笔者两次前往甘肃省临夏回族自治州东乡族自治县，采集到一男一女两位发音人的发音数据，完成词表编写、录制、切音、分析、注音、标注、参数采集、数据统计等工作，在此基础上建立《东乡语声学参数数据库》。参数库包括两名发音人数据，每个人发音1974条单词（以双音节和三音节词为主，最多4音节）。词表编写主要参考1983年布和等编著的《东乡语词汇》和2001年马国忠、陈元龙编著的《东乡语汉语词典》等文献。录音设备为Thinkpad yoga5笔记本电脑、Taskam U336外置声卡、定向性领夹式话筒SONY Electrets Condenser Microphone ECM-44B。录音地点为东乡族自治县广播局录音棚。录音时保证周围环境绝对安静。采样率为44100Hz，存储格式为*.wav。录音时，对每个单词，发音人读3遍，选择发音最自然、最清晰的读音（一般情况下第二次发音为佳）制作音频文件。

发音人信息：

M1：马尕努，男，出生于1948年7月10日，小学文化，农民，祖籍为东乡族自治县，出生于该县坪庄村，没有长期离开过该地区，父母和配偶均为当地东乡族，母语能力良好，没有发音系统疾病，发音条件符合实验要求。

F1：马阿英社，女，出生于1950年3月8日，小学文化，农民，祖籍为东乡族自治县，出生于该县坪庄村，没有长期离开过该地区，父母和配偶均为当地东乡族，母语能力良好，发音条件符合实验要求。

二、东乡语语音声学参数数据库

本次研究的数据来源为《东乡语语音声学参数数据库》。参数库由本人制作，参数库模式参考了呼和的《蒙古语语音实验研究》①，制作全过程受到了中央民族大学包玉柱和韩国君的全方位校对和检验。数据库由索引库、声音标注库和声学参数库组成。

（一）索引库

索引库由原始编号、编号、声样文件名、东乡语记音符号记音、音位记音、音素记音、汉译、音节个数、音节类型等9个字段组成。

（二）声音库

声音库是用北语录音软件对音频文件进行切音和整理后建立的音库，声学分析时可调用。见图0-1。

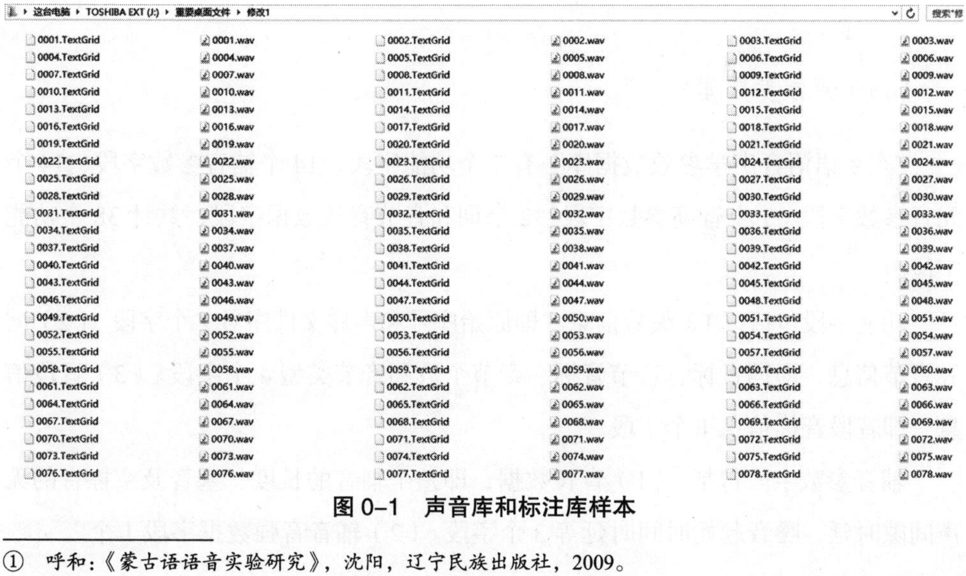

图0–1　声音库和标注库样本

① 呼和：《蒙古语语音实验研究》，沈阳，辽宁民族出版社，2009。

（三）标注库

对声样文件的语音标注使用荷兰阿姆斯特丹大学研制的 Praat（5.2.22）软件，在此基础上建立标注库。标注用云龙国际音标输入法，第一层为音段层，对切割的音段进行音素记音，第二层是音节层，使用音位标记法，第三层为词层，同样使用音位标记法。标注文件名与声样文件名一致，扩展名为 *.TextGrid。见图 0–2。

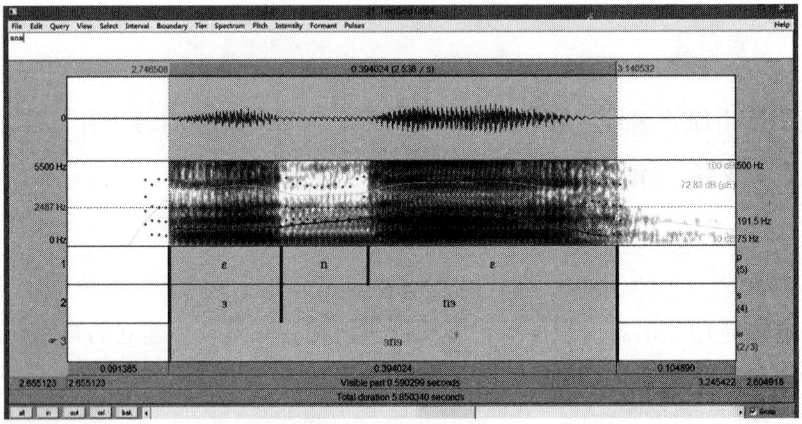

图 0–2　三层标注图

（四）声学参数库

“东乡语语音声学参数数据库”有 7 个功能字段、14 个辅音参数字段、14 个元音参数字段、1 个音高参数字段、2 个词和音节音长数据字段，共计 38 个功能字段。

功能字段包括：（1）编号信息，即原始序号和声样文件序号 2 个字段。（2）词和音节信息，即词音标、音节音标、音节个数和音节类型 4 个字段。（3）音段信息，即音段音标信息 1 个字段。

辅音参数字段包括：（1）音长数据，即整个辅音的长度、塞音及塞擦音的无声间隙时延、嗓音起始时间时延等 3 个字段。（2）辅音音强数据字段 1 个。

（3）共振峰数据有10个字段，即清辅音共振峰字段5个，浊辅音共振峰字段5个。

元音参数字段包括：（1）音长数据，1个字段。（2）音强数据，1个字段。（3）共振峰数据，即起始位置共振峰数据有4个字段，稳定段共振峰数据有4个字段，结尾共振峰数据有4个字段，共计12个字段。

音高参数字段包括音高峰值数据1个字段。

词和音节音长数据包括2个字段，即词和音节时延信息。（参数库式样见附录二）。

第五节 本研究的主要工作及观点

其一，音系学是语言单位学研究的基础和起点，本次研究出于系统论的观点，观察了东乡语19637条词，建立了《东乡语语音声学参数数据库》和《东乡语语料库》，为以后的形态研究和句法研究奠定了资料基础。

其二，本次研究结合声学和音系学的方法，对元辅音的功能对立、对立分布进行分析，划分音位自然类，构建音位格局，确定了音位及音位变体的条件格式。指出单元音 [ɛ]、[ɔ]、[ɨ] 不具有独立音位地位，复合元音 [əi] 和 [ɐi] 为一个音位的不同条件变体，[əu]、[ou] 和 [ɐo] 同理，认为东乡语仅有1个三合元音 [ʊei]，而没有 [iɐo]。辅音方面，对 [n] 和 [ŋ] 的出现条件作出解释，认为是一个音位的不同变体。此外对业界提及的其他元辅音音位进行了复证。

其三，用实验的方法，注重语音的互补分布、功能对立，重视了重音和邻音对音变的影响，解释了音变现象。

其四，用归纳法对东乡语音节进行研究，认为东乡语音节类型包括V、VC、CV、CVC等4个基本类型，V、VV、VC、CV、CVV、CVVV、CVC、CVVC等8个扩展类型。其中CV类型音节为典型音节，随着音节数的增加，不仅音节类型逐渐减少，音节组合模式也趋于单化。东乡语音节的开音节化在类型学研究有重要意义。

其五，东乡语词重音在词末是学界共识，本次在研究复证这一观点的同时，对重音移动的条件进行了进一步分析，对高频汉语借词重音移位现象进行了解释，此外用数据统计的方法界定了重音的性质。

其六，采用音系学的规则化形式，用39条格式描写了音位及变体，用16条格式描写了语音音变规律。

第一章　元音声学分析

东乡语有单元音和复合元音，没有长元音。本章基于《东乡语语音参数数据库》，对东乡语单元音、复合元音的第一（F1）、第二（F2）、第三（F3）共振峰数据进行统计分析，结合定量及定性分析方法，采用JOOS元音声学图，对东乡语元音的声学特征及分布特点进行实证描写。

第一节　单元音

一、舌位特征

表1–1是东乡语单元音的三个共振峰数据平均值、舌位分布范围及其数据统计表。图1–1是根据表1–1绘制的单元音声学元音图。表1–2是不同位置音节元音共振峰平均值统计表，图1–2是以表1–2为基础绘制的单元音声学元音对比图。

表1–1　单元音共振峰数据统计　　单位：Hz

元音	F1			F2			F3			个数
	均值	标准差	范围	均值	标准差	范围	均值	标准差	范围	
ɐ	736	47	566—880	1322	70	1201—1557	2374	257	2014—2762	1087
ʌ	688	58	555—867	1124	73	918—1199	2401	250	2104—2796	327

续表

元音	F1			F2			F3			个数
	均值	标准差	范围	均值	标准差	范围	均值	标准差	范围	
ɜ	649	39	560—710	1468	70	1211—1590	2372	238	2096—2714	350
ɛ	639	47	562—776	1603	56	1512—1809	2417	271	2204—2629	141
ə	526	34	444—559	1442	96	1246—1593	2425	223	2205—2844	81
e	511	36	450—559	1635	66	1520—1855	2386	140	2031—2590	88
i	356	41	276—399	1860	172	1600—2151	2607	204	2339—2928	121
ɪ	440	42	400—496	1802	136	1594—2183	2514	147	2300—2787	157
ɨ	449	54	282—519	1429	93	1229—1576	2464	141	2282—2685	14
ɿ	455	35	389—512	1391	67	1272—1553	2553	167	2336—2774	41
ʅ	467	48	294—528	1514	112	1278—1761	2417	196	2206—2706	252
o	539	58	475—599	1013	96	826—1198	2421	271	2133—2789	254
ɔ	633	36	601—674	1134	67	956—1199	2301	417	2102—2684	38
ɵ	510	35	425—533	1276	62	1210—1437	2332	265	2114—2652	21
ɞ	567	42	500—644	1261	44	1210—1338	2261	206	1952—2575	14
u	369	57	286—418	950	123	672—1183	2320	193	2006—2660	209
ʉ	407	48	319—499	1305	95	1202—1591	2338	181	2112—2662	85
ʊ	452	45	402—480	991	104	725—1198	2274	173	2034—2694	525
ɚ	500	76	454—553	1550	109	1409—1650	2174	142	2007—2322	7
ɝ	596	36	562—637	1571	92	1425—1717	2266	154	2071—2508	8

表 1-2 不同音节位置元音共振峰平均值统计 单位：Hz

元音	词首音节			词腹音节			词末音节		
	F1	F2	F3	F1	F2	F3	F1	F2	F3
ɐ	711	1304	2382	725	1321	2303	762	1328	2396
ʌ	685	1121	2459	699	1134	2378	779	1131	2368
ɜ	619	1478	2439	601	1417	2351	664	1474	2353
ɛ	603	1617	2513	595	1599	2355	664	1583	2386
ə	525	1439	2442	524	1446	2408	—	—	—

续表

元音	词首音节			词腹音节			词末音节		
	F1	F2	F3	F1	F2	F3	F1	F2	F3
e	509	1650	2429	520	1655	2396	—	—	—
i	349	1859	2643	365	1852	2544	369	1911	2632
ɪ	418	1798	2583	443	1763	2505	448	1830	2564
ɨ	430	1467	2476	514	1303	2639	—	—	—
ɿ	459	1385	2543	444	1467	2484	455	1382	2568
ʅ	424	1480	2469	417	1500	2510	491	1528	2381
o	531	1008	2441	561	1064	2372	576	1043	2367
ɔ	—	—	—	632	1061	2211	635	1127	2307
ɵ	—	—	—	510	1276	2265	—	—	—
ɞ	535	1274	2375	580	1255	2216	—	—	—
u	366	942	2349	386	1011	2351	397	855	2352
ʉ	388	1320	2375	418	1297	2320	—	—	—
ʊ	440	995	2355	459	1055	2252	478	951	2191
ɚ	496	1598	2220	—	—	—	510	1430	2010
ɝ	576	1583	2303	—	—	—	634	1527	2111

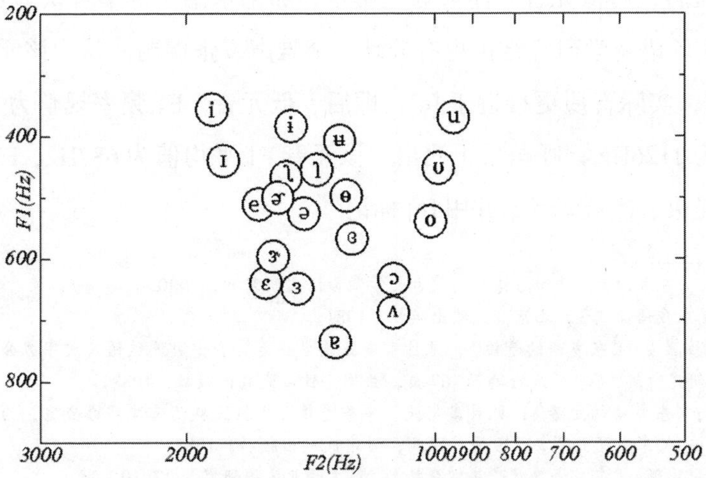

图 1-1　单元音声学元音图

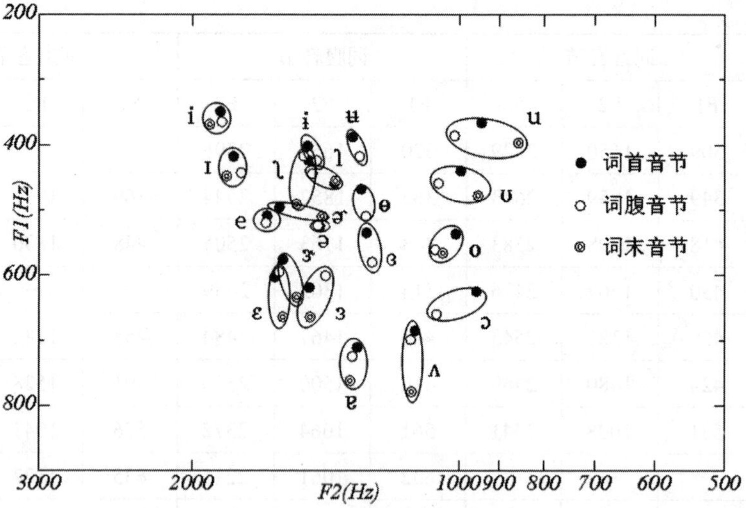

图 1–2　不同音节位置元音对比

（一）元音 [ɐ]

统计显示，[ɐ] 的出现频率最高，达 1087 次。可以出现在词的任何位置。词首独立构成音节时，在部分词中可以自由脱落。例如：ɐmɐsɐ=mɐsɐ（底子，开口处）、ɐntɐ=ntɐ（掉落）、ɐntɐtʰu=ntɐtʰu（好吃、味美）等。关于该元音的发音部位，学术界的意见可以分为两种。托达叶娃[1]、刘照雄[2]、阿·伊布拉黑麦[3]等学者认为，该元音是展唇、后低元音。而那顺巴雅尔、那德木德[4]等学者认为是展唇、央低元音。实验语音学研究结论也有分歧。金雅声、张瑞珊[5]认为该元音介于 [ᴀ] 与 [ɑ] 之间，实际音质更接近于 [ɑ]，即后、低元音，F1 频率规整为 752Hz，F2 频率规整为 1126Hz；呼司乐土测出，该元音 F1 平均值为 687Hz，F2 平均值为 1469Hz，是央、次低元音，并用 [ɐ] 标记[6]。

① 托达叶娃：《东乡语》，呼和浩特，内蒙古大学蒙古语文研究室，1980。
② 刘照雄：《东乡语简志》，北京，民族出版社，1981。
③ 阿·伊布拉黑麦：《东乡语的音位》，见甘肃省民族事务委员会少数民族语言文字办公室、西北民族学院西北民族研究所编：《东乡语论集》，67 页，兰州，甘肃民族出版社，1988。
④ 那德木德：《东乡语的元音》，见甘肃省民族事务委员会少数民族语言文字办公室、西北民族学院西北民族研究所编：《东乡语论集》，49 页，兰州，甘肃民族出版社，1988。
⑤ 金雅声、张瑞珊：《东乡语单元音声学分析》，载《西北民族研究》，2010（4）。
⑥ 呼司乐土：《基于数据库的东乡语元音声学研究》，兰州，西北民族大学硕士学位论文，2015。

本次研究中测出，该元音的 F1 取值范围为 566Hz—880Hz，平均值为 736Hz，F2 取值范围为 1201Hz—1557Hz，平均值为 1322Hz，属于展唇、央、次低元音，位置处于国际音标的 [ɐ]。F1、F2 标准差分别为 47 和 70，从图 1–3 可以看出，其舌位高低及前后离散度较大，这样的表现主要与其词中位置及邻音性质有关。

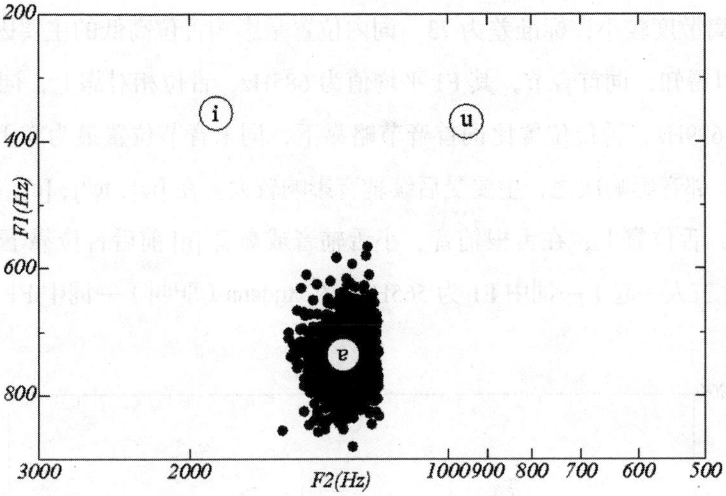

图 1–3　[ɐ] 的分布范围

从表 1–2 及图 1–2 中可以看到，元音 [ɐ] 在词首、词腹、词末音节舌位不尽相同。在词首音节位置舌位靠上、靠后，F1 平均值为 711Hz，F2 平均值为 1304Hz；词腹音节舌位比词首音节略靠下、靠前，其 F1 平均值为 725Hz，F2 平均值为 1321Hz；词末音节舌位最靠下，舌位前后位置基本与词腹音节一致，F1 平均值为 762Hz，F2 平均值为 1328Hz，说明词内位置对该元音舌位影响明显。此外，在舌位前后维度上，元音 [ɐ] 主要受前后辅音的影响，在 [χ]、[q]、[ŋ] 等舌根辅音前后舌位靠后，在 [tɕ]、[tɕʰ]、[ɕ]、[j] 等辅音前后舌位靠前。例如 [ɐji]（害怕）的 [ɐ]，其 F2 为 1476Hz，pɐʁɐ（蛙）的词末 [ɐ]，其 F2 为 1237Hz。

（二）元音 [ʌ]

元音 [ʌ] 在数据库中共出现 327 次，可出现在词内任何位置，是同 [ɐ] 对应的后元音，例如：ʌʁĩ（村庄）、pʌmpũ（蜂）、sɐʁʌ（使挤奶）、sʌʁəi（等候、守候）等。本次研究中，该元音的 F1 取值范围为 555Hz—867Hz，平均值为 688Hz；F2 取值范围为 918Hz—1199Hz，平均值为 1124Hz，位置略高于 [ɐ]（F1 为 736），略低于国际音标的 [ʌ]，实际音质为 [ʌ̞]。

表 1–1 和图 1–4 显示，[ʌ] 在舌位高低位置上离散度较大，标准差为 58；在舌位前后离散度较小，标准差为 73。词内位置是影响舌位高低的主要因素，从表 1–2 中可以得知，词首音节，其 F1 平均值为 685Hz，舌位相对靠上，词腹音节 F1 平均值为 699Hz，舌位位置比词首音节略靠下，词末音节位置最为靠下，平均值为 779Hz。邻音影响次之，主要受后续辅音影响较大。在 [tɕ]、tɕʰ]、[ɕ]、[n]、[l]、[j] 等辅音前，舌位靠上，在舌根辅音、小舌辅音或鼻音 [ŋ] 前后舌位靠下。例如 [ʌ] 在 qurʌlɐ（三人一起）一词中 F1 为 565Hz，在 ʌŋqenɐ（驴叫）一词中 F1 为 740Hz。

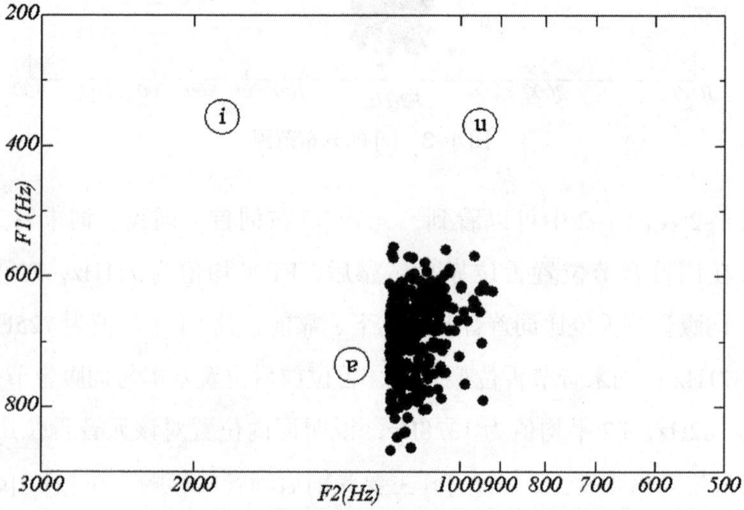

图 1–4　[ʌ] 的分布范围

（三）元音 [ɜ]

元音 [ɜ] 在数据库中出现 350 次，出现频率仅次于 [ɐ] 和 [ʊ]。可出现于词内任何位置，例如：ɜntɜʁəi（蛋）、nɜkʰɪ（皮袄）、ɛmɜ（母性、雌性）等。关于 [ɜ] 元音及其音质，尚未有学者提及。本次研究测出，该元音 F1 分布范围为 560Hz—710Hz，平均值为 649Hz；F2 分布范围为 1211Hz—1590Hz，平均值为 1468Hz。从图 1–5 可以得知，该元音舌位高低及前后离散度较小，F1、F2 标准差分别为 39 和 70，舌位高低在 [ə] 和 [ɐ] 之间，舌位前后在 [ɛ] 和 [ʌ] 之间，属于央、中低元音。分布下线有时与 [ɐ] 重叠。

从表 1–2 和图 1–2 可以看出，该元音在词首音节出现时，舌位相对靠下、靠前，F1 平均值为 619Hz，F2 平均值为 1478Hz；在词腹音节中出现时，比出现在词首音节时略高且后，其 F1 平均值为 601Hz，F2 平均值为 1417Hz；在词末音节出现时，舌位最低，F1 平均值为 664Hz，舌位前后位置与词首音节相同。图 1–5 为元音 [ɜ] 的分布范围图。

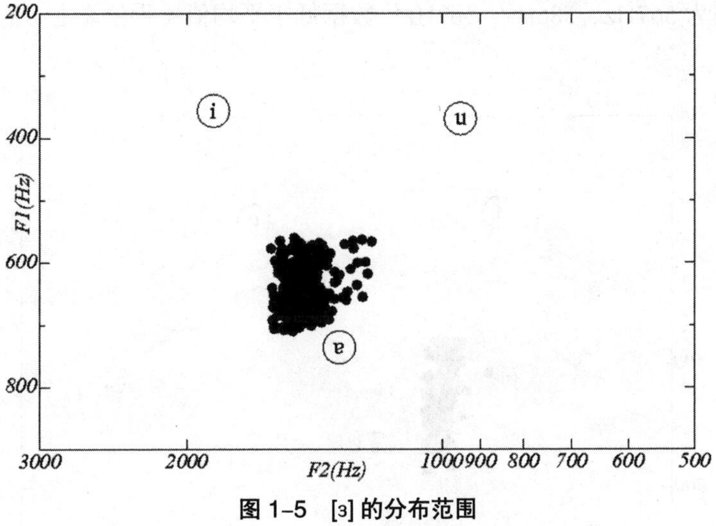

图 1–5　[ɜ] 的分布范围

（四）元音 [ɛ]

元音 [ɛ] 在数据库中出现 141 次，可出现在词内任何位置，例如：ɛnɛ（这、这个）、pɜjɛ（身体、躯干）、hɛlɐ（与他们）等。关于该元音，学界意见不一。

托达叶娃（1961）认为是前、中元音，刘照雄（1981）、布和①等学者将其记音为 [e]。清格尔泰首次提出东乡语有 [ɛ] 元音②，但并未深入讨论。其后金雅声、张瑞珊、呼司乐土等人测出该元音的 F1 平均值为 523Hz，F2 平均值为 1820Hz。

根据我们得到的数据，该元音的 F1 分布范围为 562Hz—776Hz，平均值为 639Hz；F2 分布范围为 1512Hz—1809Hz，平均值为 1603Hz，属于前、中低元音，实际音质较国际音标的 [ɛ] 略靠下，约为 [ɛ̞]。从图 1–6 中可以得知，该元音前后离散度较小，上下离散度较大，F1、F2 标准差分别 47 和 56。词首音节中舌位相对靠上、靠前，F1 平均值为 603Hz、F2 平均值为 1617Hz；词腹音节中，舌位略微提升并后移，F1 平均值为 595Hz，F2 平均值为 1599Hz；词末音节中，舌位明显下降，F1 平均值为 664，F2 平均值与词腹音节数值相当。元音 [ɛ] 的舌位前后位置较为稳定，而舌位的升降，除词内位置外还受邻音影响，在舌尖辅音前后，舌位明显上升，如在 tɕɛsũ（绳子）、nəitɕʰɜtʰʊ（淋湿）、hɛlɜ（老鹰）等词中，其 F1 分别为 567Hz、586Hz、567Hz，数据低于平均值（舌位靠上）。

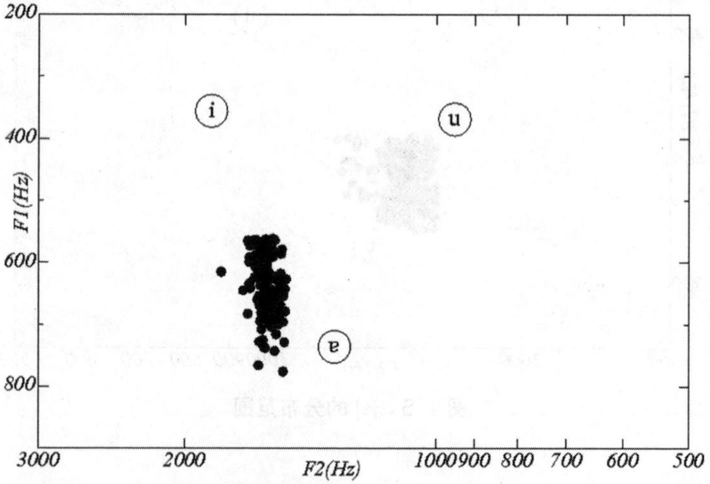

图 1–6 [ɛ] 的分布范围

① 布和：《东乡语和蒙古语》，呼和浩特，内蒙古人民出版社，1986。
② 《清格尔泰文集》（第一卷），赤峰，内蒙古科学技术出版社，2010。

（五）元音 [ə]

元音 [ə] 在数据库中出现次数较少，仅有 81 次，可出现在词首音节非词首位置和词腹音节，词末不出现。例如：kʰəli（腹部、肚子）、məlɜtʊ（前面）、ɐləmɐ（窑洞）。关于该元音，学者们的意见比较统一，普遍认为是央、中元音，词首出现时音质接近于 [e]。刘照雄[①]认为，该元音在词中或音节末以单元音形式出现。金雅声、张瑞珊用实验语音学方法测出该元音的 F1 为 550Hz、F2 为 1362HZ。呼司乐土的结果显示，该元音 F1 为 525Hz，F2 为 1593Hz。

本次研究显示，[ə] 的 F1 分布范围为 444Hz—559Hz，平均值为 526Hz；F2 分布范围为 1246Hz—1593Hz，平均值为 1442Hz，跨度在 [ə] 和 [ɜ] 之间，属于央、中元音，相当于国际音标的 [ə]。从图 1-7 看，该元音在舌位图上的分布比较集中，在舌位上下浮度差异并不明显，标准差仅为 34；词内位置对舌位前后移动的影响并不明显，舌位变化主要受相邻辅音影响，标准差为 96。

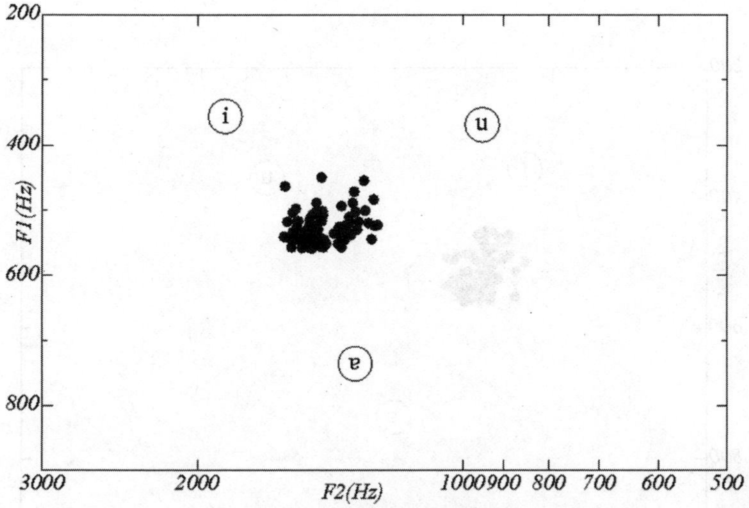

图 1-7　[ə] 的分布范围

① 刘照雄：《东乡语简志》，北京，民族出版社，1981。

（六）元音 [e]

元音 [e] 在数据库中出现 88 次，可出现在词首音节和词腹音节。例如：kʰelɛ（说）、ɕeri（醒、苏醒）、ekʰɛ（母亲）等。马国良、刘照雄等认为，该元音出现在词首时，可独立构成音节或在 [j] 之后出现，阿·伊布拉黑麦也在其论著中提到该元音出现在辅音 [j] 之后，词首出现时应标记为 [ə̣]。

本次研究测出，元音 [e] 的 F1 平均值为 511Hz，F2 平均值为 1635Hz，属于前、中高元音，实际发音部位较国际音标的 [e] 略下，实际音质为 [e]。表 1–2 和图 1–8 显示，该元音在舌位图上的分布比较集中，F1 分布范围为 450Hz—559Hz，标准差为 36；F2 分布范围为 1520Hz—1855Hz，标准差为 66。有时受前置辅音 [k]、[kʰ]、[g]、[n]、[m]、[l] 等的影响，音质近似于 [ie]。

[e] 在词首音节舌位略微靠上，F1 平均值为 509Hz，F2 平均值为 1650Hz，舌位高低位置基本与词腹音节相当，在词腹音节出现时舌位相对靠后，F1 平均值为 520Hz，F2 平均值为 1655Hz。舌位变动主要受词内位置及前后邻音影响。

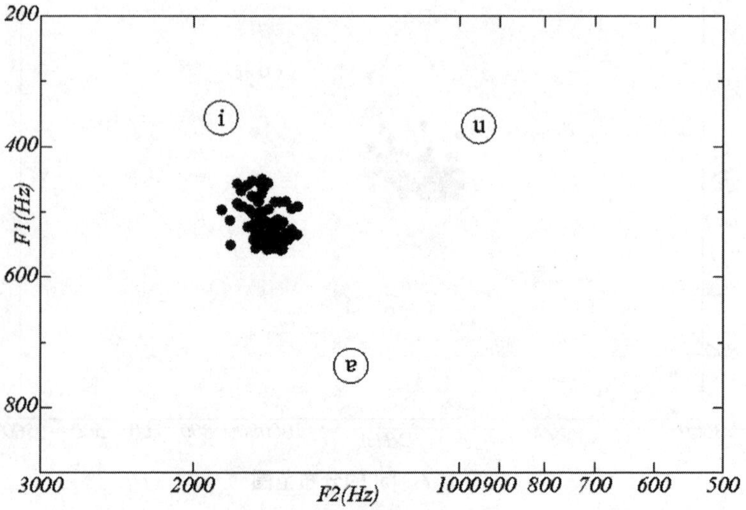

图 1–8　[e] 的分布范围

（七）元音 [i]

元音 [i] 在数据库中共出现 121 次，可出现在词内任何位置，例如：iʁɐ（碗）、miʁɐ（肉）、qoni（绵羊）、ɕiniə（笑）等。阿 · 伊布拉黑麦描述该元音位置在 [i] 和 [ɪ] 之间，认为在词首音节或独立成音节时应记为 [j]。金雅声、张瑞珊的实验证明该元音的 F1 为 350Hz，F2 为 2202Hz，在呼司乐土的研究中，该元音的 F1 为 381Hz，F2 为 2083Hz。

本次研究的数据显示，该元音 F1 平均值为 356Hz，分布范围为 276Hz—399Hz；F2 平均值为 1860Hz，分布范围为 1600Hz—2151Hz，属于前、高元音，发音部位比国际音标的 [i] 略后，应标记为 [i]，这一结论与阿 · 伊布拉黑麦的观点一致。从离散度的数据看（见图 1–9），该元音舌位上下位置较为稳定，标准差为 41，而在舌位前后跨度在所有单元音中最为突出，标准差为 172。

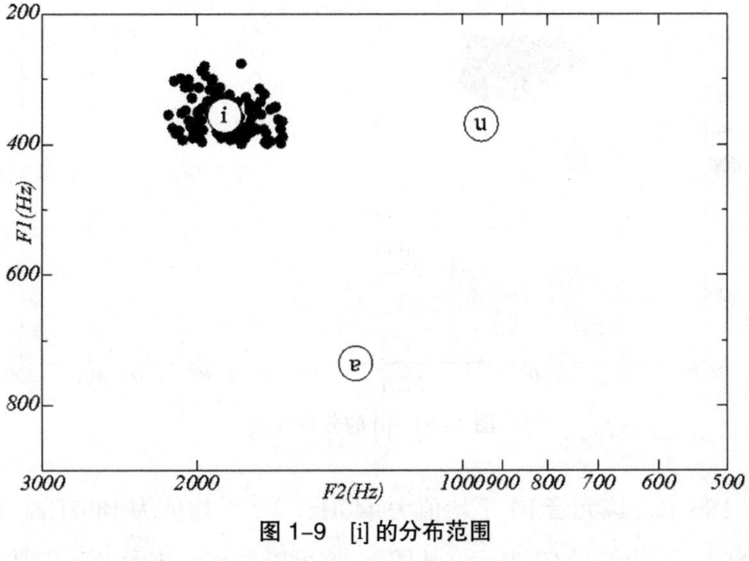

图 1–9　[i] 的分布范围

从表 1–2 和图 1–2 可以看出，[i] 的位置在所有单元音中最靠上、靠前。在词末位置出现时，舌位靠下、靠前，F1、F2 平均值分别为 369Hz 和 1911Hz；词腹位置舌位居中，F1、F2 平均值分别为 365Hz 和 1852Hz；词首位置舌位最靠上，前后基本与词腹位置元音数据相当，F1 平均值为 349Hz，F2 平均值为 1859Hz。由此可知，词内位置对该元音的分布有一定影响。

（八）元音 [ɪ]

元音 [ɪ] 在数据库中出现 157 次，可出现在词内任何位置，但是没有找到在词首起始位置出现的例子。例如：χɪjɐ（手心、把）、hɜrɪ（热）、ɐjɪlõ（稻草人、吓人的东西）等。以往学者们多从音位角度谈及东乡语的元音，细化研究较少，一般将元音 [ɪ] 归入 [i] 音位。阿·伊布拉黑麦认为该元音的出现条件是出现在辅音 [tʃ]、[tʃʰ]、[ʃ] 之后，或组成 [eɪ] 等复合元音。

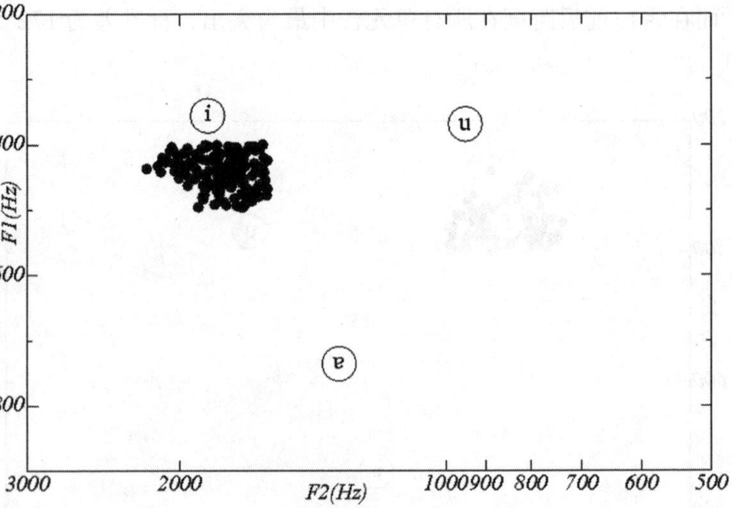

图 1–10 [ɪ] 的分布范围

表 1–1 显示，该元音 F1 平均值为 440Hz，F2 平均值为 1802Hz。略低于国际音标的 [ɪ]，可用符号 [ɪ̞] 表示。从图 1–10 可以看出，该元音无论是舌位高低或舌位前后，离散度均较大，前后移动跨度尤为明显。F1 分布范围为 400Hz—496Hz，F2 分布范围为 1594Hz—2183Hz，标准差分别为 42 和 136。这种表现主

要和词内位置有关。该元音在词首位置出现时舌位最靠上，前后与词腹音节数据相当，词末音节舌位最靠下、靠前。词腹音节，舌位略高于词末，低于词首音节，舌位前后维度上最靠后。除此之外，该元音受后置辅音影响尤为明显，在舌根辅音或小舌辅音前，舌位明显下降且后缩。

（九）元音 [ɨ]

元音 [ɨ] 在数据库中出现频率较低，只有 14 例。可出现在词首音节，但不出现词首起始位置，词腹音节仅出现 3 次。例如：qʰɨri（出去）、sitɨrɐ（燃烧、着火）、qɨrqɐ（气管、喉管）等。学术界对该元音的音质及音位性质一直没有定论，分歧较大。托达叶娃、刘照雄、布和、金双龙①等多数学者认为该元音的音质接近展唇、后、高元音 [ɯ]，并确认其音位地位。金瑞卿②则认为该元音应为央、高元音 [ɨ]。金雅声和张瑞珊的实验结论是，该元音的 F1、F2 分别为 387Hz 和 979Hz，可惜没有提供数据来源。崔世伟③用实验语音学的方法测试 tʰɯqɐ 一词，未能在 [tʰ] 和 [q] 之间发现任何具有元音特征的信息，由此认为可能属于元音弱化或根本就没有元音。呼司乐土的研究显示，该元音的 F1 为 343Hz，F2 为 1108Hz，因此，他将其记音为 [ɯ]。

本次研究测出，元音 [ɨ] 的 F1 平均值为 449Hz，F2 平均值为 1429Hz，属于央、高元音，略低于国际音标的 [ɨ]，实际为 [ɨ̞]。该元音的 F1 分布范围为 282Hz—519Hz，标准差为 54；F2 分布范围为 1229Hz—1576Hz，标准差为 93，舌位跨度明显，即舌位高度上线接近高元音 [i]，下线接近央元音 [ə]，有时叠加，以往学者们将其归为 [i] 或 [ə] 音位，存有疑虑。

从表 1–2 和图 1–11 看，词内位置是影响其音质的首要条件，词首音节 F1 和 F2 平均值分别为 430Hz 和 1467Hz；词腹音节分别为 514Hz 和 1303Hz。该元音在词首音节明显比词腹音节靠上、靠前，而在词腹音节出现时，分布范围与元

① 金双龙：《东乡语研究》，北京，民族出版社，2020。
② 金瑞卿：《东乡语词法研究》，北京，中央民族大学博士学位论文，1998。
③ 崔世伟：《东乡语语音声学研究》，兰州，西北民族大学硕士学位论文，2012。

音 [ə] 有交叉。该元音只出现在 [q]、[qʰ]、[ʁ] 和部分 [t]、[tʰ] 之后。

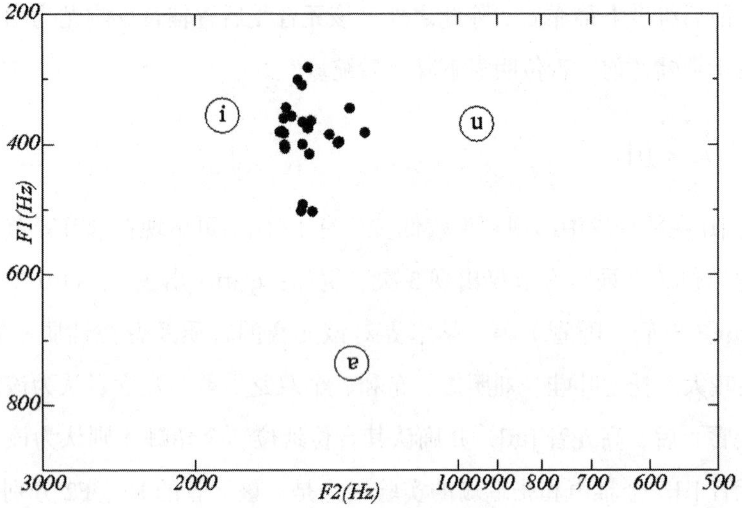

图 1–11　[ɨ] 的分布范围

（十）元音 [ɿ]

[ɿ] 在数据库中共出现 41 次，可出现在词内任何音节，但不出现词首起始位置，出现于辅音 [ts]、[tsʰ]、[s] 后。例如：osɿ（长、生长）、sɿrɐ（断、断绝）、tʂʰətsɿ（车）等。其发音部位同 [ɪ]、[ʅ] 和 [ɨ] 有所重合，但音质有明显的差别，出现条件独特。学术界对该元音的意见比较统一，均将其归入 /i/ 的变体。只有刘照雄（1981）将其视做 /ɯ/ 的变体。金雅声、张瑞珊的实验结果显示该元音的 F1 平均值为 409Hz，F2 平均值为 1174Hz。在呼司乐土的研究中，该元音的 F1 平均值为 369Hz，F2 平均值为 1906Hz。

本次实验测出，该元音的 F1 平均值为 455Hz，F2 平均值为 1391Hz，当属央、次高元音，舌位较汉语普通话的 [ɿ] 略低且后。从离散度看，[ɿ] 在舌位图中的分布比较集中（见图 1–12），F1 分布范围为 389Hz—512Hz，标准差为 35；F2 分布范围为 1272Hz—1553Hz，标准差为 67。

表 1–2 显示，词内位置对该元音的舌位影响较小，词首音节、词腹音节和词

末音节 F1 数值基本相当，分别为 459Hz、444Hz 和 455Hz，舌位上下移动不大。词首音节 F2 平均值为 1385Hz、词腹音节 F2 平均值为 1467Hz、词末音节 F2 平均值为 1382Hz，词腹音节舌位相对靠前，词首和词末音节舌位近似。

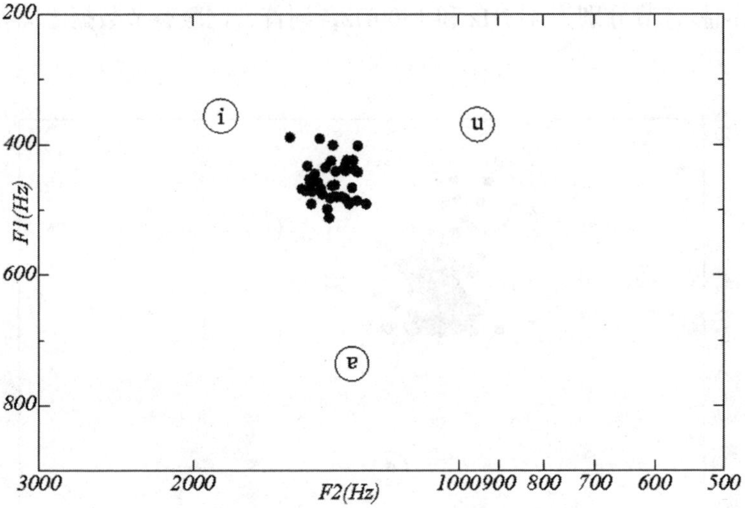

图 1–12　[ɿ] 的分布范围

（十一）元音 [ʅ]

[ʅ] 在数据库中出现 252 次，频率较高，只出现于 [tʂ]、[tʂʰ]、[ʂ]、[ʐ] 4 个辅音之后，可出现在词内任何位置。例如：tʂʰʅ（你）、wʌtʂʅ（抓挠）、sʅʐ̥ʒ（桌子）、sʅ̥tʂʅ（撒、扬）等。学术界对该元音意见比较一致，多数人将其归入 /i/ 的变体，只有刘照雄（1981）将其归入 /ɯ/ 的变体。金雅声、张瑞珊的研究显示，该元音的 F1 为 441Hz，F2 为 1492Hz，在呼司乐土的研究中，其 F1 平均值为 389Hz，F2 平均值为 1855Hz。

本次研究测出，该元音的 F1 平均值为 467Hz，F2 平均值为 1514Hz，舌位比 [ɿ] 略靠前，处于 [ə] 和 [ɨ] 之间，比汉语普通话的 [ʅ] 略低、靠后，属于央、次高元音。从图 1–13 和表 1–2 看，该元音分布较广，离散度较大，F1 范围为 294Hz—528Hz，标准差为 48Hz；F2 范围为 1278Hz—1761Hz，标准差为 112Hz。

这种表现与该元音的词内出现位置和邻音有关，后续 [k]、[kʰ]、[q]、[qʰ]、[ʁ]、[χ] 等后辅音（辅音自然类见第三章第三节图 3–3）时，舌位明显靠后、靠下，后续 [w] 时，舌位靠后、靠上，其他情况下舌位均靠前。该元音在词末音节舌位最低、靠前，F1、F2 平均值分别为 491Hz 和 1528Hz；词首音节分别为 424Hz 和 1480Hz；词腹音节分别为 417Hz 和 1500Hz，词首、词腹音节数据之间差距不大。

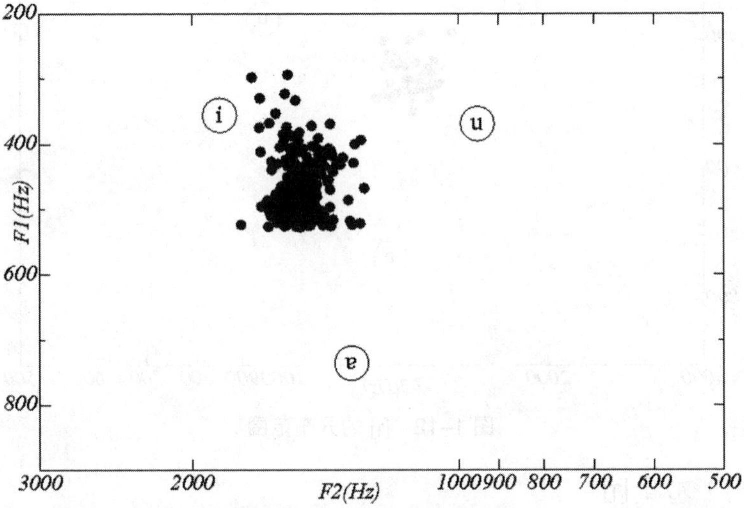

图 1–13　[ʅ] 的分布范围

（十二）元音 [o]

元音 [o] 在数据库中出现 254 次，可出现在词内任何位置。例如：oliɐn（云，云彩）、tʂʅʁolɜ（六人一起）、tʂotʂʰʅ（客人、宾客）、koko（乳房、吃奶）。托达叶娃（1961）将该元音描述为后、中、圆唇元音。然而多数学者认为该元音应为后、次高、圆唇元音，并有一定的复合元音特征。刘照雄指出，该元音出现在唇辅音后时音质接近 [uə]，出现在鼻音 [n] 前时音质接近 [uɐ]。金雅声、张瑞珊测出其 F1 平均值为 433Hz，F2 平均值为 843Hz。在呼司乐土的研究中，该元音的 F1 平均值为 516Hz，F2 平均值为 1052Hz。

本次研究测出，元音 [o] 的 F1 平均值为 539Hz，F2 平均值为 1013Hz，F3

平均值为 2421Hz。舌位高低在 [ʊ] 和 [ɔ] 之间，比国际音标的 [o] 舌位明显靠下，实际音质为 [o]，属后、中、圆唇元音。从图 1–14 看，该元音在舌位图上的分布比较广，前后离散度较大；F1 分布范围为 475Hz—599Hz，F2 分布范围为 826Hz—1198Hz，标准差分别为 58 和 96。从表 1–2 看，词内位置对该元音的舌位影响明显。词首音节舌位最高且后，F1 和 F2 分别为 531Hz 和 1008Hz；词腹音节舌位明显下降且靠前，F1 和 F2 分别为 561Hz 和 1064Hz；词末音节舌位最低，而前后位置与词腹音节基本一致，F1 为 576Hz，F2 为 1043Hz。后续辅音对词首独立成音节的 [o] 影响不明显，在其他位置，前后出现 [k]、[k^h]、[q]、[q^h]、[ʁ]，或后续 [ŋ] 时，舌位靠下，其他情况下舌位移动不明显。此外，该元音在单音节词和双音节词中有双音性特点，音质类似于 [uʌ]，其平均时长为 204ms，起始段元音约占时长比的 20%，F1 平均值为 411Hz，分布范围为 254Hz—590Hz，F2 平均值为 1016Hz，分布范围为 601Hz—1518Hz，F3 平均值为 2320Hz，分布范围为 1893Hz—2579Hz。结尾段 F1 平均值为 572Hz，分布范围为 406Hz—738Hz，F2 平均值为 1186Hz，分布范围为 897Hz—1502Hz，F3 平均值为 2360Hz，分布范围为 2118Hz—2854Hz。前后两段 F1 差值为 161Hz，F2 差值为 170Hz，F3 差值最小，仅为 50Hz。

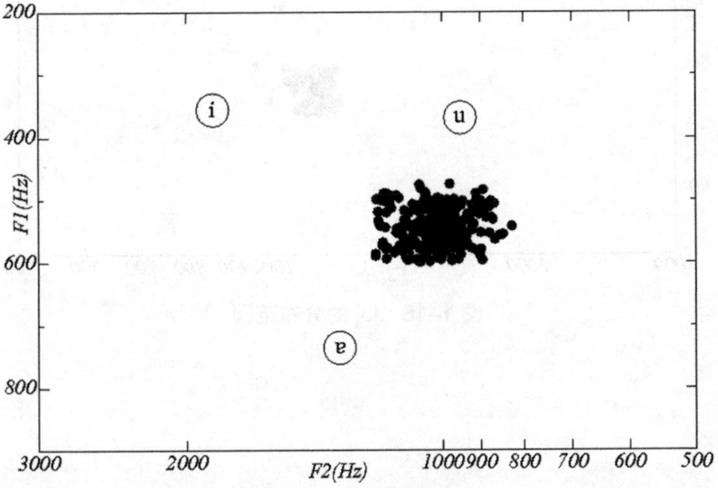

图 1–14　[o] 的分布范围

（十三）元音 [ɔ]

元音 [ɔ] 在数据库中出现 38 次，可出现在词腹和词末音节，词首音节未出现。例如：oŋqɔnɔ（呼喊、吼叫、喧嚣）、noʁorɔ（变绿）、χorɔ（缠绕、卷）、qonɔ（谷子、小米，住、留宿）等。阿·伊布拉黑麦首次提出该元音的存在，将其描述为后、次低、圆唇元音。金雅声、张瑞珊测出该元音的 F1 平均值为 480Hz，F2 平均值为 980Hz，在呼司乐土的研究中，该元音的 F1 平均值为 546Hz，F2 平均值为 1139Hz。

本次研究显示，该元音的 F1 平均值为 633Hz，F2 平均值为 1134Hz，F3 平均值为 2301Hz，舌位比国际音标的 [ɔ] 靠下、靠前，属于后、次低、圆唇元音，实际音质为 [ɔ̞]。图 1-15 显示，该元音分布比较集中，F1 平均值为 601Hz—674Hz，标准差为 36；F2 平均值为 956Hz—1199Hz，标准差为 67。

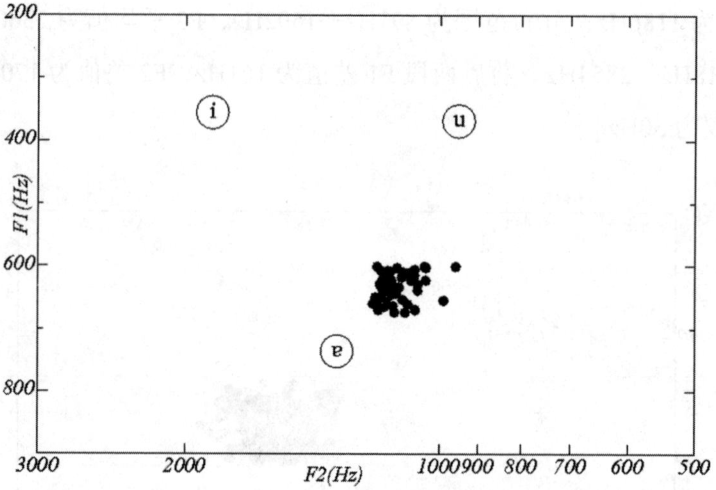

图 1-15 [ɔ] 的分布范围

该元音出现在词腹音节时舌位高低基本与词末音节持平，F1 平均值分别为 632Hz 和 635Hz；舌位前后，词腹音节的比词末音节略靠后，F2 平均值分别为 1061Hz 和 1127Hz。本次研究发现，该元音没有在单音节词中出现，只出现于多音节词中。出现条件为，前一个音节必须有后元音，即前一个音节元音为 [ʌ]、[o]、[u] 时，后续音节出现 [ɔ]。后续辅音对该元音舌位前后移动有一定的影响，舌尖辅音之前舌位靠前，舌根辅音之前或鼻音 [ŋ] 之前舌位靠后。

（十四）元音 [ɵ]

元音 [ɵ] 在数据库中出现 21 次，词首和词末音节均不出现，只出现于词腹音节，且只出现于三音节或三音节以上词中，其中 7 例为三音节词，占总数的 33%，14 例为四音节词，占总数的 66%。例如：hɐntʰɵlɐ（集合、团结、和好）、tʰɐntʰɵrɐ（破、烂、露、暴露）、qəmʊsəlɐ（用指甲捏、抠、剪指甲）等。

本次研究测出，该元音的 F1 平均值为 510Hz，F2 平均值为 1276Hz，F3 平均值为 2332Hz，属于央、次高元音。F1 分布范围 425Hz—533Hz，标准差为 35；F2 分布范围 1210Hz—1437Hz，标准差为 62。从图 1–16 和表 1–2 看，该元音舌位比较稳定，分布点比较集中。

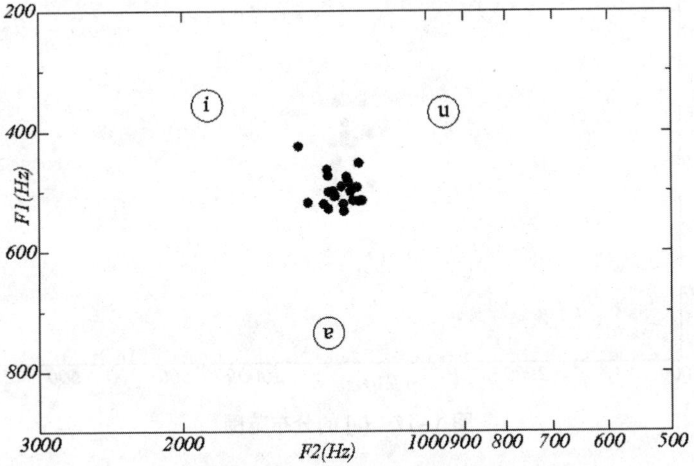

图 1–16　[ɵ] 的分布范围

该元音出现频率较低有两个原因，首先是由于音节增加，词中音素受结构压力而弱化，其次为清擦音和送气辅音后高元音弱化。数据库中，该元音常常在清擦音、送气音 [s]、[t^h] 和浊音 [ɾ]、[l]、[n] 的中间出现，不能独立构成音节。

（十五）元音 [ɞ]

元音 [ɞ] 在数据库中仅出现 14 次，限于词首和词腹音节，词末音节不出现。三音节词出现比例是 28.5%，四音节词出现比例是 71.5%，F1 平均值为 567Hz，F2 平均值为 1261Hz，F3 平均值为 2261Hz。舌位高低在 [ɔ] 和 [o] 之间，前后位置比 [ɐ] 略靠后，相差仅 61Hz，属于央、中低圆唇元音。

从表 1–2 可以看出，该元音舌位高低因出现位置的不同而发生变化。词首音节舌位比词腹音节略高且靠前，F1 平均值为 535Hz，F2 平均值为 1274Hz；词腹音节 F1 平均值为 580Hz，F2 平均值为 1255Hz。从离散度看，该元音舌位点比较集中（见图 1–17），舌位上下移动较明显，前后变化不大。F1 分布范围为 500Hz—644Hz，标准差为 42；F2 分布范围为 1210Hz—1338Hz，标准差为 44。

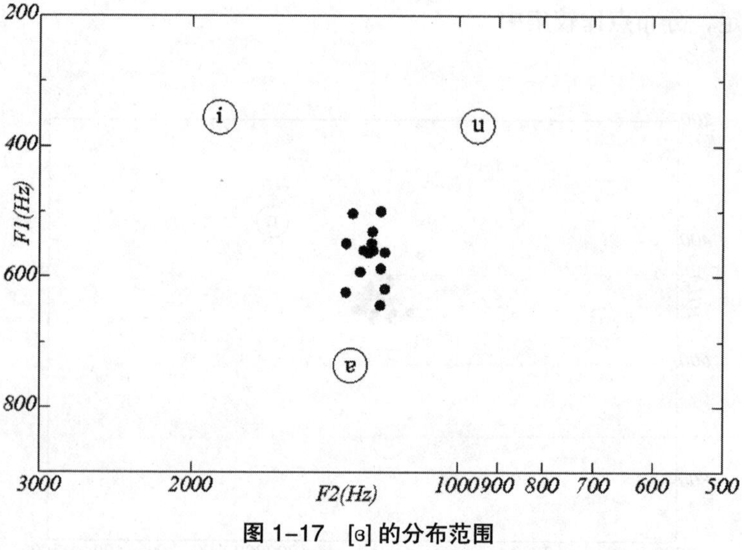

图 1–17　[ɞ] 的分布范围

该元音的出现环境与 [ɵ] 相似，不能独立构成音节，但可以同其他辅音构成词首音节。后置辅音对其舌位影响明显，常常出现在 [n]、[l]、[j]、[ts] 等辅音前。例如：[otɕʰɵlʊ]（变老、植物生长或烹饪的食物煮烧过度而变硬）、hɐrɵlɛ（十个一起）、kʰɵlɜsʊ̃（汗水、蒸汽遇冷而变成水珠）、oloʁɵnɪ（多的）等。

（十六）元音 [u]

元音 [u] 在数据库中出现 209 次，可出现在词内任何位置，但主要出现在词首音节和词腹音节，词末音节仅有 1 例。例如：unɐ（倒、倒塌、倾心、败）、nutʊ̃（眼睛）、tʰɐwulɐ（五个一起）、qʰʊtʂʅwuni（裹的东西、襁褓）等。学界一致认为该元音为后、高、圆唇元音。阿·伊布拉黑麦认为，该元音的舌位在 [u] 和 [U] 之间，比 [u] 靠前，圆唇度不及 [u]。金雅声、张瑞珊的测试结果是 F1 平均值为 379Hz，F2 平均值为 773Hz，在呼司乐土的研究中，该元音的 F1 平均值为 401Hz，F2 平均值为 1009Hz。

本次研究测得的元音 [u] 的 F1 平均值为 369Hz，F2 平均值为 950Hz，F3 平均值为 2320Hz，属于后、高、圆唇元音，舌位比国际音标的 [u] 略低，实际音质为 [u]。该元音在舌位图上的离散度较大，尤其前后移动较为明显，F1 在 286Hz—418Hz 之间，标准差为 57；F2 分布范围为 672Hz—1183Hz，标准差为 123；F3 分布范围为 2006Hz—2660Hz，标准差为 143。

词内位置对该元音舌位上下移动有影响，从表 1–2 看，该元音舌位在词首位置最靠上（F1 平均值为 366Hz）、相对靠后（F2 平均值为 942Hz）；在词腹音节，舌位比词首音节靠下、靠前（F1 平均值为 386Hz，F2 平均值为 1011Hz）；词末音节舌位最低且靠后（F1 和 F2 平均值分别为 397Hz 和 855Hz）。邻音对该元音的舌位前后移动有较大影响，前后辅音为 [w]、[m]、[p]、[ʁ]，后置辅音为 [ŋ] 时舌位向后移动，后置辅音为 [l]、[n]、[ɾ]、[tɕ]、[tɕʰ]、[ɕ]、[j] 时，舌位前移，词首独立成音节时，舌位最高。图 1–18 为该元音的分布范围图。

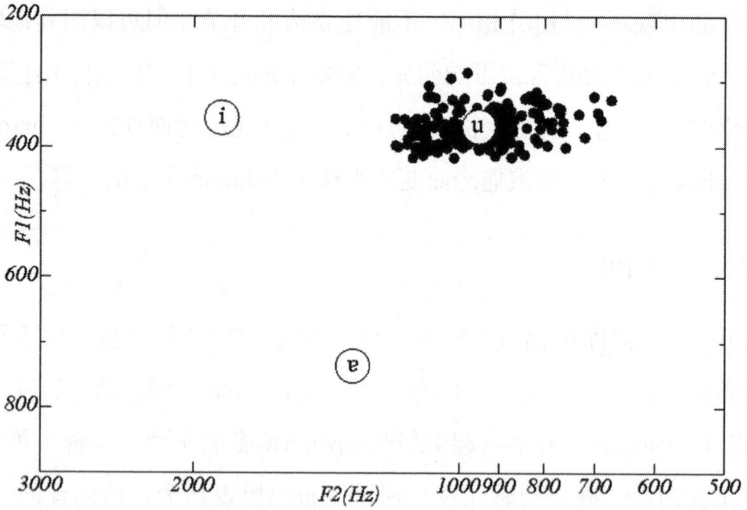

图 1–18 [u] 的分布范围

（十七）元音 [ʉ]

元音 [ʉ] 在数据库中出现 85 次，可出现在词首和词腹音节，词末音节不出现。双音节词中出现频率较低，仅有 8 例，占总数的 9.4%，三音节词中出现 64 例，占总数的 75.3%，四音节词中出现 13 例，占总数的 15.3%。例如：ɸʉntɕʰɜ（闻、嗅，相闻、相嗅）、tɕʉʂʅ（九十）、pʉtɕiri（跌跤、绊跤）、otʂʰʅwʉni（喝的东西、饮料）。

从表 1–1 看，该元音的 F1 平均值为 407Hz，F2 平均值为 1305Hz，F3 平均值为 2338Hz，当属央、高、圆唇元音，舌位略低于 [u]，前后处于 [i] 和 [u] 之间。图 1–19 是元音 [ʉ] 舌位点分布图，显示该元音在舌位高低前后维度上的分布较广，F1 分布范围为 319Hz—499Hz，标准差为 48；F2 分布范围为 1202Hz—1591Hz，标准差为 95；F3 分布范围为 2112Hz—2662Hz，标准差为 181。

词内不同位置对该元音的舌位移动影响明显。词首音节舌位明显靠上、靠前（F1 和 F2 平均值分别为 388Hz 和 1320Hz）；词腹音节舌位靠下、靠后（F1 和 F2 平均值分别为 418Hz 和 1297Hz）。该元音多出现于 [tɕ]、[tɕʰ]、[ɕ]、[l]、[n]

等辅音之前，偶尔出现在舌尖和舌面前辅音中间，词首起始位置仅出现1例。

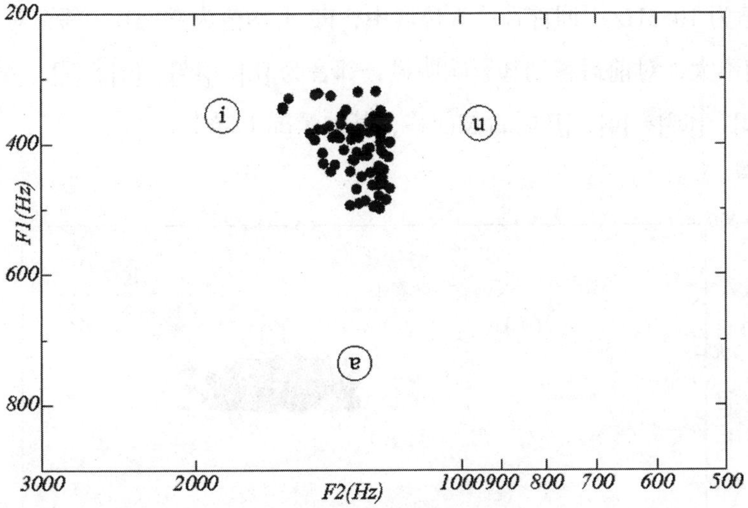

图 1–19　[ʉ] 的分布范围

（十八）元音 [ʊ]

元音 [ʊ] 在数据库中出现 525 次，出现频率仅次于 [ɐ]，可在词内任何位置出现，单独成音节的例子极少，只有 2 例，其中 1 例为单音节词 ʊ（大口喝）。其他词例如：mʊsɿ（穿）、urʊsʊ（流、流淌，自然下垂，丢失）、uʁʊ（拿、带、携带）、otʰʊ（疼、痛）。实验语音学研究首次提出东乡语有元音 [ʊ]，呼司乐土测出该元音的 F1 平均值为 475Hz，F2 平均值为 1110Hz。

本次研究中显示，该元音的 F1 平均值为 452Hz，F2 平均值为 991Hz，F3 平均值为 2274Hz，当属后、次高、圆唇元音。舌位比国际音标的 [ʊ] 略低，实际音质为 [ʊ̞]。图 1–20 显示，该元音舌位点比较分散，前后移动跨度较大，F1 分布范围为 402Hz—480Hz，标准差为 45；F2 分布范围为 725Hz—1198Hz，标准差为 104；F3 分布范围为 2034Hz—2694Hz，标准差为 173。

词内位置对舌位影响明显，词首音节舌位最高，F1 平均值为 440Hz，词末音节舌位最低，F1 平均值为 478Hz，词腹音节舌位居中，F1 平均值为 459Hz。舌位前后移动，词末音节舌位最靠后，F2 平均值为 951Hz；词腹音节舌位最靠前，F2 平均值为 1055Hz；词首音节舌位居中，F2 平均值为 995Hz。邻音对舌位上下移动影响不大，对前后移动却影响明显，邻音为 [k]、[kʰ]、[ʁ]、[q]、[qʰ] 时舌位靠后，[tɕ]、[tɕʰ]、[ɕ]、[j] 时舌位前移，其他情况下居中。

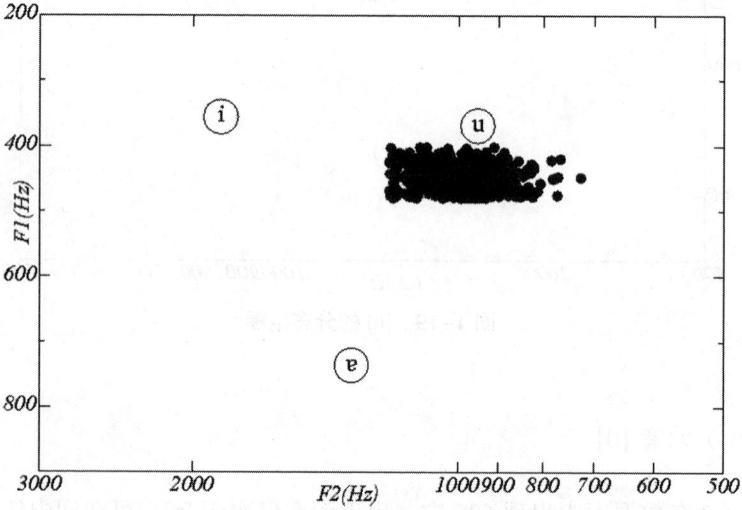

图 1-20 [ʊ] 的分布范围

（十九）元音 [ɚ]

元音 [ɚ] 出现频率最低，仅有 7 次。可在词首和词末音节出现，词腹音节不出现，单独构成音节或参与复合元音，不与其他元音、辅音构成音节。例词中只有 1 例为固有词，其他都是借词。例如：tʂəuɚ（棉衣、棉袄）、[ɚliŋ]（学问、知识）、ɚtɕiŋ（腮腺炎）。学者们一致认为该元音是央、中、展唇卷舌元音。呼司乐土测出该元音的 F1 平均值为 525Hz，F2 平均值为 1321Hz。

本次研究显示，该元音 F1 为 500Hz，F2 为 1550Hz，F3 为 2174Hz，属央、中、卷舌元音，卷舌特征体现在 F3 和 F2 的差值上，相差 624Hz，而同部位 [ə] 的 F3

和 F2 差值为 983Hz，高出 359Hz 左右。该元音舌位上下略低于 [e]，前后位于 [ə] 和 [e] 之间。从图 1–21 可以看出，该元音舌位比较稳定，离散度因参考数据过少而对比意义不明显。F1 分布范围为 454Hz—553Hz，标准差为 76；F2 分布范围为 1409Hz—1650Hz，标准差为 109。F3 分布范围为 2007—2322，标准差为 142。

表 1–2 显示，该元音在词首音节的舌位高低与词末音节相差不大，F1 平均值为 496Hz，词末 F1 平均值为 510Hz；舌位前后，词首音节相对靠前，词末音节相对靠后，词首和词末音节 F2 平均值分别为 1598Hz 和 1430Hz。邻音影响主要决定舌位的前后移动，即辅音 [tɕ]、[j]、[l] 之前，辅音 [w] 和元音 [u] 前后，舌位向前移动。

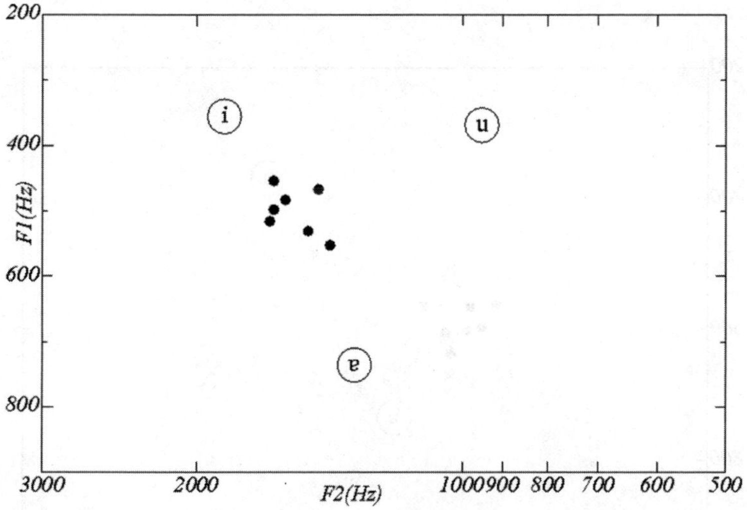

图 1–21　[ɚ] 的分布范围

（二十）元音 [ɝ]

元音 [ɝ] 出现频率较低，仅有 8 例，可出现在词首和词末，词腹不出现，单独构成音节，不与其他元音或辅音组合。测试词中固有词只有 1 例，即 tʂʰʅnɐɝ（后天），其他均为借词。例如：ɝʂʅ（二十）、ɝmʌ（公马）、ɝtʂʰʌ̃（第二次、重新)、ʂəɝ(筛子)等。

表 1–1 显示,该元音的 F1 平均值为 596Hz,F2 平均值为 1571Hz,F3 平均值为 2266Hz,属央、中低元音,与 [ɚ] 相同,该元音卷舌特征体现在 F3 和 F2 的差值上,相差 695Hz,同部位 [ɜ] 的 F3 和 F2 相差 904Hz,高出 209Hz 左右。该元音舌位高低在 [e] 和 [ɛ] 之间,前后在 [ɛ] 和 [ɜ] 之间。图 1–22 显示,该元音舌位点分布比较集中,离散度较小,F1 分布范围为 562Hz—637Hz,离散度为 36;F2 分布范围为 1425Hz—1717Hz,离散度为 92。舌位高低或前后移动主要受词内位置影响。从表 1–2 可以得知,该元音在词首音节舌位靠上、靠前,F1 平均值为 576Hz,F2 平均值为 1583Hz;词末音节相对靠下、靠后,F1 平均值为 634Hz,F2 平均值为 1527Hz。

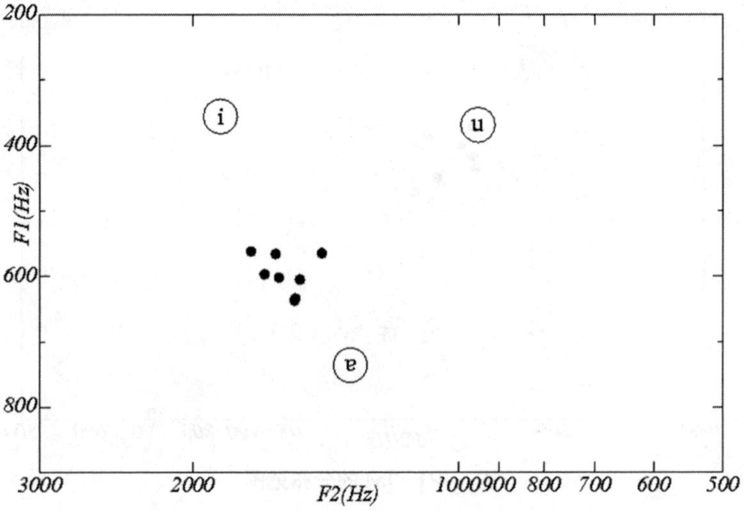

图 1–22 [ɝ] 的分布范围

二、单元音音长

研究表明,元音的固有音长与其舌位、词中位置、音节数、音节结构、邻音等因素相关联。元音的固有音长是个相对概念，因不同影响因素之间的组合而不断发生调整和改变。在测定元音固有音长时，本次研究选用了三音节词词末 CV 音节中的元音，并未以词首音节元音为标准。一是因为东乡语绝大多数词重音在后，词首元音有弱化、清化、脱落倾向，高元音尤为突出，因此不利于对比，二是因为 CV 音节为东乡语典型音节类型，出现频率远多于其他音节类型。

为验证三音节词词末音节单元音音长特征的可靠性与稳定性，同时采集双音节词词末 CV 音节的数据作为对照数据组。研究音强和音高时同样采用上述方案。

（一）单元音舌位与音长

图 1–23 为三音节词词末 CV 音节单元音音长统计，[ə]、[e]、[ɜ˞]、[ɨ]、[ɵ]、[ɞ]、[ʉ] 七个元音未出现于词末 CV 音节。[ɚ] 自成音节，不与其他元音或辅音组合，即 [ɚ] 在图 1–23 中显示的音长为词末音节长度，与其他元音的固有音长对比性较差，论述中不进行对比，在此为便于观察，纳入图中（音强和音高数据采集原理同此）。

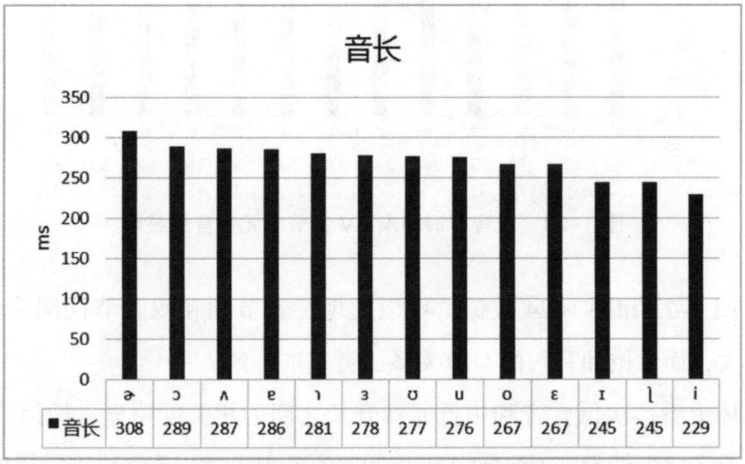

	ɚ	ɔ	ʌ	ɐ	ɿ	ɜ	ʊ	u	o	ɛ	ɪ	ʅ	i
■音长	308	289	287	286	281	278	277	276	267	267	245	245	229

图 1–23　三音节词词末 CV 音节单元音音长统计

如图显示，单元音固有音长从长到短依次为 ɚ>ɔ>ʌ>ɐ>ɿ>ɜ>ʊ>u>o>ɛ>ɪ>ʅ>i。

其中 [ɔ]、[ʌ]、[ɐ] 最长，相互间差异不大，最高点 [ɔ] 和最低点 [ɐ] 仅差 3ms。其次是 [ʅ]、[ɜ]、[ʊ]、[u]、[o]、[ɛ]，最高值和最低值相差 14ms。[ɪ]、[ʅ]、[i] 等元音相对短一些。从以上排列可以看出，单元音舌位前后高低与其音长有明显的对应关系，在舌位高低上，低元音长，央元音次之，高元音短；在舌位前后上，前（高）元音短，央、后元音长度接近。高低为主分类，前后为次分类。

图 1–24 是双音节词词末 CV 音节单元音音长对比，其中 [ɜ]、[ɐ]、[ʌ]、[ɛ]、[ʅ] 最长，最高值和最低值相差依然不大，仅有 13ms。其次是元音 [ʊ]、[ɔ]、[u]、[o]，最高值和最低值差 4ms。[i]、[ʅ] 2 个元音相对短。规律是低、展唇元音最长，后圆唇元音次之，前高展唇元音最短。

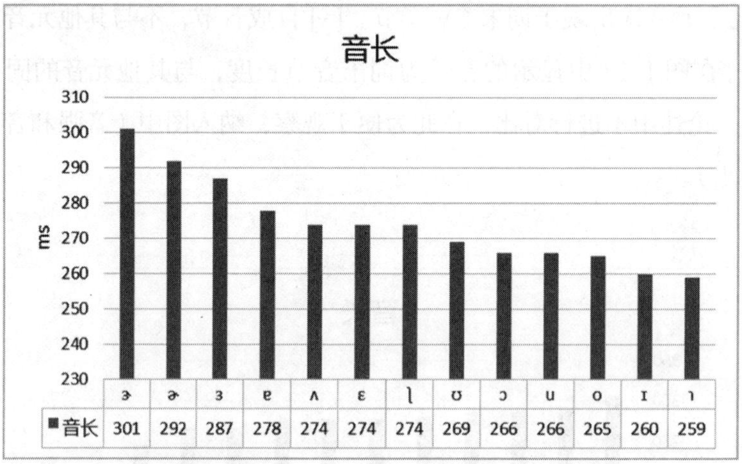

图 1–24　双音节词词末 CV 音节单元音音长统计

比较图 1–23 和图 1–24 数据，可以发现三音节词和双音节词词末单元音音长差距不大，而舌位和音长的对应关系二者基本一致。

从总体上看，次低元音和中低元音音长之间的相关度明显，原因不难理解，东乡语央元音或中低元音 [ɛ]、[ɜ]、[e]、[ə]、[o]（见表 1–1）舌位均比较靠下，除 [o] 外均靠前，有时与次低元音 [ɐ]、[ʌ] 界限不明，用舌位靠下、靠前则时延加长的规则讨论，一组靠上却靠前，另一组靠下却靠后。

（二）语境与单元音音长

表 1–3 为三音节词不同位置、不同音节类型统计，CVC 音节在三音节词中递减，不能和 CV 类型音节形成有效的对比，因此并未采集相关数据。如表显示，三音节词词末音节时延最长，词腹音节次之，词首音节最短，词首和词末相差一倍或几倍。在词末，元音音长差别少，前（高）元音略短，央、后元音长度相近；在词首，大体保持这样的格局，但绝对音长的缩短程度高元音为最，在词首或词腹，[i]、[ɿ]、[ʅ]、[ɨ]、[u]、[ʊ] 等高元音均有清化现象。

表 1–3　三音节词元音音长数据统计　　单位：ms

位置	音节类型	ɐ	ʌ	ɜ	ɛ	i	ɪ	ɿ	ʅ	ɨ	o	ɔ	ʊ	u
词首音节	CV	109	111	105	117	52	81	85	58	45	107	–	79	77
词腹音节	CV	120	128	112	112	86	92	111	64	77	111	108	91	76
词末音节	CV	286	287	278	267	229	245	281	245	–	267	289	277	276

表 1–4 为单元音在双音节词不同位置 CV 和 CVC 音节中的音长表现。东乡语音节以 CV 音节为主，CVC 音节数量相对少，结尾辅音只有 [n] 和 [ŋ] 两种。词末以 [n] 或 [ŋ] 结尾的词一律鼻化，从而使元音音长增加，因此未进行固有音长对比。数据显示，词首 CVC 音节，[n] 结尾音节的元音一律比 [ŋ] 结尾音节的元音长。其中，[ʅ] 元音最为明显，差值为 49ms，[o] 相差最小，差值为 3ms。此外，词末 CV 音节元音最长，音长跨度为 259ms—287ms。

表 1–4　双音节词元音音长数据统计　　单位：ms

位置	音节类型		ɐ	ʌ	ɜ	ɛ	i	ɪ	ɿ	ʅ	ɨ	o	ɔ	ʊ	u
词首	CV	142	140	135	139	119	105	112	106	77	146	–	101	96	–
	CVC	n	145	143	130	–	134	136	–	128	–	136	–	119	–
		ŋ	116	119	–	–	126	102	–	79	–	133	–	96	–
词末	CV	278	274	287	274	–	260	259	274	–	265	266	269	266	–

除词内所处位置、音节结构和音节数量外，元音音长还受邻音影响。本次研究中为控制语境影响，以双音节词词首 CV 音节元音 [u] 为例，因为该元音后置辅音数量相对少，可减少来自后置辅音的影响。经统计，在 [q]、[k]、[tʂ]、[t]、[n]、[l]、[p] 等辅音后，[u] 的音长平均值分别为 123ms、118ms、117ms、110ms、110ms、101ms 和 92ms，在 [kʰ]、[tʂʰ]、[h]、[tʰ]、[ʂ]、[ɸ]、[s] 等辅音之后，音长平均值为 24ms、35ms、53ms、69ms、73ms、81ms、89ms。可以看出，邻音对元音音长影响较大，即送气辅音或擦音缩短其后置元音的长度，其最大值和最小值之间相差 99ms。

显然，双音节词和三音节词中，如果元音所处位置和音节类型相同，则双音节词元音长，词首音节相差大，词末音节差异不明显；双音节词中，词末音节元音长，词首音节元音短；三音节词中，元音长度同样从后向前依次递减。音节类型和音节个数对元音音长的影响相对较小，CV 音节和 CVC 音节中的元音没有表现出规律性差异，在 CVC 音节中，语境相同，则后置辅音为 [n] 的元音比后置辅音为 [ŋ] 的元音长。此外，邻音对元音的音长有一定的影响，即元音在不送气塞音或浊辅音之后相对长，送气塞音、塞擦音和清擦音之后短，元音长短和先行辅音送气与否之间存在互补关系。

三、单元音音强

（一）单元音舌位与音强

元音的固有音强与舌位有一定的关联。图 1–25 中，[ɚ]、[ɜ˞] 两个元音为自成音节元音，因此并未与其他元音进行对比。如图所示，三音节词词末 CV 音节中，[ɔ]、[ɐ]、[ʌ] 等元音音强相对强，平均值分别为 77dB、76dB、75.7dB，最大值和最小值相差 1.3dB；[ɛ]、[ɜ]、[o] 等元音居中，平均值分别为 75.4dB、74.4dB、74.5dB，最高值和最低值相差 0.9dB；其次为 [ʅ]、[ʊ]、[ɪ]、[i]、[ɿ] 等元音，平均值为 72.9dB、72.5dB、72.2dB、72dB、69.4dB。

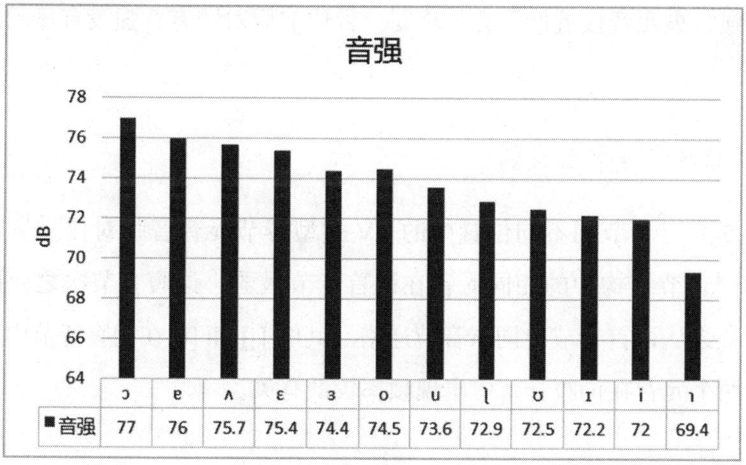

图 1–25　三音节词词末 CV 音节单元音音强比较

图 1–26 为双音节词词末 CV 音节单元音音强比较图，第一组为 [ɐ]、[ɜ]、[ʌ]，平均值分别为 76.2dB、76.2dB 和 75.9dB。第二组为 [ɛ]、[ɔ]、[o]，平均值分别为 75.5dB、75dB、74.5dB。第三组是 [ɪ]、[ʅ]、[ɿ]、[ʊ]、[i]、[u]，平均值分别为 72.5dB、72.2dB、72.1dB、71.8dB、69.7dB、67dB。

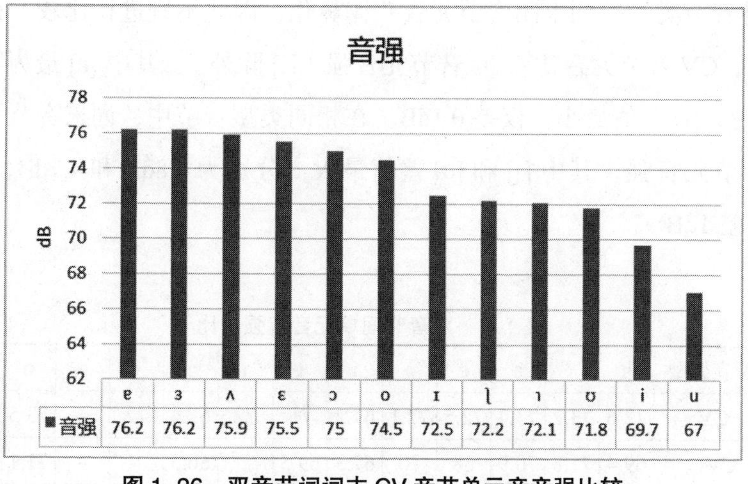

图 1–26　双音节词词末 CV 音节单元音音强比较

显然，元音音强与舌位高低相关。从图 1–25 和 1–26 可知，总的趋势依然是高弱低强，央元音接近低元音，略弱。舌位前后对固有音强没有显示出规律性差异。

（二）语境与单元音音强

表 1–5 为三音节词不同位置中的 CV 类型音节元音音强对比。从数据可以看出，相同音节结构中的相同元音在词首音节最弱，词腹音节次之，词末音节最强，即音强从词首音节向词末音节递增。其中 [ɿ] 和 [ɨ] 在词腹音节中的表现例外，这与两个元音在词腹音节中出现频率较低有关。

表 1–5　三音节词单元音音强对比

单位：dB

位置	音节类型	ɐ	ʌ	ɜ	ɛ	e	ə	i	ɪ	ɿ	ʅ	ɨ	ɔ	o	u	ʊ
词首音节	CV	71.4	72	68.5	70.1	67.3	69.8	62.8	69.7	69.3	63.4	69	–	71.2	64.6	65.4
词腹音节	CV	73.6	73.4	73.9	73.2	71.9	70.3	69	70.1	69	67	66	74.2	72.8	65.3	66.8
词末音节	CV	76	75.7	74.4	75.4	–	–	72	72.2	69.4	72.9	–	75	74.5	73.6	72.5

表 1–6 为双音节词词首和词末位置元音音强对比，词首位置元音分为 CV 和 CVC 两种音节类型，词末闭音节元音一律鼻化，因此不宜进行比较。在不同音节结构中，CV 音节元音比 CVC 音节元音强（[i] 除外）。其中 [ɐ] 最为明显，差值为 3.2dB，[i] 差值最小，仅差 0.1dB。在相同类型音节中，词末音节元音明显比词首音节元音强，其中 [ʅ] 和 [ʊ] 差值最大，分别为 4.8dB 和 4.7dB，[o] 差值最小，相差 1dB。

表 1–6　双音节词单元音音强对比

单位：dB

位置	音节类型	ɐ	ʌ	ɜ	ɛ	ə	i	ɪ	ɿ	ʅ	ɨ	ɔ	o	u	ʊ
词首	CV	72.6	73.2	73.4	72.5	72.1	67.2	71	72	67.4	72	–	73.5	65.6	67.1
	CVC	69.4	71.8	70.9	68	70	67.3	69.5		66.5	–	–	71.1	–	67
词末	CV	76.2	75.9	76.2	75.5	–	69.7	72.5	72.1	72.2	–	75	74.5	67	71.8

从上述数据看，相同位置、不同音节类型元音音强差异较小。不同音节元音之间，词末元音最强，词首次之；开音节元音比闭音节元音强；低元音最强，央元音次之，高元音最弱。

四、单元音音高

（一）单元音舌位与音高

从数据上看（见图 1–27），元音 [ʊ] 和 [u] 的音高值最高，平均值为 243Hz 和 240Hz，其次是 [ɛ]、[ɿ]、[ʅ]，平均值分别为 237Hz、235Hz、235Hz。其他元音从高到低依次为 [ɔ]、[ɐ]、[ɪ]、[ɜ]、[ʌ]、[o]、[i] 等。但单元音音高平均值之间的差异相对较小。

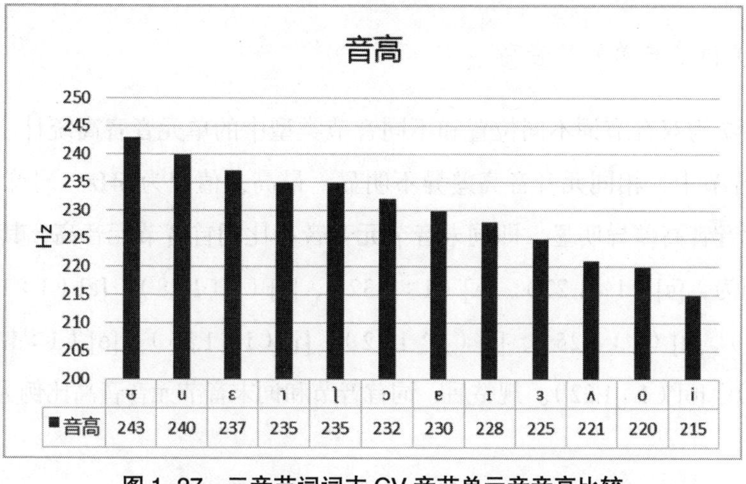

图 1–27 三音节词词末 CV 音节单元音音高比较

双音节词中 [ʊ] 和 [ɪ] 音高最高，平均值分别为 236Hz 和 232Hz，其次是 [ɛ]、[ʅ]、[u]、[ɜ] 等元音，音高平均值分别为 231Hz、230Hz、230Hz 和 229Hz，其他元音差值不大，最高值和最低值差异在 225Hz 和 211Hz 之间，依次为 [ɐ]、[ʌ]、[ɨ]、[o]、[ɔ]、[ɿ] 等元音。见图 1–28。

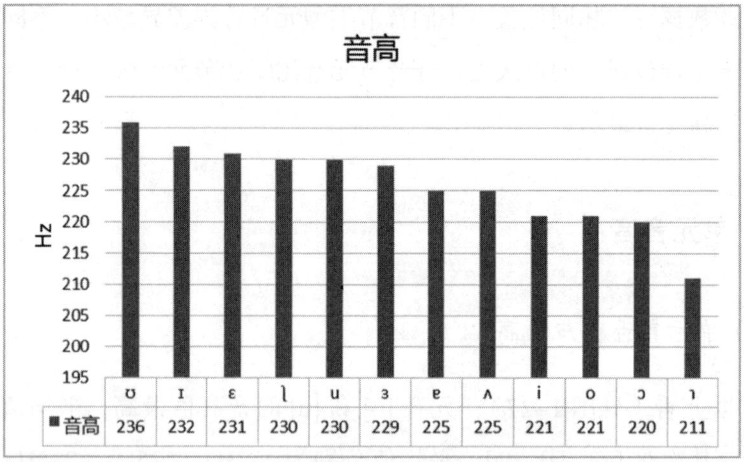

图 1–28 双音节词词末 CV 音节单元音音高比较

从以上数据看，相同位置、相同音节结构元音音高相互间差异较小，规律性并不明显，总的趋势似乎是高元音比低元音高，央元音居中。

（二）语境与单元音音高

表 1–7 为双音节词不同位置和不同音节类型中的单元音音高统计。词首 CV 和 CVC 音节中，相同元音音高差异不明显，最高差值仅为 6Hz。词首位置和词末位置元音音高差异明显，即词末音节元音音高比词首音节元音高，其 CV 音节音高比例为，[ɐ]（1∶1.27）、[ʌ]（1∶1.32）、[ɜ]（1∶1.28）、[ɛ]（1∶1.26）、[i]（1∶1.29）、[ɪ]（1∶1.25）、[ɿ]（1∶1.12）、[ʅ]（1∶1.35）、[ɘ]（1∶1.16）、[o]（1∶1.21）、[ʊ]（1∶1.22）。规整后，词首音节和词末音节元音音高比例为 1∶1.25。

表 1–7 双音节词单元音音高对比 单位：Hz

位置	音节类型	ɐ	ʌ	ɜ	ɛ	e	ə	i	ɪ	ɿ	ʅ	ɨ	ɔ	o	u	ʊ
词首	CV	177	171	178	184	173	173	171	185	188	171	192	–	182	170	193
	CVC	181	169	177	183	–	–	176	186	–	177	–	–	182	–	–
词末	CV	225	225	229	231	–	–	221	232	211	230	–	229	221	230	236

表 1–8 为三音节词不同位置和不同音节类型中的单元音音高对比。数据显示，词末音节元音音高依然比其他位置元音高，词腹音节次之（[ʊ] 除外），词首音节最低。音高比例换算后结果为，[ɐ]（1∶1.08∶1.33）、[ʌ]（1∶1.06∶1.26）、[ɜ]（1∶1.09∶1.28）、[ɛ]（1∶1.11 ∶1.35）、[i]（1∶1.01∶1.20）、[ɪ]（1∶1.06∶1.24）、[ʅ]（1∶1.06∶1.24）、[ʅ]（1∶1.05∶1.39）、[o]（1∶1.05∶1.22）、[u]（1∶1.01 ∶1.40）、[ʊ]（1∶0.97 ∶1.28）。规整后的比例为 1∶1.05∶1∶1.29。

表 1–8　三音节词单元音音高对比　　单位：Hz

位置	音节类型	ɐ	ʌ	ɜ	ɛ	e	ə	i	ɪ	ʅ	ʅ	ɨ	ɔ	o	u	ʊ
词首	CV	173	176	175	175	170	170	177	184	190	169	177	–	181	171	190
词腹	CV	186	187	190	194	193	182	178	195	202	177	178	181	190	172	184
词末	CV	230	221	225	237	–	–	212	228	235	235	–	220	221	240	243

从以上数据看，相同元音在相同位置不同音节类型中的音高差异不明显，音节类型对音高的影响相对小。在不同位置中的相同元音之间音高差异较大，音高从词首音节向词末音节逐渐抬高，其中，词末音节元音最高，词腹和词首音节次之，词首和词末音高差值最大，词首音节和词腹音节差值较小。

第二节　复合元音

关于东乡语的复合元音音质和数量等问题，学界一直有争议，可分为三个焦点。第一，关于复合元音 [ai] 的问题。大部分学者认为，东乡语有二合元音 [ai]，只有阿·伊布拉黑麦认为东乡语没有这个复合元音，[ai] 应为单元音 [ɛ]，其理由是东乡人对普通话的 [ai] 总是发不准确。对于该元音的声学测试结果也不尽相同。金雅声、张瑞珊①和崔世伟②测出的结论同阿·伊布拉黑麦一致，即认为

① 金雅声、张瑞珊：《东乡语单元音声学研究》，载《西北民族研究》，2010（4）。
② 崔世伟：《东乡语语音声学研究》，西北民族大学硕士学位论文，2010。

该元音是单元音；而呼司乐土①的测试结果是复合元音 [ɐi]。第二，对二合元音 [ɑo]、[ɑu] 和 [ou]、[əu] 的问题，大多数学者归纳音位时，从这两组元音中各选出有代表性的一个作为复合元音音模，只有清格尔泰②和呼司乐土将 [ou] 和 [əu] 视为不同的音位。三合元音也有类似情况。第三，关于三合元音的数量及 [io] 和 [iɔ]，刘照雄在《东乡语简志》③中认为东乡语有 [iao]、[iou]、[uai]、[uəi] 4 个三合元音，但其他大部分学者认为只有 [iɑu]、[uɑi]2 个三合元音，而将刘照雄提出的 [iou]、[uəi] 看做二合元音 [iu]、[ui]。事实上，刘照雄有时也按二合元音记音，但它们之间是否有变体关系，却没有说明。那森伯④也肯定东乡语有这两种三合元音，但不同的是，他将 [iɑu]（[iao]）拆分为 [iɑu] 和 [io]，认为 [io] 是独立的二合元音，例如：tɕiorun（[tɕʰioruŋ] 头、脑袋、首脑）。阿·伊布拉黑麦则认为东乡语没有三合元音，[iao]、[iɑu]、[io] 应为二合元音 [iɔ]。此外，呼司乐土还发现，东乡语复合元音中还存在另一个全新的二合元音 [uo]⑤。

我们本次研究从声学角度分析东乡语复合元音，根据舌位移动、音长和音强、音高的对比关系分析其响度特征，观察共振峰模式，以起始段和结尾段的数据确定复合元音的音质。为叙述方便，将从复合元音舌位移动相似度上进行分类，分若干组进行观察。

表 1-9　复合元音起始段和结尾段 F1 和 F2 分布范围及平均值统计　单位：Hz

元音	起始段				结尾段				个数
	F1		F2		F1		F2		
	范围	均值	范围	均值	范围	均值	范围	均值	
ei	420—557	461	1606—2081	1741	255—397	350	1617—2259	1965	50
eɪ	477—577	517	1601—1794	1700	403—504	436	1390—2099	1838	10
əi	415—555	496	1242—1625	1472	300—495	382	1596—2225	1942	48

① 呼司乐土：《基于数据库的东乡语元音声学研究》，西北民族大学硕士学位论文，2015。
② 清格尔泰：《中国境内蒙古语族语言及蒙古语方言概况》，1957—1958，内部资料。
③ 刘照雄：《东乡语简志》，北京，民族出版社，1981。
④ 那森伯：《东乡语概要》，第一届国际蒙古学会议论集，1959，内部资料。
⑤ 呼司乐土：《基于数据库的东乡语元音声学研究》，98 页，西北民族大学硕士学位论文，2015。

续表

元音	起始段				结尾段				个数
	F1		F2		F1		F2		
	范围	均值	范围	均值	范围	均值	范围	均值	
ɛi	562—625	589	1552—1871	1640	302—393	365	1946—2141	2044	6
əu	386—505	451	1199—1537	1422	251—413	350	870—1191	1094	29
əʊ	469—499	487	1224—1436	1353	417—481	442	926—1207	1134	6
əʉ	410—503	458	1315—1577	1423	305—476	393	1212—1588	1352	18
ou	432—579	497	929—1150	1033	300—416	357	681—1166	946	10
oʉ	422—535	477	1037—1174	1108	359—409	369	1208—1494	1301	28
oʊ	455—553	506	979—1263	1150	437—481	449	846—1218	985	10
ui	238—355	285	734—1179	944	328—396	328	1578—2298	1913	22
uɪ	272—344	308	873—917	895	415—443	429	1609—1771	1690	2
ʉi	289—320	328	1215—1574	1402	375—438	372	1635—2105	1863	12
ɵi	502—547	520	1295—1442	1364	343—475	415	1745—1859	1812	4
ʊi	461—491	478	921—1008	951	332—342	337	1865—1934	1900	3
iɐ	302—330	316	1862—2032	1947	594—797	695	1233—1426	1329	2
iə	306—427	369	1762—2204	1908	493—572	547	1389—1678	1426	87
iɜ	294—426	388	1814—1920	1867	602—738	676	1328—1689	1493	31
iɔ	402	402	1749		598		1067		1
iu	321—370	347	1750—1996	1890	308—386	349	1014—1165	1086	5
ʊɐ	380—521	467	753—1186	885	610—933	930	1112—1499	1323	8
ʊei	425—474	451	917—1159	1014	328—422	385	1724—2003	1872	3

一、舌位特征

（一）元音 [ei]、[eɪ]、[əi] 和 [ɛi]

[ei] 可出现在词内任何位置，数据库中出现 50 次。后置辅音一般为除 [k]、[kʰ]、[q]、[qʰ]、[χ]、[ʁ]、[w] 以外的所有辅音。从表 1-9 可以看出，该元音

起始段 F1 平均值为 461Hz，分布范围为 420Hz—557Hz，F2 平均值为 1741Hz，分布范围为 1606Hz—2081Hz，发音部位比单元音 [e]（F1 为 511Hz，F2 为 1635Hz）略高、靠前；结尾段 F1 平均值为 350Hz，分布范围为 255Hz—397Hz，F2 平均值为 1965Hz，分布范围为 1617Hz—2259Hz，发音部位比单元音 [i]（F1 为 356Hz，F2 为 1860Hz）略高、靠前。该元音的起始段和结尾段 F1 平均值相差 111Hz，F2 平均值相差 224Hz，是由前、中元音和前、高元音组成的二合元音。

[eɪ] 可以出现在词首和词腹音节，词末音节不出现，数据库中出现 10 次，后置辅音一般为 [k]、[kʰ]、[q]、[qʰ]、[χ]、[ʁ]、[w] 等，[w] 前有时接近 [eɨ]。此外，该元音还在部分后置辅音为 [ɾ] 或重音在第一音节的词首音节出现，但情况并不稳定。从表 1-9 可以看出，该元音近似 [ei]，目标位置稍低且后，起始段 F1 平均值为 517Hz，分布范围为 477Hz—577Hz，F2 平均值为 1700Hz，分布范围为 1601Hz—1794Hz，舌位比 [e]（F1 为 511Hz，F2 为 1635Hz）靠前；结尾段 F1 平均值为 436Hz，分布范围为 403Hz—504Hz，F2 平均值为 1838Hz，分布范围为 1390Hz—2099Hz，位置基本与 [ɪ]（F1 为 440Hz，F2 为 1802Hz）相当，应该是受后置辅音的后辅音特点影响所致。该元音起始段和结尾段 F1 相差 81Hz，F2 相差 138Hz，是由前、央元音和次高、央元音组成的二合元音。

[əi] 可出现于词内任何位置，共出现 48 次，后接辅音 [k]、[kʰ]、[q]、[qʰ]、[χ]、[ʁ]、[w] 和部分 [n]、[l]、[m]、[ɾ] 时舌位靠下且后，接近 [əɪ]。从表 1-9 可以看出，该元音起始段 F1 平均值为 496Hz，分布范围为 415Hz—555Hz，F2 平均值为 1472Hz，分布范围为 1242Hz—1625Hz，舌位略高于 [ə]（F1 为 526Hz，F2 为 1442Hz）；结尾段 F1 平均值为 382Hz，分布范围为 300Hz—495Hz，F2 平均值为 1942Hz，分布范围为 1596Hz—2225Hz，舌位基本与 [i]（F1 为 356Hz，F2 为 1860Hz）一致。该元音起始段和结尾段 F1 和 F2 平均值分别相差 114Hz 和 470Hz，是由中、央元音和前、高元音组合而成的二合元音。

[ɛi] 可出现于词首音节和词末音节，频率较低，仅有 6 例，其中 3 例为单音节词，2 例为双音节词，1 例为三音节词，单音节词和双音节词前置辅音为 [qʰ]、[kʰ]，三音节词前置辅音为 [t]。例如：kʰɛi（风、气、空气）、tolɔntei（满七个

月而生的孩子，早产儿）、qʰɛitʂʰʅ（剪刀）等。数据显示，该元音起始段F1平均值为589Hz，范围为562Hz—625Hz，F2平均值为1640Hz，范围为1552Hz—1871Hz，舌位略高于[ɛ]（F1平均值为639Hz，F2平均值为1603Hz）；目标位置F1平均值为365Hz，范围为302Hz—393Hz，F2平均值为2044Hz，范围为1946Hz—2141Hz。起始位置和目标位置F1和F2平均值分别为224Hz和404Hz，是由次低、前元音和高、前元音组合而成的二合元音。为测试该元音舌位移动情况，在kʰɛi后缀加[tʰʊ]附加成分，其结果是，起始位置F1为527Hz，比平均值（589Hz）略靠上，F2为1863Hz，比平均值（1640Hz）舌位向前移动；目标位置F1为336Hz，接近平均值（365Hz），F2为1746Hz，比平均值（2044Hz）舌位明显靠后。因此可以推断，前置后送气辅音，有可能是影响ɛi前置元音舌位的重要音素。从母语者的感受来讲，将[ɛi]发作[əi]并不影响听感。图1–29、图1–30是[ei]、[eɪ]、[əi]、[ɛi]复合元音在neitʰɐ（打喷嚏）、neɪrɐ（合适、妥帖、安装）、pəi（站立、停止、充当）、qʰɛitʂʰʅ（剪刀、剪子）中的舌位动态图。

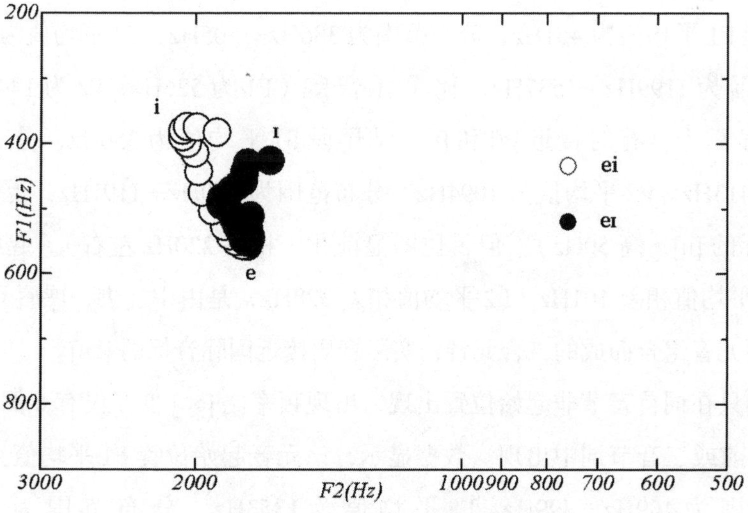

图1–29　[ei]和[eɪ]的舌位动程

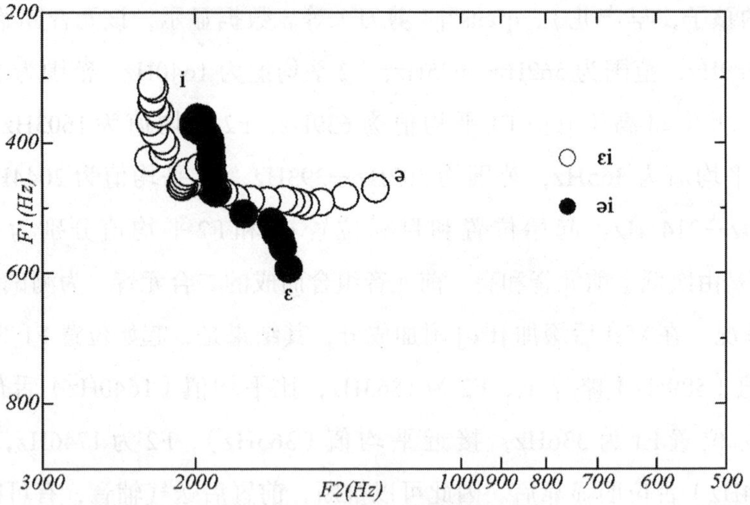

图 1–30 [əi] 和 [εi] 的舌位动程

（二）元音 [əu]、[əʊ] 和 [əʉ]

[əu] 可在词内任何位置出现，数据库中出现 29 次，前置辅音主要为舌尖辅音或舌面前辅音，[q]、[qʰ] 之后不出现，[ʁ] 之后只有 1 例。表 1–9 显示，该元音起始位置 F1 平均值为 451Hz，分布范围为 386Hz—505Hz，F2 平均值为 1422Hz，分布范围为 1199Hz—1537Hz，比单元音 [ə]（F1 为 526Hz，F2 为 1442Hz）的舌位明显靠上，有时接近 [ɘ] 和 [ɨ]。结尾段 F1 平均值为 350Hz，分布范围为 251Hz—413Hz，F2 平均值为 1094Hz，分布范围为 870Hz—1191Hz，舌位略低于国际音标的 [u]（高 50Hz），但舌位明显前化（相差 220Hz 左右）。起始段和结尾段 F1 平均值相差 101Hz，F2 平均值相差 328Hz，是由中、央、展唇元音和后、高、圆唇元音组合而成的二合元音，实际音质接近国际音标的 [əu]。

[əʊ] 只在词首音节非起始位置出现，出现频率比 [əu] 低，仅有 6 例，往往在 [ʁ]、[w] 前或三音节词中出现。数据显示，该元音起始位置 F1 平均值为 487Hz，分布范围为 469Hz—499Hz，F2 平均值为 1353Hz，分布范围为 1224Hz—1436Hz，舌位依然比 [ə] 高且靠后；结尾段 F1 平均值为 442Hz，范围为 417Hz—

481Hz，F2 平均值为 1134Hz，范围为 926Hz—1207Hz，舌位高低基本与 [ʊ]（F1 为 452Hz，F2 为 991Hz）持平，但略靠前。该元音的起始位置和结尾位置的 F1 平均值相差不大，仅为 45Hz，但 F2 平均值相差 219Hz，应该和圆唇元音的降音特征有关，这是由中、央、展唇元音和后、次高、圆唇元音组合而成的二合元音。

[əʉ] 可出现在词内任何位置，数据库中出现 18 次，词末出现频率最低，仅为 1 例，词首或词腹位置出现时，后置 [tɕ]、[ç]、[l]、[ɾ]、[ʂ] 等前辅音。从表 1–9 可以看出，该元音起始位置 F1 平均值为 458Hz，范围为 410Hz—503Hz，F2 平均值 1423Hz，范围为 1315Hz—1577Hz；结尾段 F1 平均值为 393Hz，范围为 305Hz—476Hz，F2 平均值为 1352Hz，范围为 1212Hz—1588Hz。从共振峰频率的差值看，该元音无论舌位高低或前后，相差均不大（F1 相差 65Hz，F2 相差 71Hz），主要区别在发音方法上。该元音是由中、央、展唇元音和高、央、圆唇元音组合而成的二合元音。图 1–31 为 [əu]、[əʊ] 和 [əʉ] 在 ɐrəu（背斗、背篓）、tʂəʊnɜ（咬、叮、刁、夹住）和 tʂəʉtɕiliɜ（做梦）中的舌位动态图。

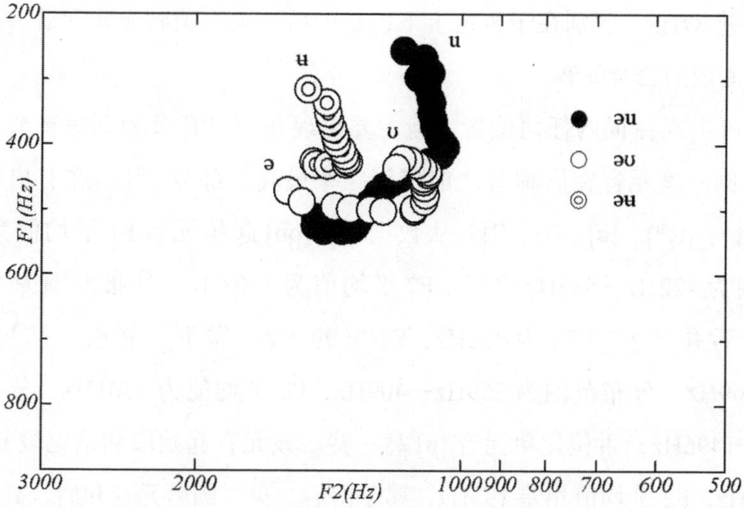

图 1–31　[əu]、[əʊ] 和 [əʉ] 的舌位动程

上述 3 个词中，[əu] 出现在词末，音长分配起始段为 13%，过渡段为 52%，结尾段为 35%。[əʊ] 和 [əʉ] 出现在词首，起始段音长为 14% 和 15%，可见稳定段，因后续辅音的影响和音节结构的压力，舌位一直处于动程，目标位置未见稳定段。从图 1–31 看出，该 3 个复合元音，成曲线状，起始段 [ə] 很短，过渡段持续时间最长，舌位接近或经过 [ɤ] 的位置，最后才抬高至结尾段 [u] 或 [ʊ]。

（三）元音 [ou]、[oʉ] 和 [oʊ]

[ou] 可出现在词内任何位置，不可独立构成音节或出现在词首起始位置。数据库中出现 10 次，前置辅音为唇辅音或送气辅音 [t^h]，后置辅音往往为非浊后辅音。数据显示，该元音起始段 F1 平均值为 497Hz，分布范围在 432Hz—579Hz 之间，F2 平均值为 1033Hz，分布范围为 929Hz—1150Hz，舌位比 [o]（F1 为 539Hz，F2 为 1013Hz）略高，前后位置基本一致。结尾段 F1 平均值为 357Hz，分布范围为 300Hz—416Hz，F2 平均值为 946Hz，分布范围为 681Hz—1166Hz，是典型的高、后、圆唇元音。[ou] 的起始段和结尾段 F1 平均值相差 140Hz，F2 平均值相差 87Hz，区别在于舌位上下，是由后、央、圆唇元音和后、高、圆唇元音组合而成的二合元音。

[oʉ] 可出现在词内任何位置，但主要出现在词首音节和词腹音节，词末音节仅有 1 例，该元音在唇辅音之前出现频率最高，部分 [t^h] 后亦有出现，后置辅音为 [tɕ]、[$tɕ^h$]、[ɕ]、[j]、[l]。从数据看，[oʉ] 起始元音 F1 平均值为 477Hz，分布范围为 422Hz—535Hz 之间，F2 平均值为 1108Hz，分布范围为 1037Hz—1174Hz，舌位比 [ʊ]（F1 为 452Hz，F2 为 991Hz）靠下、靠前。结尾段 F1 平均值为 369Hz，分布范围为 359Hz—409Hz，F2 平均值为 1301Hz，分布范围为 1208Hz—1496Hz，舌位比单元音 [ʉ] 高一些。该元音起始段和结尾段 F1 平均值相差 108Hz，F2 平均值相差 193Hz，属于由后、央、圆唇元音和后、高、圆唇元音组合而成的二合元音。

[oʊ] 在数据库中出现 10 次，只出现在词首音节或词腹音节，后置辅音为

[ʁ]、[w]、[m]、[p]、[pʰ] 等。从数据看，该元音起始段 F1 平均值为 506Hz，分布范围为 455Hz—553Hz，F2 平均值为 1150Hz，分布范围为 979Hz—1263Hz，舌位比单元音 [o] 略高且前。结尾段 F1 平均值为 449Hz，分布范围为 437Hz—481Hz，F2 平均值为 985Hz，分布范围在 846Hz—1218Hz 之间，舌位同 [ʊ]（F1 为 452Hz，F2 为 991Hz）基本一致。该元音前后两个成分舌位前后高低差异不明显，F1 平均值差为 57Hz，F2 平均值差为 165Hz。

图 1–32 是 [ou]、[oʊ] 和 [oʉ] 在 pou（下、落、普照、降临、生长、显现）、poʊʁɐ（弄下来）和 tʰoʉləi（兔子）中的舌位动态图。

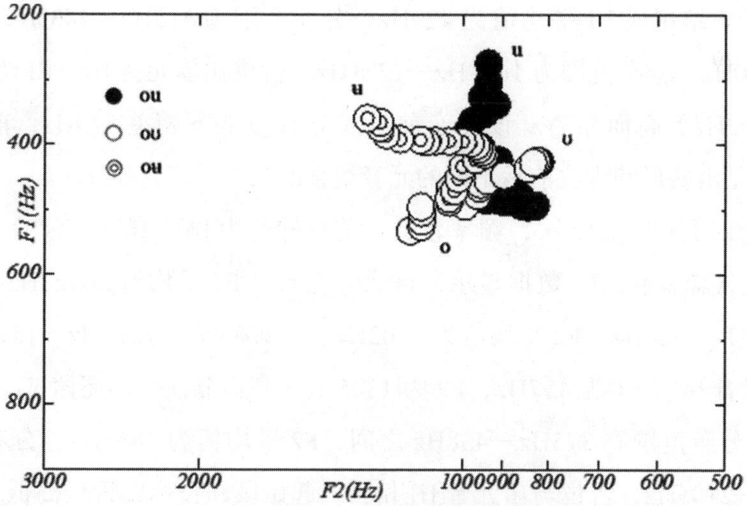

图 1–32 [ou]、[oʊ] 和 [oʉ] 的舌位动程

（四）元音 [ui]、[uɪ]、[ʉi]、[ɵi] 和 [ʊi]

[ui] 数据库中出现 22 次，可出现在词内任何位置，但在固有词中只能在词首独立成音节。数据显示，该元音起始段 F1 平均值为 285Hz，分布范围为 238Hz—355Hz，F2 平均值为 944Hz，分布范围为 734Hz—1179Hz，舌位比单元音 [u]（F1 为 369Hz，F2 为 950Hz）高一些，接近国际音标的 [u]，但舌位略靠

前（70Hz左右）。结尾段F1平均值为328Hz，分布范围为238Hz—396Hz，F2平均值为1913Hz，分布范围为1578Hz—2298Hz，舌位比单元音[i]高而前，接近国际音标的[i]。后置辅音为[l]、[ɾ]、[m]时舌位略后缩。起始段和结尾段舌位高低相差不大，F1平均值差为43Hz，舌位前后差距在所有复合元音中最为突出，因为它们是高元音的两极，F2平均值差为969Hz，是由后、高、圆唇和前、高、展唇元音组合的二合元音。

[uɪ]可出现在词首音节、词腹音节，词末音节中不出现。仅有2例，均处于[ʁ]辅音之前。从表1-9看，该元音起始段F1平均值为308Hz，分布范围为272Hz—344Hz，F2平均值为895Hz，分布范围为873Hz—917Hz，属于高、后、圆唇元音。结尾段F1平均值为429Hz，分布范围为415Hz—443Hz，F2平均值为1690Hz，分布范围为1609Hz—1771Hz，舌位比单元音[ɪ]（F1为440Hz，F2为1802Hz）高而靠后。该元音前后成分舌位上下相差129Hz，前后相差795Hz，是由唇形和舌位前后不同的元音组合的二合元音。

[ʉi]在词首出现12次，频率较低，前置辅音为[ɸ]、[kʰ]、[tʂʰ]、[ts]等清擦音、送气辅音和[l]。数据显示，该元音起始段F1平均值为328Hz，分布范围为289Hz—320Hz，F2平均值为1402Hz，分布范围为1215Hz—1574Hz，舌位比单元音[ʉ]（F1为407Hz，F2为1305Hz）高而靠前。结尾段F1平均值为372Hz，分布范围在375Hz—438Hz之间，F2平均值为1863Hz，分布范围为1635Hz—2105Hz，舌位与单元音[i]相当。起始段和目标段舌位高低差值仅为44Hz，舌位前后分属高元音两个区域。起始段舌位可能受先行前送气音影响而央化，在双唇擦音[ɸ]后，起始段元音有向[y]发展的倾向。图1-33为[ui]、[uɪ]和[ʉi]在uilɐ（哭）、quɪʁəli（鹞子）和ɸʉilɛ（吹、刮风）等词中的舌位动态图。

[ɵi]频率较低，仅有4例，均在词首位置。前置辅音为[qʰ]。从表1-9可以看出，该元音起始段F1平均值为520Hz，分布范围为502Hz—547Hz，F2平均值为1364Hz，分布范围为1295Hz—1442Hz，舌位高低与单元音[ɵ]（F1为510Hz，F2为1276Hz）持平，略靠前。结尾段F1平均值为415Hz，分布范围为

343Hz—475Hz，F2 平均值为 1812Hz，分布范围为 1745Hz—1859Hz。起始段和结尾段 F1 差值为 105Hz，F2 差值为 448Hz，舌位前后差异明显，是以唇形和舌位前后差异为组合特征的二合元音。

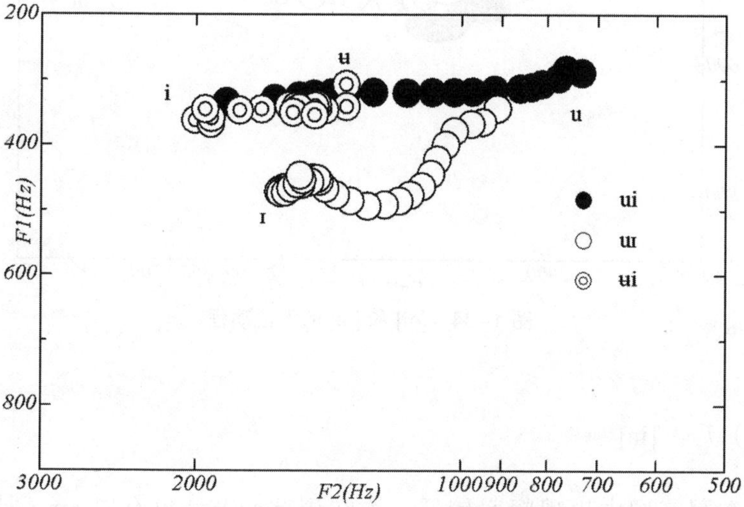

图 1–33 [ui]、[uɪ] 和 [ʉi] 的舌位动程

[ʊi] 可出现在词腹音节和词末音节，数据库中仅出现于以 ɐʁʊi（宽、阔、宽绰）为词根的 3 例词中，先行辅音为 [ʁ]。起始段 F1 平均值为 478Hz，分布范围为 461Hz—491Hz，F2 平均值为 951Hz，分布范围为 921Hz—1008Hz，舌位与单元音 [ʊ] 相当。结尾段 F1 平均值为 337Hz，分布范围为 332Hz—342Hz，F2 平均值为 1900Hz，分布范围为 1865Hz—1934Hz。该元音 F1 差值为 141Hz，F2 相差明显，为 949Hz，是以唇形和舌位前后差异为组合特征的二合元音。图 1–34 为 [ɵi] 和 [ʊi] 在 q^hɵinɐ（后、后面）和 ɐʁʊi（宽、宽阔）两个词中的舌位动态图。

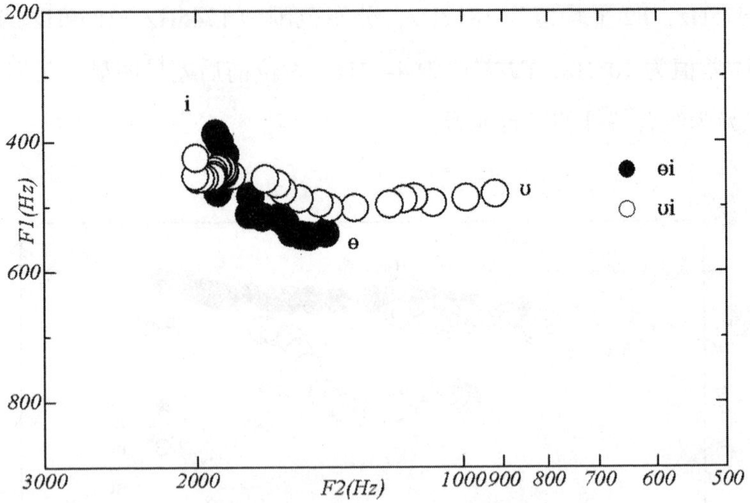

图 1-34 [ɵi] 和 [ʊi] 的舌位动程

（五）元音 [iɐ]

[iɐ] 在固有词中出现频率较低，均在词首音节，仅有以 niɐ（粘，贴近、靠近，亲近）为词根的 2 例词。数据显示，该元音起始段 F1 平均值为 316Hz，分布范围为 302Hz—330Hz，F2 平均值为 1947Hz，分布范围为 1862Hz—2032Hz，是典型的高、前元音。结尾段 F1 平均值为 695Hz，分布范围为 594Hz—797Hz，F2 平均值为 1329Hz，分布范围为 1233Hz—1426Hz，后续辅音为 [ʁ] 时，舌位上移且靠后。起始段和结尾段舌位高低差别在所有复合元音中最为突出，F1 差值为 379Hz，舌位前后分属前元音和央元音两个区域，F2 差值为 618Hz，是由展唇前、高元音和展唇次低、央元音组合而成的二合元音。图 1-35 为该元音在 niɐ（粘、贴近、靠近、亲近）一词中的舌位动态表现。

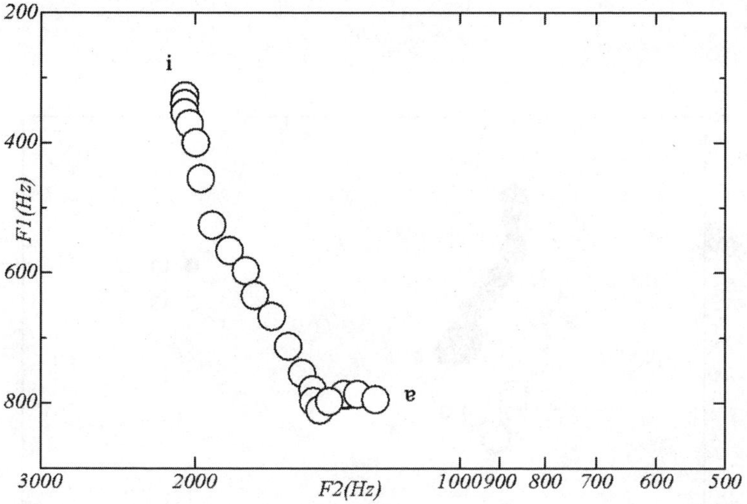

图 1–35　[iɐ] 的舌位动程

（六）元音 [iə]、[iɜ]

[iə] 出现频率最高，数据库中出现 87 次，只出现在词首音节和词腹音节，词末音节不出现，不可单独构成音节。起始段 F1 平均值为 369Hz，分布范围为 306Hz—427Hz，F2 平均值为 1908Hz，分布范围为 1762Hz—2204Hz，是典型的前、高元音。结尾段 F1 平均值为 547Hz，分布范围为 493Hz—572Hz，F2 平均值为 1426Hz，分布范围为 1389Hz—1678Hz，后接 [t]、[tʰ]、[tʂ]、[tʂʰ]、[ʂ]、[n]、[l]、[s]、[tɕ]、[tɕʰ]、[ɕ]、[j] 等前辅音时音质接近于 [ie]。该元音起始段和结尾段 F1、F2 差值分别为 178Hz 和 482Hz，是以展唇前、高元音和展唇中、央元音组合的二合元音。

[iɜ] 在数据库中出现 31 次，不可单独构成音节，可出现在词内任何位置，词首或词腹出现时后置辅音一般为 [ʁ]。起始段 F1 平均值为 388Hz，分布范围为 294Hz—426Hz，F2 平均值为 1867Hz，分布范围为 1814Hz—1920Hz；结尾段 F1 平均值为 676Hz，分布范围为 602Hz—738Hz，F2 平均值为 1493Hz，分布范围为 1328Hz—1689Hz，上下维度有时与 [ɐ] 交叉，但舌位靠前。图 1–36 为 [iə]、[iɜ] 在 piəri（妻子、媳妇、已婚妇女）和 niɜ（一、一个；开、打开）中的舌位

动态表现。

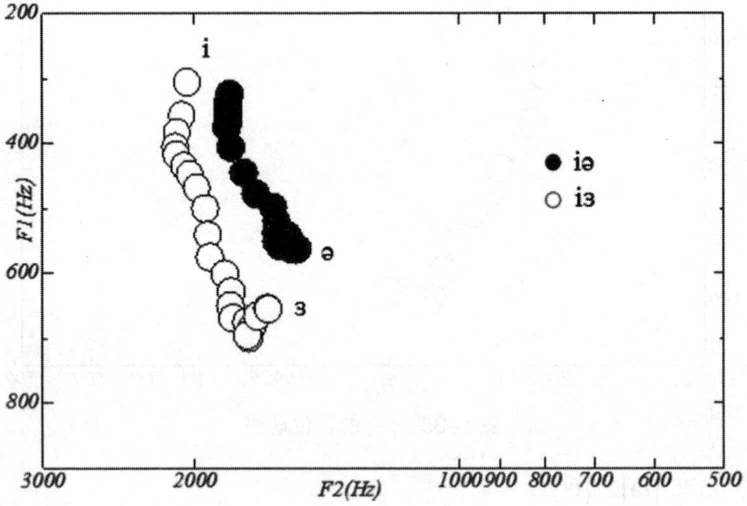

图 1–36　[iə] 和 [iɜ] 的舌位动程

（七）元音 [iɔ]

[iɔ] 仅在借词 ts^heiliɔ（材料、衣料、人才）一词中出现。数据库以固有词为主，因此频率较低，但在口语中，该元音出现频率极高，与汉语韵母 [iao] 对应，词末出现频率最高。起始段 F1 为 402Hz，F2 为 1749Hz，结尾段 F1 为 598Hz，F2 为 1067Hz，舌位高低和前后差异均明显，起始和结尾 F1 相差 196Hz，F2 相差 682Hz，是以唇形差异和舌位前后高低差异组合而成的二合元音。图 1–37 为该元音在 ts^heiliɔ（材料）一词中的舌位动态情况。

[iɔ] 音长为 293ms，起始段时延最短，持续 38ms，占总时长的 13%，过渡段时延居中，持续 76ms，占 26%，结尾段最长，持续 179ms，占 61%。从图 1–36 看出，该元音先从 [i] 下降至 [ɜ]，然后到 [ɔ]，成曲线状。过渡段中看不到稳定段，因此我们并未将其认定为三合元音。

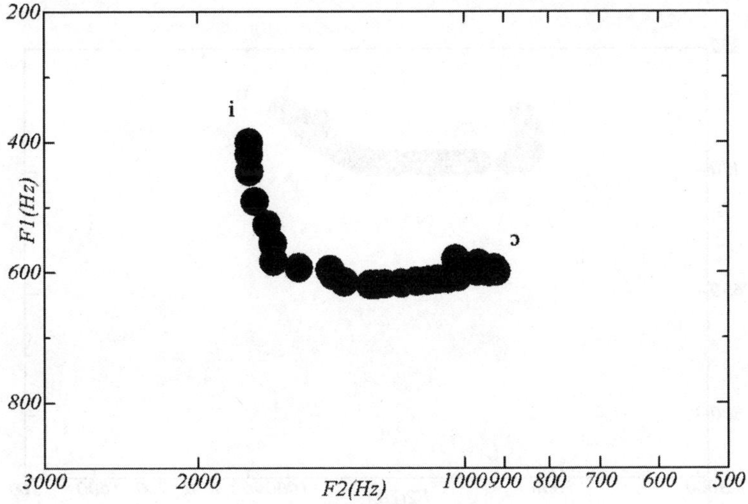

图 1–37　[iɔ] 的舌位动程

（八）元音 [iu]

[iu] 数据库中出现在词末，后接词缀可出现在词首和词腹音节，不单独成音节，仅出现 5 次。该元音起始段 F1 平均值为 347Hz，分布范围为 321Hz—370Hz，F2 平均值为 1890Hz，分布范围为 1750Hz—1996Hz，起始段舌位接近单元音 [i]。结尾段 F1 平均值为 349Hz，分布范围为 308Hz—386Hz，F2 平均值为 1086Hz，分布范围为 1014Hz—1165Hz，舌位高低接近单元音 [u]，略靠前，可能是起始段 [i] 拉动其舌位前移。该元音前后成分舌位高低几乎没有差异，而前后距离最远，F2 差值达 804Hz，是由前、高、展唇元音和后、高、圆唇元音组合而成的二合元音。

图 1–38 为 [iu] 在 tɕiliu（精明、精神、灵巧、能干）中的舌位动态表现。

该词中，[iu] 的起始段、过渡段、结尾段时长比例分别为 16%、30%、54%，前稳定段极短，然后舌位经过 [ə] 后迅速抬高至 [u] 的位置，起始段和结尾段均有明显的稳定段。

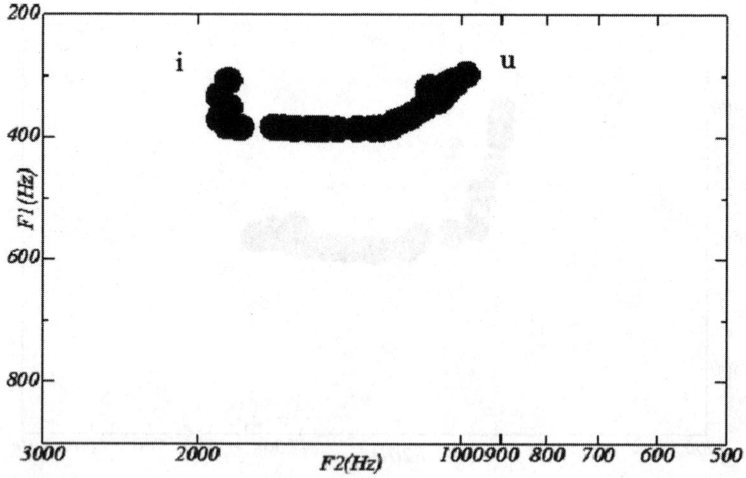

图 1–38 [iu] 的舌位动程

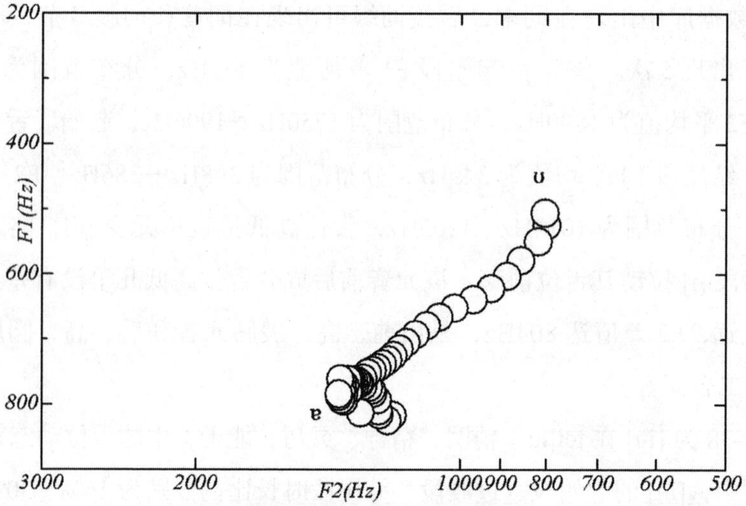

图 1–39 [ʊɐ] 的舌位动程

（九）元音 [ʊɐ]

[ʊɐ] 出现 8 次，固有词中出现频率较低，仅在以 qʊɐ（两个）为词根的词汇中出现，前置辅音为 [q]、[χ]。该元音起始段 F1 平均值为 467Hz，分布范围为 380Hz—521Hz，F2 平均值为 885Hz，分布范围为 753Hz—1186Hz，舌位接近单元音 [ʊ]。结尾段 F1 平均值为 930Hz，分布范围为 610Hz—933Hz，F2 平均值为 1323Hz，分布范围为 1112Hz—1499Hz。舌位前后分属后元音和央元音两个区域（F2 相差 438Hz），高低差异也比较悬殊（F1 相差 463Hz），是以舌位前后和高低差异以及唇形差异为组合特征的二合元音。图 1–39 为 [ʊɐ] 在 qʊɐ（两个）一词中的舌位动态表现。

（十）元音 [ʊei]

[ʊei] 仅出现 3 次，均在词首音节，其中单音节词 1 例，双音节词 2 例，前置辅音为 [kʰ]、[χ]。3 个词分别为 kʰueisũ（肚脐）、χuei（炕）、χueini（炕的，横的）。该元音起始段 F1 平均值为 451Hz，分布范围在 425Hz—474Hz 之间，F2 平均值为 1014Hz，分布范围在 917Hz—1159Hz 之间，舌位与单元音 [ʊ] 基本持平。过渡段 F1 平均值为 504Hz，分布范围为 442Hz—536Hz，F2 平均值为

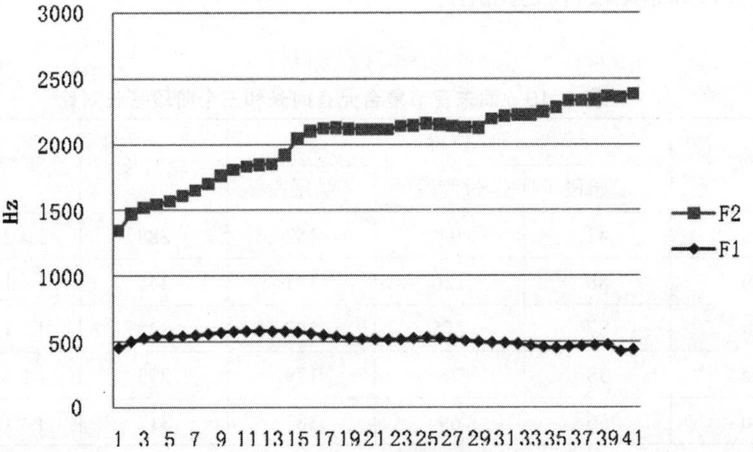

图 1–40　[ʊei] 的舌位动程

1575Hz，分布范围为1503Hz—1634Hz，舌位比单元音[e]（F1为511Hz，F2为1635Hz）略后缩。结尾段F1平均值为385Hz，分布范围为328Hz—422Hz，F2平均值为1872Hz，分布范围为1724Hz—2003Hz，舌位与单元音[i]基本持平。单音节词中，该元音三个部分均有稳定段，音强峰值落在[e]处，属于三合元音（见图1–40），在双音节词中，过渡段稳定性不明显。需要说明的是，女发音人将该音发做[ʊi]，男发音则对该三合元音分得异常清楚，并不与[ʊi]混淆。图1–40是[ʊei]在χuai（炕）一词中的舌位动态图。

该词中，[ʊei]的起始段时长占22%，过渡段时长占35%，结尾段占43%。

二、复合元音音长特征

复合元音的音长影响因素有词内位置、音节类型和音节个数等。从我们的数据看，东乡语复合元音主要受到词内位置的影响，因而将各类元音分为非词末音节和词末音节。词末音节复合元音明显比非词末位置的长，起始段、过渡段和结尾段的舌位动态也更加清晰。表1–10和表1–11为词末音节和词首音节复合元音音长信息示意表，词腹音节复合元音因音节结构的压力，有向单元音发展的趋势，因此并未取值对比。图1–41和图1–42为在此基础上绘制的复合元音起始段、过渡段和结尾段音长分布图。

表1–10　词末音节复合元音时长和三个阶段音长对比　　单位：ms

元音	位置			总时长	音长比
	起始段	过渡段	结尾段		
ei	42	94	152	288	1：2.24 ：3.62
əi	88	126	131	345	1：1.43 ：1.49
ɜi	87	115	143	345	1：1.32 ：1.64
iɔ	38	76	179	293	1：2 ：4.71
iu	56	69	187	312	1：1.23 ：3.34

续表

元音	位置			总时长	音长比
	起始段	过渡段	结尾段		
ʊi	40	38	182	260	1 : 0.95 : 4.55
iɐ	64	39	233	336	1 : 0.61 : 3.64
iɜ	61	45	216	322	1 : 0.73 : 3.54
ʊɐ	65	45	270	380	1 : 0.69 : 4.15
əu	41	148	90	279	1 : 3.61 : 2.19
əʉ	52	127	73	252	1 : 2.44 : 1.40
ou	161	50	84	295	1 : 0.31 : 0.52
oʉ	167	47	85	299	1 : 0.28 : 0.51
ʊei	75	101	140	316	1 : 1.34 : 1.86

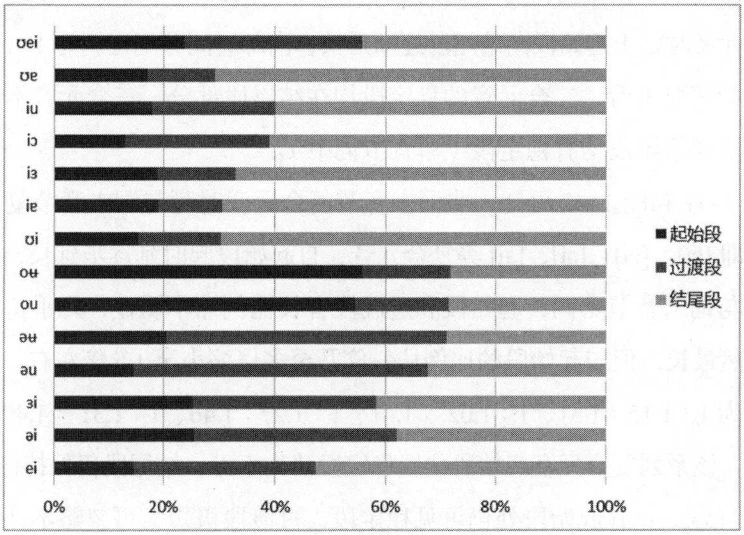

图 1–41　词末音节复合元音时长和三个阶段音长对比

从表 1–10 和图 1–41 可知，东乡语 [ei]、[əi]、[ɜi]、[iɔ]、[iu] 等复合元音时延最长的位置是结尾段，过渡段次之，起始段最短。内部时间分配比分别为 1 : 2.24 : 3.62、1 : 1.43 : 1.49、1 : 1.32 : 1.64、1 : 2 : 4.71、1 : 1.23 : 3.34。

以高元音 [i]、[u]、[ʊ] 起始的，即 [ʊi]、[iɐ]、[iɜ]、[ʊɐ]（[iu] 和 [iɔ] 例外）等复合元音，起始段时延短且未见稳定段，结尾段时延接近起始段一倍，甚至多倍，且均有稳定段。从动程图上看（见图 1–34、1–35、1–36、1–39），舌位迅速从起始位置过渡至目标位置，过渡段极短或并无过渡段，其内部时间分配比例分别为，1∶0.95 ∶4.55、1∶0.61 ∶3.64、1∶0.73 ∶3.54、1∶0.69 ∶4.15。

[əu] 和 [əʉ] 的时间分配表现不同于上述复合元音，起始段位置有明显的稳定段，但时延最短，结尾段次之，过渡段最长，时延接近总长度的一半。其内部时间分配比例分别为 1∶3.61 ∶2.19、1∶2.44 ∶1.40。从图 1–31 可以看出，该复合元音过渡时舌位经过 [ɤ]，因此不难理解马国良和刘照雄在《东乡语研究》[①] 中将 tɐləu（肩膀）记音为 tɐlɯ。

[ou] 和 [oʉ] 的情况较为特殊，该两个复合元音起始段时延最长，结尾段次之，过渡段最短。内部时间分配比例为 1∶0.31 ∶0.52、1∶0.28 ∶0.51。

三合元音时延由起始段向结尾段逐渐延长，内部时间分配比例为 1∶1.34∶1.86。从稳定段的情况来看，二合元音的稳定段均在结尾段部分，三合元音不同，起始段、过渡段和结尾段均有稳定段（单音节词中）。

从表 1–11 和图 1–42 可知，非词末音节复合元音时延与词末音节复合元音情况类似，即 [ei]、[eɪ]、[əi]、[ɜi] 等复合元音，自起始段起时延逐步延长，但各阶段音长比例与词末音节不同，起始段和过渡段音长比例缩小明显，几乎持平，结尾段时延仍然最长，但与起始段的比例从一倍乃至多倍缩小至 1.5 倍左右。具体时延分配分别为 1∶1.15∶1.51、1∶1.02 ∶1.41、1∶1.27∶1.46、1∶1.31 ∶1.49。从稳定段情况看，该系列复合元音起始段位置稳定段消失不见，结尾段仍保持稳定。

[əu]、[əʊ]、[əʉ] 起始段处仍可见稳定段，过渡段极短，可忽略不计。起始段和结尾段时长分配分别为 1∶2.49、1∶2.15 和 1∶3。与词末位置不同，词首位置上，该系列元音的过渡段和结尾段趋于合并。

[ou]、[oʉ]、[oʊ] 的情况与词末音节类似，但过渡段消失不见，起始段位置元音仍保持强势，时延为结尾段的一倍左右，比率为 1∶0.49、1∶0.57、1∶0.47。

① 马国良、刘照雄:《东乡语研究》，见《东乡语论集》，3 页，兰州，甘肃民族出版社，1988。

该系列复合元音，随着音节结构的增加前后成分音长比例进一步拉大，有向单元音发展的趋势。

[ui]、[uɪ]、[ʉi]、[ɵi] 的时延分配比例分别为 1：1.06 ：0.83、1：1.14 ：1.19、1：1.17：1.24、1：0.79 ：1.5。[ui] 和 [uɪ] 可独立构成音节，此时起始段位置出现稳定段，如有前置辅音，起始段则不出现稳定段。

[iɐ]、[iə]、[iɜ]、[ʊɐ] 等元音的情况类似，结尾段最长，起始段次之，过渡段最短。起始段中未见稳定段，舌位向目标位置迅速过渡，结尾段保持稳定。其内部时间分配比例分别为 1：0.60 ：1.47、1：0.97 ：1.46、1：0.96 ：1.36、1：0.94 ：1.39。

三合元音各阶段音长比例为 1：1.5：2.07，在词末，三合元音有由 3 个稳定段变为两个稳定段的趋势。大部分二合元音的舌位动态在非词末音节和词末音节一致，稳定段均在结尾段，非词末音节过渡段不如词末明显。

表 1–11　词首音节复合元音时长和三个阶段音长对比　　单位：ms

元音	位置			总时长	音长比
	起始段	过渡段	结尾段		
ei	59	68	89	216	1：1.15 ：1.51
eɪ	44	45	62	151	1：1.02 ：1.41
əi	54	69	79	202	1：1.27：1.46
ɜi	45	59	67	171	1：1.31 ：1.49
əu	47	—	117	164	1：2.49
əʊ	48	—	103	151	1：2.15
əʉ	43	—	129	172	1：3
ou	99	—	49	148	1：0.49
oʉ	104	—	59	163	1：0.57
oʊ	113	—	53	166	1：0.47
ui	48	51	40	139	1：1.06 ：0.83
uɪ	57	65	68	190	1：1.14 ：1.19

续表

元音	位置			总时长	音长比
	起始段	过渡段	结尾段		
ʉi	42	49	52	143	1 : 1.17 : 1.24
ɵi	42	33	63	138	1 : 0.79 : 1.5
iɐ	47	28	69	144	1 : 0.60 : 1.47
iə	39	38	57	134	1 : 0.97 : 1.46
iɜ	45	43	61	149	1 : 0.96 : 1.36
ʊɐ	36	34	50	120	1 : 0.94 : 1.39
ʊei	42	63	87	192	1 : 1.5 : 2.07

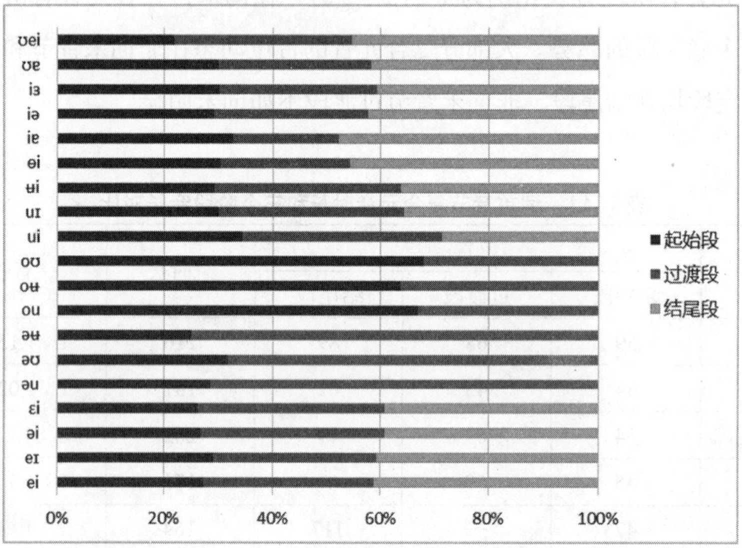

图 1–42　词首音节复合元音时长和三个阶段音长对比

三、复合元音音高和音强

表 1–12 为东乡语词末音节复合元音音强、音高峰值落点统计表。从数据中可看出，音强峰值落点 50.5% 在起始段，20.7% 在过渡段，28.8% 在结尾段。音

强峰值的偏向取决于起始段和结尾段元音音质的固有音强，在开口度有明显差别的 [ei]、[əi]、[ɛi]、[əu]、[ou]、[oʉ]、[iɜ] 等复合元音中，音强峰值明显偏向开口度较大的元音，[ui]、[ʉi]、[uɪ]、[ʊi]、[iu] 等固有音强差别不大的复合元音出现时，则音强峰值的落点倾向于后一个成分或过渡段。一般趋势是，开元音比闭元音强，前辅音比后辅音强。此外，浊辅音和送气辅音对复合元音音强峰值落点有明显影响。音高峰值的落点 9% 在起始段，78.4% 在过渡段，12.6% 在结尾段。过渡段是音高峰值出现的典型位置。词末复合元音音高主要受前置浊辅音的影响，在 [j]、[n]、[l]、[ɾ] 等舌尖浊辅音出现时明显向前移动。

表 1–12　词末复合元音音强、音高峰值落点统计　　单位：次

元音	音强			音高			次数
	起始段	过渡段	结尾段	起始段	过渡段	结尾段	
ei	13	4	0	0	17	0	17
əi	19	4	1	2	22	0	24
ɛi	4	1	0	0	5	0	5
əu	12	5	1	0	18	0	18
əʉ	0	1	0	0	1	0	1
ou	5	4	0	0	8	1	9
oʉ	1	0	0	0	1	0	1
ui	0	0	2	0	0	2	2
ʊi	0	0	1	0	0	1	1
iɐ	0	0	1	0	0	1	1
iɜ	2	0	22	8	8	8	24
iɔ	0	1	0	0	1	0	1
iu	0	2	3	0	5	0	5
ʊɐ	0	0	1	0	0	1	1
ʊei	0	1	0	0	1	0	1
合计	56	23	32	10	87	14	111

表 1–13 为词首音节复合元音音强、音高峰值落点统计。和词末音节不同，词首音节复合元音音强和音高明显偏向于结尾段。从数据看，音强 17.6% 落在起始段、12% 落在过渡段、70.4% 落在结尾段；音高 4% 落在起始段、19.6% 落在过渡段、76.4% 落在结尾段。明显看出开口度对音强音高的影响减少，音节位置的影响增大。此外后续辅音的影响强于前置辅音，送气塞音或送气塞擦音对音高、音强影响明显，其次为浊辅音。

表 1–13　词首音节复合元音音强、音高峰值落点统计　　单位：次

元音	音强			音高			次数
	起始段	过渡段	结尾段	起始段	过渡段	结尾段	
ei	5	3	20	0	14	14	28
eɪ	1	1	5	0	1	6	7
əi	0	1	4	1	1	3	5
ɜi	0	0	1	0	1	0	1
əu	1	0	2	2	0	1	3
əʊ	0	0	6	1	0	5	6
əʉ	6	1	21	0	4	24	28
ou	3	0	4	2	2	3	7
oʉ	15	3	12	0	7	23	30
oʊ	1	0	5	0	0	6	6
ui	0	7	13	2	6	12	20
uɪ	0	2	0	0	0	2	2
ʉi	1	4	1	0	2	4	6
ɵi	2	1	1	0	0	4	4
iɐ	0	0	1	0	0	1	1
iə	0	0	30	0	0	30	30
iɜ	0	0	12	0	0	12	12
ʊɐ	0	0	2	0	0	2	2

续表

元音	音强			音高			次数
	起始段	过渡段	结尾段	起始段	过渡段	结尾段	
ʊei	0	1	0	0	1	0	1
合计	35	24	140	8	39	152	199

关于东乡语复合元音性质问题学界早有共识，即按音节核元音响度差异为判断标准，而响度取决于舌位和开口度，开口度大则响，开口度小则相反。与此同时，响度也是声音的主观心理量[①]，属于感知范畴，因此不可避免地与音长和音高相关联。

本次研究显示，东乡语复合元音音长是结尾段最长，以此判断，则全部复合元音都应归入后响复合元音，这显然是不合适的。从固有音高看，东乡语元音之间差异并不明显，因而音高对响度的影响似乎可以忽略。因此，舌位和开口度依然成为确定东乡语复合元音性质的主要依据。据此看，[əi]、[əu]、[ou]、[ʊei] 等元音为前响复合元音，[iɐ]、[iə]、[iɔ]、[ʊɐ] 为后响复合元音。

东乡语复合元音 [iu]、[ui]、[ʊi] 的情况比较特殊，它们的舌位高低大体接近。我们的结论与以往学者们稍有不同。从音强数值来看，双音节词中 [ɪ]（72.5dB）强于 [u]（67dB）和 [ʊ]（71.8dB），三音节词中正好相反，[u]（73.6dB）和 [ʊ]（72.5dB）强于 [ɪ]（72.2dB）和 [i]（72dB）。其他研究者数据与此接近。根据呼司乐土[②]的研究，词首音节中的 [i]（68.10dB）强于 [u]（66.25dB）和 [ʊ]（67.47dB）；非词首音节词中音强差异不大，分别为，[i]（68.44dB）、[u]（68.89dB）、[ʊ]（67.49dB）。这表明，高元音的音强差异并不明显。那么，如何确定音强差距并不明显的两个元音段在复合元音中的响度感知？本次研究暂时以音长数据作为二次定义参项，以时延长的结尾段定义响音段，即 [iu]、[ui]、[ʊi] 等为后响复合元音。也就是说，确定复合元音的性质，开口度是决定因素，开口度大，响度大；开口

① 吴宗济、林茂灿：《实验语音学概要》，67 页，北京，高等教育出版社，1989。

② 呼司乐土：《基于数据库的东乡语元音声学研究》，76 页，兰州，西北民族大学硕士学位论文，2015。

度相同，音强差异又不明显，则取成分段长度作为二次定义参项。

东乡语复合元音的发展趋势是，三合元音向二合元音靠拢，部分二合元音向单元音靠拢（如 [əu]、[ou] 等复合元音在 poutei 一词中就有向单元音发展的趋势，条件是前面有双唇辅音），但同单元音相比，仍然保持音长、音高、音强优势。其中，舌位接近的复合元音，即 [iə]、[əi]、[əu]、[ou] 等复合元音，在词腹音节向单元音靠拢的趋势明显，词首相对稳定，词末最稳定，舌位成对角的复合元音，即 [iɐ]、[ui]、[iu] 等复合元音，在词内任何位置复合元音特征均较为稳定，没有向单元音发展的趋势。

小 结

本次研究显示，东乡语有 20 个声学单元音，22 个声学复合元音，单元音包括 [ɐ]、[ʌ]、[ɜ]、[ɛ]、[ə]、[e]、[i]、[ɪ]、[ɨ]、[ɿ]、[ʅ]、[o]、[ɵ]、[ɞ]、[ɔ]、[u]、[ʉ]、[ʊ]、[ɚ]、[ɝ] 等; 22 个复合元音按其舌位动程可分为 [ei]、[eɪ]、[əi] 和 [ɛi]，[əu]、[əʊ] 和 [əʉ]，[ou]、[oʉ] 和 [oʊ]，[ui]、[uɪ]、[ʉi]、[ɵi] 和 [ʊi]，[iɐ]，[iə] 和 [iɜ]，[iɔ]，[iu]，[ʊɐ]，[ʊei] 等 10 组。

一、单元音音长

影响单元音音长的因素有二，即舌位特征和语境。

1. 低、展唇元音最长、后圆唇元音次之，前高展唇元音最短。

2. 不同语境中，元音出现的位置对音长的影响为最大，其规律是元音长度从后面的音节向前递减。音节类型和音节个数对音长的影响相对较小，CV 和 CVC 音节中未出现明显的规律，在 CVC 音节中，语境相同，则后置辅音为 [n] 的元

音比后置辅音为 [ŋ] 的元音长。邻音对元音的音长也有一定的影响，即元音在不送气塞音和浊音后长，其他情况下相反。

二、单元音音强

1. 舌位的影响：舌位前后与固有音强的关联性较弱，未见明显差异，舌位高低影响显著，即从低到高依次递减，低元音和央元音音强接近，高元音最弱。

2. 语境的影响：位置是影响音强的主要因素，音强从词首音节向词末音节递增，其次为音节结构，CV 音节元音比 CVC 音节元音强，音节个数影响不明显。

三、单元音音高

1. 舌位的影响：相同位置、相同音节结构音高差异不明显，总体上，高元音高、央元音居中、低元音音高低。

2. 音节结构和音节个数对音高的影响较小，位置是决定性因素，同音长和音强一致，词末元音音高向词首递减。

从上述情况可知，东乡语单元音音长、音强、音高的影响第一因素为词内位置，总体趋势是从词首向词末递增，其次是舌位，音节类型和音节个数及邻音的影响较小。

四、复合元音音长

复合元音音长主要受到词内位置的影响，词末音节最长，词首音节短，词腹音节因受到结构压力，有单化的趋势。其中词末 [ei]、[əi]、[ɜi]、[iɔ]、[iu] 和三合元音 [uei] 等复合元音的时延从结尾段向起始段递减。以高元音起始的 [ʊi]、[iɐ]、[iɜ]、[ʊɐ] 等复合元音起始段和过渡段时长分配接近，结尾段最长。词首时，时延分配大体保持一致，仅分配比例被压缩。

[əu] 和 [ou] 系列复合元音情况特殊，位于词末时，前者过渡段最长，结尾段次之，起始段最短，后者起始段最长，结尾段次之，过渡段最短；位于词首时，前者过渡段趋于消失，过渡段和结尾段趋于合并，结尾段长于起始段；后者起始段和过渡段趋于合并，起始段长于结尾段。原因在于 [əu] 的起始段元音音质接近 [ɨ] 或 [ɘ] 等高、次高元音，因此固有音长较短，在复合元音后端的拉力下，音长分配趋于后一个元音段，[ou] 则相反，从固有特征看，起始段强于结尾段，因此拉力趋向起始段。

此外，复合元音的音长还受到音节个数的影响，音节结构和邻音的影响不明显。

五、复合元音音强和音高

音强和音长的主要影响因素依然为词内位置。词首位置，复合元音音强和音高落点均趋于结尾段，词末音强趋向于落在开口度较大的元音段上，音高则大多数时落在过渡段上。

此外，前后辅音对音强和音高均有影响，后续辅音强于前置辅音，送气辅音强于其他辅音，浊辅音其次。

音节个数和音节结构对音强、音高的影响不明显。

六、复合元音的性质

东乡语复合元音的两个元音段未在语图上表现出较长稳定段，也未出现马鞍形强度曲线，因此均为假性复合元音。开口度和舌位是确定东乡语复合元音性质的主要依据，即 [əi]、[əu]、[ou]、[ʊei] 等系列元音为前响复合元音，[iɐ]、[iə]、[iɔ]、[ʊɐ] 等系列复合元音为后响复合元音。此外，以音长表现为第二参项，将 [iu]、[ui]、[ʊi] 归入后响复合元音。

总体上，东乡语舌位相近的复合元音趋于单化，三合元音趋于二合化。其中两端舌位接近的复合元音向单元音靠拢，两端为舌位对角的复合元音相对稳定，舌位动程在词末音节最为明显，词首音节次之，词腹音节则最弱。

第二章　辅音声学分析

辅音有发音部位，发音方法（成阻、除阻或持阻）的不同。本次研究根据各类辅音的不同声学特征采用不同的举证方法。重点在于辅音的语图表现、过渡音征、强频集中区、浊音的共振峰频率和音长、音强、音高等信息。

第一节　塞　音

塞音有闭塞、爆破除阻和过渡三个阶段。东乡语的塞音出现于词首、词腹和词末音节首，在音节内出现条件有限制。

一、双唇塞音

东乡语有 [p] 和 [pʰ] 2 个双唇塞音。

（一）出现位置和频率

表 2–1 是 [p]、[pʰ] 词内出现位置和频率统计。[p] 可以出现在词首、词腹、词末音节首，音节末不出现。[p] 在数据库中共出现 123 次，其中词首出现频率最高，共 99 次，词腹频率较低，仅有 8 次，词末出现 16 次。词首是其典型位置；[pʰ] 出现频率比 [p] 低，共出现 37 次，其中词首 34 次，词末仅 3 次。

表 2–1　[p] 和 [p^h] 词内出现位置及频率　　单位：次

辅音	词首音节	词腹音节	词末音节	次数
p	99	8	16	123
p^h	34	–	3	37

（二）语图表现

在语图上，词首位置 [p] 表现为爆破音冲直条，[p^h] 除了冲直条，还有摩擦乱纹，低频区均无嗓音信号。在词腹和词末，两个辅音冲直条前有一段无声间隙，说明 [p] 和 [p^h] 是清塞音，二者的主要区别在于摩擦乱纹的宽度。[p] 的摩擦乱纹平均值为 15ms，[p^h] 的摩擦乱纹平均值为 51ms。前者为不送气清塞音，后者为送气清塞音。图 2–1 为 [p] 在 ɐpəi（伯父）pʌʁɐ（青蛙、蛤蟆）两词中的语图表现，图 2–2 为 [p^h] 在 p^hi̥çerɜ（相信、信服）ɐp^hɐ（大麦）两词中的表现。

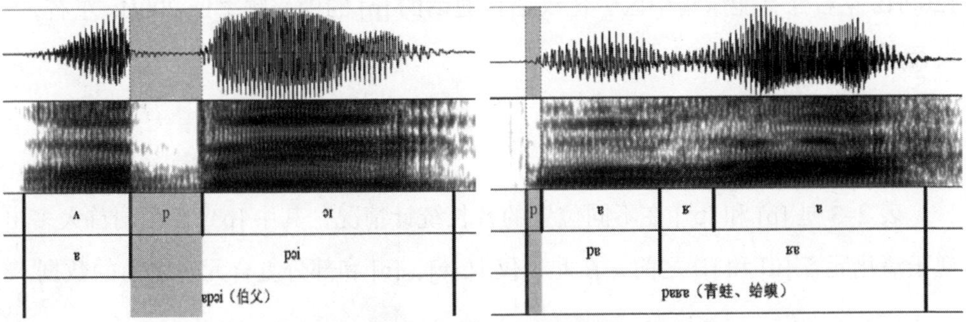

图 2–1　辅音 [p] 的语图

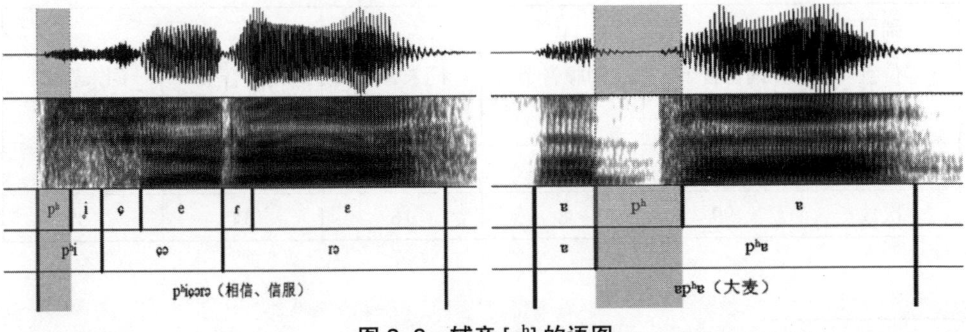

图 2–2　辅音 [p^h] 的语图

（三）过渡音征和能量集中区

表 2–2 为 [p] 和 [pʰ] 在不同元音前的过渡音征走势统计，“+”表示升渡，“–”表示降渡，“=”表示平渡。

表 2–2　[p] 和 [pʰ] 的过渡音征走势

辅音	过渡音征	前元音		央元音			后元音		
		i	ɪ	ɐ	ɜ	ə	u	o	ʊ
p	TC	+	=	–	–	–	–	–	–
pʰ	TC	+	=	–	–	–	–	–	–

从 [p] 和 [pʰ] 的音轨看，两个辅音区别不大，除阻后在 [ɐ]、[ɜ]、[ə]、[o]、[u] 等央或后元音之前过渡音征走势为降渡，在 [i] 之前表现为升渡。在低频区 1200Hz 左右处有能量集中区，比汉语普通话的 [p] 的中心频率低 200Hz 左右，① 发音部位在于双唇。

（四）音长特征

表 2–3 是 [p] 和 [pʰ] 在不同位置的音长统计情况，其中 [pʰ] 音在词首大多出现于清化元音 [u] 和 [i̥] 之前，在此，仅取 [ɐ]、[ə] 和部分复合元音之前的数据。

表 2–3　[p] 和 [pʰ] 在词内不同位置音长数据统计　　单位：ms

辅音	p			pʰ	
位置	词首音节	词腹音节	词末音节	词首音节	词末音节
GAP	–	31	46	–	51
VOT	16	14	11	47	35
次数	99	8	16	34	3

① 吴宗济、林茂灿：《实验语音学概要》，127 页，北京，高等教育出版社，1989。

数据显示，[p] 的 VOT 自词首位置向词末位置递减，词首为 16ms，词腹为 14ms，词末为 11ms 左右，音长比例为 1∶0.88 ∶0.69；GAP 的数据则相反，词末 46ms，词腹 31ms，词首无法取值。词末 GAP 数据大，说明闭塞到位，VOT 短，说明爆破强有力。[p^h] 在词首 VOT 为 47ms，词末为 35ms，GAP 在词末为 51ms，词首音节没有出现该元音，因此无法对比。从相同位置上的数据看，[p^h] 的 VOT 几乎比 [p] 长三倍。

双唇清塞音的 VOT 不仅受所处位置影响，还与后接元音的唇形相关联[①]，见表 2–4。[p^h] 后出现的 [u] 多清化，在 [o] 元音前没有出现，因此未提取 [p^h] 的数据。

表 2–4 [p] 在不同唇形元音前的 VOT 数据统计 单位：ms

辅音	p					
位置	词首音节		词腹音节		词末音节	
	圆唇元音前	展唇元音前	圆唇元音前	展唇元音前	圆唇元音前	展唇元音前
VOT	18	15	15	11	13	10
GAP	–	–	30	40	40	48
次数	46	53	5	3	3	13

从表 2–4 看，[p] 在词首音节，圆唇元音前的 VOT 比展唇元音前的长 3ms；在词腹音节，圆唇元音前的比展唇元音前的长 4ms；在词末音节，圆唇元音前的比展唇元音前的长 3ms。数据表明，[p] 的音长受到后续元音唇形的影响，即圆唇元音前时延长，展唇元音前时延短。GAP 的数据正相反，在词腹音节，圆唇元音前的比展唇元音前的短 10ms；在词末音节，圆唇元音前的比展唇元音前的短 8ms，即 GAP 在圆唇元音前短，展唇元音前长。

（五）音强特征

图 2–3 为 [p] 和 [p^h] 在词中不同位置的音强对比。数据显示，[p] 在词首音节最弱，为 47dB，词腹音节居中，为 55dB，词末音节最强，为 57dB。[p^h] 的情

① 韩国君：《土族语音系研究》，北京，中央民族大学博士学位论文，2016。

况与 [p] 类似，词首音节弱，词末音节强，分别为 47dB 和 58dB。

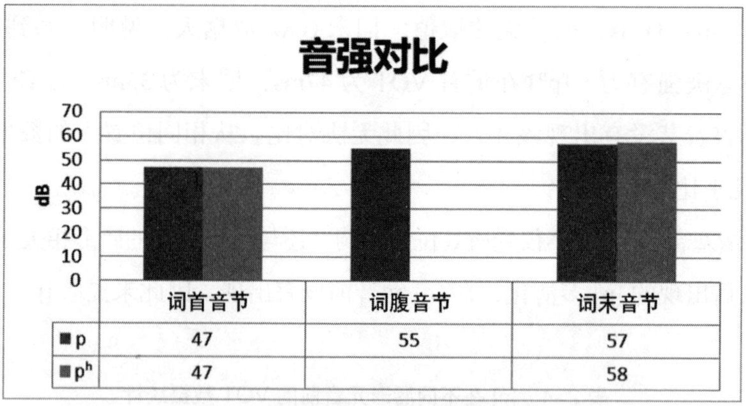

图 2–3 [p] 和 [pʰ] 在词中不同位置的音强对比

二、舌尖塞音

东乡语有 [t] 和 [tʰ] 两个舌尖塞音，有节首音特征，不出现在音节末尾。

（一）出现位置和频率

[t] 和 [tʰ] 出现频率较高，在词首音节、词腹音节、词末音节均出现，但不在音节末出现。表 2–5 是这两个辅音在词内出现位置及其频率统计。[t] 共出现 413 次，其中在词首音节 98 次，词腹音节 118 次，词末音节 197 次，词末是其典型位置。[tʰ] 的出现次数也较高，在词首音节出现 209 次，词腹音节 37 次，词末音节 84 次，词首是其典型位置。

表 2–5 [t] 和 [tʰ] 在词内出现位置及频率统计　　单位：次

辅音	词首音节	词腹音节	词末音节	次数
t	98	118	197	413
tʰ	209	37	84	330

（二）语图表现

[t] 和 [tʰ] 的语图表现类似 [p] 和 [pʰ]，即前者有无声间隙和冲直条，后者除无声间隙、冲直条，还有摩擦乱纹，无声间隙和冲直条说明两个辅音为清塞音，[t] 的摩擦乱纹窄，[tʰ] 的则宽，因此，二者以送气与否相互区别。图 2–4 是 [t] 在 tɐrʊ（压、压制、遏制、押、积、魇）、ɐtɐ（爸爸、父亲）两词中的语图表现，图 2–5 为 [tʰ] 在 tʰəuləi（兔子）和 ɐtʰɐlɐ（阉割、去势、骟）两词中的语图。

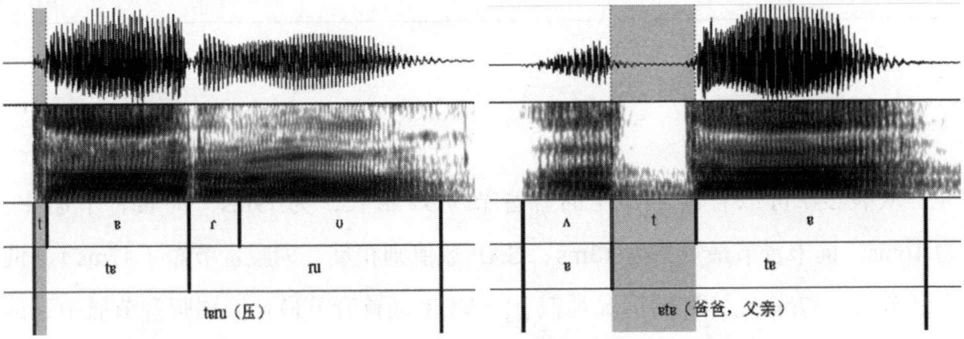

图 2–4　辅音 [t] 的语图

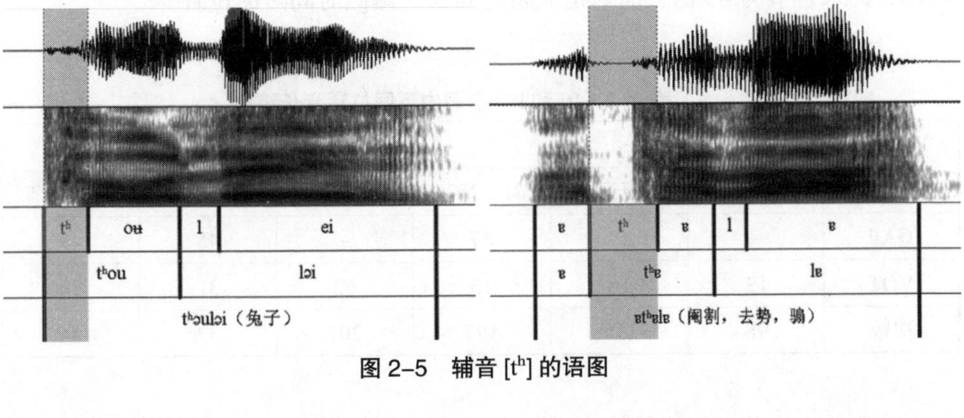

图 2–5　辅音 [tʰ] 的语图

（三）过渡音征

表 2–6 显示，[t] 和 [tʰ] 在央元音和后元音之前过渡音征呈负值，在前、高元

音前则表现为平渡，音征走势指向 2050Hz 左右，因此可以判断其发音部位在舌尖。在东乡语中，这两个辅音在前、高元音 [i] 或 [ɪ] 之前很少出现，本次测试中选取的后置元音 [i] 的 F2 均在 2050Hz 上下。

表 2–6 [t] 和 [tʰ] 的过渡音征走势

辅音	过渡音征	前元音	央元音			后元音		
		i	ɐ	ɜ	e	u	o	ʊ
t	TC	=	–	–	–	–	–	–
tʰ	TC	=	–	–	–	–	–	–

（四）音长特征

从表 2–7 可以看出，[t] 在词首音节 VOT 最长，为 19ms，词腹音节居中，为 16ms，词末音节最短，为 13ms；GAP 数值则相反，词腹音节短（47ms），词末音节长（57ms）。[tʰ] 的情况类似 [t]，VOT 词首音节最长，词腹音节居中，词末音节最短，分别为 62ms、31ms 和 30ms，GAP 数值相差不大，词腹音节为 45ms，词末音节为 49ms。词末是成阻时间长、爆破时间短的位置。

表 2–7 [t] 和 [tʰ] 在词内不同位置音长统计 单位：ms

辅音	t			tʰ		
位置	词首音节	词腹音节	词末音节	词首音节	词腹音节	词末音节
GAP	–	47	57	–	45	49
VOT	19	16	13	62	31	30
次数	98	118	197	209	37	84

[t] 和 [tʰ] 的无声间隙的长度还与先行元辅音有关。在 [n] 后（只出现于该辅音后），词中音节首 [t] 的 GAP 为 31ms，比平均值短 16ms，词末 40ms，比平均值短 17ms；元音后，先行音为 [u] 和 [ʊ] 时，GAP 最长，词腹音节为 55ms，比

平均值长 8ms，词末音节为 70ms，比平均值长 13ms；[ɐ] 之后次之，词中音节首为 53ms，比平均值长 6ms，词末为 68ms，比平均值长 11ms。[i] 之后 GAP 最短，词腹为 33ms，比平均值短 14ms，词末 45ms，比平均值短 12ms。说明 [t] 和 [tʰ] 在舌位相似的音后除阻时间短。

后续元音主要对 [t] 和 [tʰ] 的 VOT 产生较大影响，表 2–8 为不同元音前 [t] 的 VOT 表现。其中，词首音节 [tə]、[ti] 出现次数太少，因此未进行统计。

表 2–8　位于不同元音前 [t] 的 VOT 表现　　单位：ms

辅音	t			
位置	词首音节			
条件	tɐ	to	tu	
VOT	17	18	22	
位置	词腹音节			
条件	tɐ	tə	to	tu
VOT	11	8	15	20
位置	词末音节			
条件	tɐ	tə	to	tu
VOT	12	11	12	17

从数据可以看出，词首音节中，[ɐ] 前 [t] 的 VOT 数值最低，为 17ms，[o] 前居中，18ms，[u] 前最长，22ms；词腹音节中的情况类似，央元音 [ə] 前的 VOT 为 8ms，低元音 [ɐ] 前的 VOT 为 11ms，后元音 [o] 和 [u] 前分别为 15ms 和 20ms；词末音节中同样在低和央元音前数值小，在 [ɐ] 和 [ə] 之前 VOT 分别为 12ms 和 11ms，在后元音 [o] 和 [u] 之前 VOT 分别为 12ms 和 17ms。综合来看，在央元音 [ə] 前 [t] 的 VOT 最短，在后元音 [u] 前最长，[t] 的后接元音对 VOT 的影响很可能与唇形和发音部位相关联，首要因素是发音部位，其次是圆唇度，即后元音和唇元音延长 VOT。

（五）音强特征

图 2–6 为 [t] 和 [tʰ] 在不同位置音节中的音强对比情况。如图所示，位置对两个辅音的音强有明显影响，词首音节最弱，词腹音节居中，词末音节最强。在各个位置上 [tʰ] 比 [t] 强，分别为 49.2dB、50.9dB 和 57.2dB。两个辅音虽有强弱之分，但差距并不明显，词末音节最大，为 1.2dB，其次是词腹音节，为 0.8dB，词首音节差距最小，仅有 0.5dB。

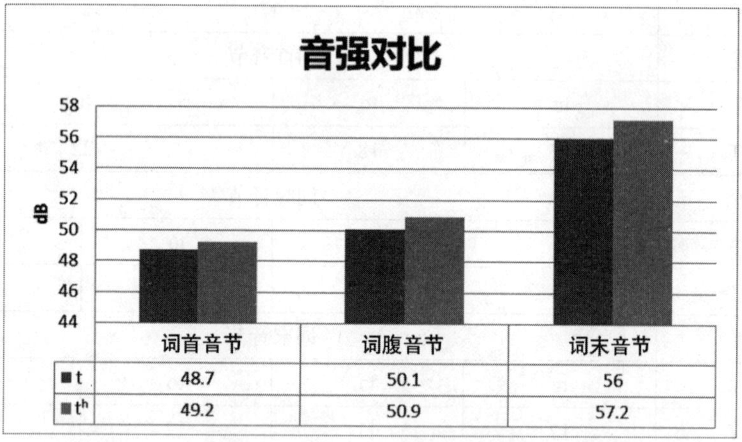

图 2–6　[t] 和 [tʰ] 的音强对比

三、舌根塞音

东乡语有 [k] 和 [kʰ] 两个舌根塞音，均为节首音。

（一）出现位置和频率

[k] 和 [kʰ] 在词首、词腹、词末音节均可出现，但不出现在音节末。表 2–9 为这对辅音词内出现位置及其频率统计。[k] 出现 117 次，其中词首音节出现 66

次，词腹音节 25 次，词末音节 26 次，词首音节频率最高，是其典型位置。[k^h] 出现 150 次，词首音节 51 次，词腹音节 22 次，词末音节 77 次，与 [k] 不同的是，[k^h] 的典型位置是词末音节。这两个辅音有时会出现“闪音”现象，即出现两个冲直条。主要出现于送气塞音、塞擦音和清擦音后清化的高元音后音节首，与此同时，在同一位置有明显的擦化现象（冲直条前有送气乱纹），应为先行音节送气成分影响所致。

表 2–9　[k] 和 [k^h] 词内出现位置及频率统计　　单位：次

辅音	词首音节	词腹音节	词末音节	次数
k	66	25	26	117
k^h	51	22	77	150

（二）语图表现

图 2–7 是 [k] 在 kɐkɐ（哥哥）、ɜŋkelɛ（用衣襟兜东西）等词中的语图表现，图 2–8 是 [k^h] 在 k^həli（肚子）nɜk^hɪ（皮袄、皮大衣）等词中的语图表现。与其他塞音类似，[k] 有无声间隙和冲直条，[k^h] 除了无声间隙、冲直条，还有摩擦乱纹，这说明 [k] 和 [k^h] 是清塞音，二者主要区别在于送气与否。

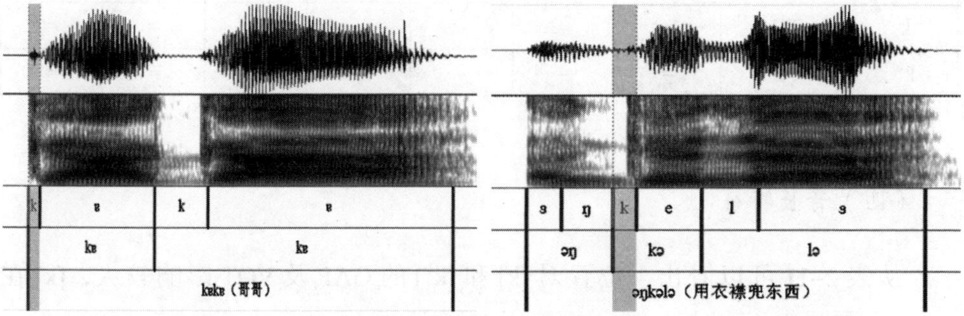

图 2–7　辅音 [k] 的语图

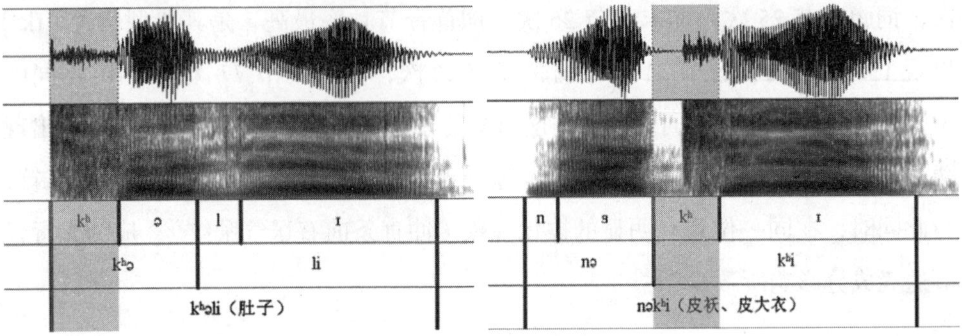

图 2-8　辅音 [kʰ] 的语图

（三）过渡音征

[k] 和 [kʰ] 在不同元音前的过渡音征不一样，在元音 [i]（F2 为 2000Hz 左右）前为平渡，在 [e]（1650Hz 左右）前为降渡，而在后元音 [o] 和 [u] 前多为平渡（F2 为 900Hz 左右），过渡音征指向两个点，即 2000Hz 和 860Hz。鉴于此，我们可以得知，[k] 和 [kʰ] 的发音部位和后续元音的关系密切，后元音时靠后，前元音时靠前。过渡音征表现见表 2-10。

表 2-10　[k] 和 [kʰ] 的过渡音征走势

辅音	过渡音征	前元音	央元音			后元音		
		i	ɐ	ɜ	e	u	o	ʊ
k	TC	=	–	–	–	=	=	=
kʰ	TC	=	–	–	–	=	=	=

（四）音长特征

从表 2-11 可以看出，位置对 [k] 和 [kʰ] 的 GAP 及 VOT 影响较大，[k] 在词首音节时 VOT 最长，为 18ms，词腹音节居中，为 17ms，词末音节最短，为 15ms；GAP 的数值相反，词腹音节短，为 37ms，词末长，为 41ms。[kʰ] 稍有不同，在词首音节时 VOT 最长（66ms），词腹音节最短（36ms），词末音节居中（40ms）；GAP 词腹音节短，为 30ms，词末音节长 37ms，相差 7ms。

表 2-11　[k] 和 [kʰ] 在词内不同位置音长数据统计　　单位：ms

辅音	k			kʰ		
位置	词首音节	词腹音节	词末音节	词首音节	词腹音节	词末音节
GAP		37	41		30	37
VOT	18	17	15	66	36	40
次数	66	25	26	51	22	77

除位置外，[k] 和 [kʰ] 的 GAP 长度还与其前面的辅音有一定的关系。以 [k] 为例，先行辅音为 [n] 和 [ŋ] 时，词腹音节 GAP 长为 26ms，比平均值短 13ms，比例为 1∶1.42。位于元音后大同小异。

VOT 的长度还受先行音素的影响，在送气塞音、塞擦音和清擦音后高元音有清化现象（后接塞音时），而清化元音的前置送气成分有可能影响 [k] 的 VOT，词腹音节和词末音节 [k] 在这种条件下 VOT 值分别为 22ms 和 19ms，比平均值分别高出 5ms 和 4ms，甚至可以达到（2 例）30ms 左右，比相同位置 [kʰ] 的 VOT 仅差 6ms。后续不同元音时，情况大同小异，差异不明显，词首 [k] 后接 [ɐ]、[ɜ]、[ɪ]、[o]、[u]、[ʊ] 等元音时，VOT 分别为 17ms、20ms、17ms、18ms 和 20ms，其中 [ɜ] 和 [u] 之前的数值稍高于平均值（2ms）。词腹音节和词末音节，[k] 和 [kʰ] 的 VOT 受先行送气音的影响较大，因此没有采集数据。

（五）音强特征

图 2-9 为 [k] 和 [kʰ] 词内不同位置音强对比。数据显示，[k] 和 [kʰ] 的音强受位置影响较大，词首音节最弱，词腹音节居中，词末音节最强。[kʰ] 的音强在同一位置比 [k] 强，词内各位置分别为 47dB、48.1dB 和 53.1dB。[k] 和 [kʰ] 音强差距在词首音节最明显，相差 2dB，词腹和词末音节差距缩小，分别相差 0.4dB

和 0.6dB，有时两个辅音的音强值相互颠倒，即 [k] 比 [kʰ] 强（6 例），但差距不明显。

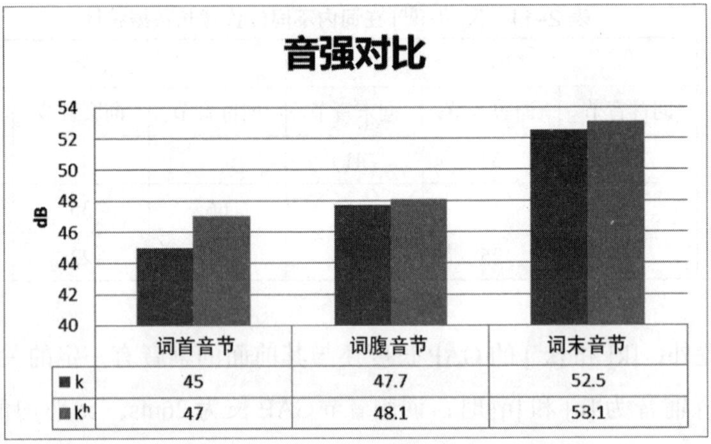

图 2–9　[k] 和 [kʰ] 词内不同位置音强对比

四、小舌塞音

东乡语有 [q] 和 [qʰ] 两个小舌塞音，有节首音特征，不出现在音节末。

（一）出现位置和频率

[q] 出现频率比 [qʰ] 高，在词首、词腹、词末音节均出现，但不在音节末出现，共出现 149 次，其中词首音节 91 次，词腹音节 41 次，词末音节 17 次（见表 2–12），词首是其典型位置。[qʰ] 共出现 67 次，其中词首音节 64 次，词腹音节 3 次，词末音节未出现，典型位置依然在词首。

表 2–12　[q] 和 [qʰ] 词内出现位置及频率统计　　单位：次

辅音	词首音节	词腹音节	词末音节	次数
q	91	41	17	149
qʰ	64	3	–	67

（二）语图表现

[q] 和 [q^h] 的语图表现类似 [k] 和 [k^h]。语图中，[q] 有无声间隙和冲直条，[q^h] 有无声间隙、冲直条和摩擦乱纹，由此可判定二者分别为不送气清塞音和送气清塞音。图 2–10 是 [q] 在 qɨmusʊ̃（指甲、蹄子）、sʊŋqʊ（挑选、选择）两词中的语图表现，图 2–11 为 [q^h] 在 q^hɐnɐ（咳嗽）和 q^hʌŋq^hʌ̃（沙棘蓬）两个词中的语图。

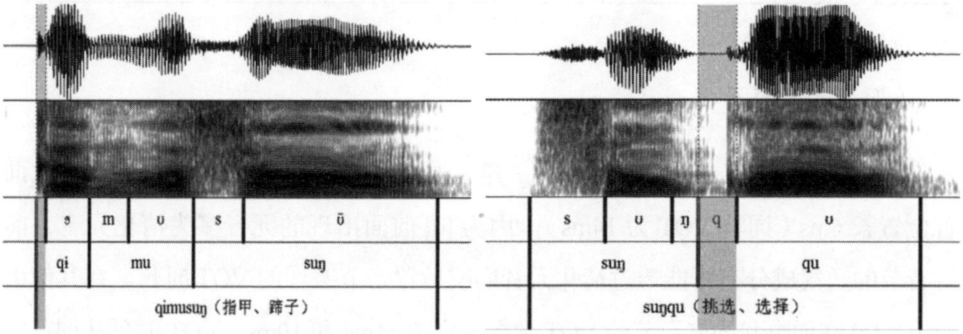

图 2–10　辅音 [q] 的语图

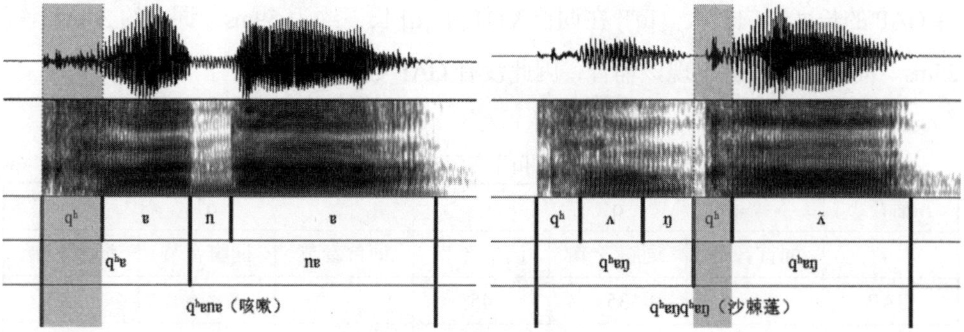

图 2–11　辅音 [q^h] 的语图

（三）过渡音征

[q] 和 [q^h] 主要在后元音或央元音前出现。表 2–13 为 [q] 和 [q^h] 的过渡音征走势。在 [ɨ]、[ɘ] 和 [ɐ] 前为平度，在低频区 1300Hz—1450Hz 有一个能量集中区，

在 [o] 和 [ʊ] 之前则为升渡，在 600Hz—800Hz 出现能量集中区，可见，[q] 和 [qʰ] 的位置比 [k] 和 [kʰ] 更为靠后，可以确定为小舌塞音。

表 2–13 [q] 和 [qʰ] 的过渡音征走势

辅音	过渡音征	央元音			后元音	
		ɐ	ɨ	ɘ	o	ʊ
p	TC	=	=	=	+	+
pʰ	TC	=	=	=	+	+

（四）音长特征

从表 2–14 看，[q] 与其他塞音不一样，词腹和词末音节 VOT 均为 20ms，比词首位置长 6ms（词首 VOT 为 14ms）。因为 [q] 前面出现的元音多为清化元音，前置音节的送气成分有可能透过清化元音影响后置音节塞音的 VOT 时长。在其他语境下，[q] 在词腹和词末音节的 VOT 数据分别为 11ms 和 10ms，VOT 时延从词首向词末音节递减。[q] 的 GAP 词腹音节为 35ms，词末音节为 45ms，说明位置对该辅音 GAP 的长度影响较大。[qʰ] 在词首 VOT 比 [q] 长，约为 59ms，词末约 34ms，短 25ms。词腹音节没有出现该辅音，因此没有 GAP 数据可对比。

表 2–14 [q] 和 [qʰ] 在词内不同位置音长数据统计 单位：ms

辅音	q			qʰ		
位置	词首音节	词腹音节	词末音节	词首音节	词腹音节	词末音节
GAP	–	35	45	–	–	33
VOT	14	20	20	59	–	34
次数	91	41	17	64	–	3

后续元音对 [q] 的 VOT 影响较大，见表 2–15。词腹和词末音节受送气成分影响较大，因此没有提取数据。在高元音 [ɨ] 前，VOT 最短，约为 11ms，比平均值短 3ms。其次是 [ʊ] 前，VOT 约为 12ms，比平均值短 2ms，[o] 前数据与平均值相

当，约为 14ms，[ɐ] 前最长，约为 16ms。[q^h] 在央或低元音 [ɐ] 和 [o] 之前的 VOT 数值相当，均为 68ms，而在高元音 [ɨ] 和 [ʊ] 前的 VOT 数值近似，分别为 51ms 和 50ms。说明后置元音舌位的高低影响 [q] 和 [q^h] 的时延。

表 2–15　[q] 和 [q^h] 不同元音前的 VOT 值对比　　单位：ms

辅音	q				q^h			
位置	词首音节				词首音节			
条件	qɐ	qɨ	qo	qʊ	q^hɐ	q^hɨ	q^ho	q^hʊ
VOT	16	11	14	12	68	51	68	50

（五）音强特征

图 2–12 为 [q] 和 [q^h] 不同位置音强对比。数据显示，位置影响这两个辅音的音强，词首音节最弱，词腹音节居中，词末音节最强。[q] 在词首音节音强为 48.4dB，词腹音节与词首音节相差不大，词末音节最强，为 53dB；[q^h] 在词首音节音强为 53dB，词末音节为 55dB。在同一位置，[q^h] 的音强比 [q] 强，词首音节差异最大（差值为 4.6dB），词末音节其次（差值为 2dB），说明送气辅音是强辅音。

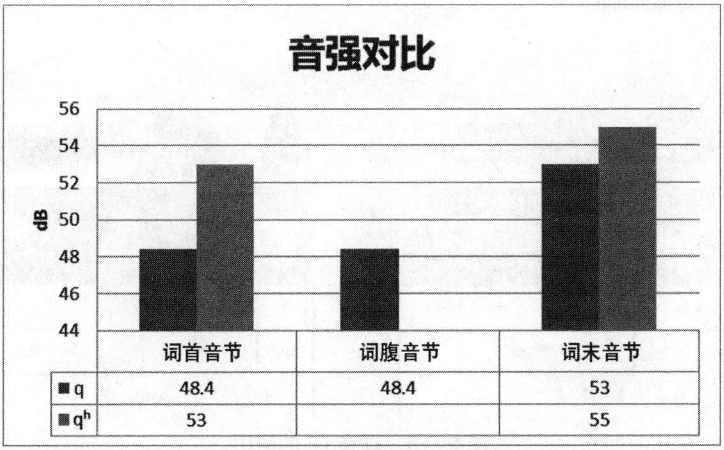

图 2–12　[q] 和 [q^h] 不同位置音强对比

第二节 擦 音

一、舌尖擦音

东乡语中只有一个舌尖擦音 [s]，有节首音特征，音节末不出现。

（一）出现位置和频率

[s] 共出现 422 次，词首音节 159 次，词腹音节 42 次，词末音节频率最高，为 221 次。词首和词末音节是其典型位置。

（二）语图表现

[s] 的除阻段较长，在语图上表现为一长段没有浊音横杠的摩擦乱纹，表明该辅音为清擦音。图 2–13 为 [s] 在 sɐnɐ（计算、想、想念）、qɐtɐsõ（钉子）两词中的语图表现。从图中可以看出，该辅音在词首音节能量较弱，词腹音节和词末音节能量明显加强。

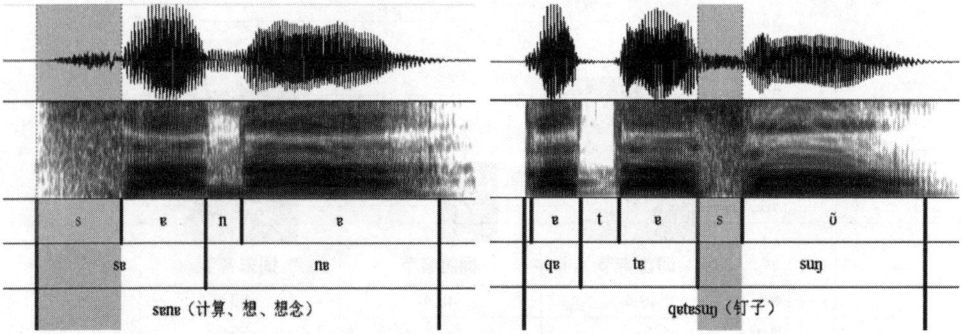

图 2–13 辅音 [s] 的语图

（三）强频集中区和过渡音征

[s]的能量分布受后续元音唇形影响。[s]在展唇元音前强频集中区为4000Hz—5000Hz，中心频率为4500Hz左右；在圆唇元音前强频集中区略有下降，大约为3000Hz—4000Hz，中心频率为3500Hz左右。由此可以判断该辅音为舌尖前擦音。从图2–14得知，[s]除阻后过渡到元音部分时，能量有所下降，但依然保持高频区能量优势。图2–14为səŋlɐ（梳、梳头、梳理）、sumu（弓、箭、矢、弹弓）两个词中[s]的能量分布图。

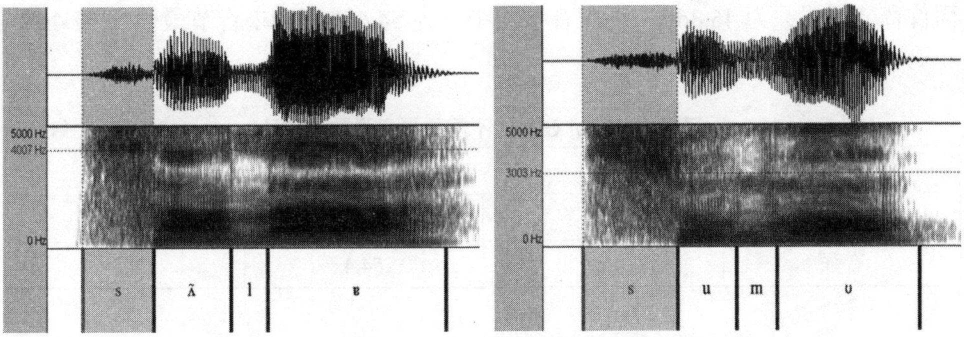

图2–14　[s]的能量分布图

（四）音长特征

表2–16为[s]词内不同位置音长数据统计。数据显示，位置对[s]有明显影响，词首音节最长，为117ms，词腹音节最短，为73ms，词末音节居中，为78ms。

表2–16　[s]在词内不同位置音长数据统计　　单位：ms

辅音	s		
位置	词首音节	词腹音节	词末音节
音长	117	73	78
次数	143	42	221

此外，[s] 后的元音 [ɿ] 和 [u] 在不送气塞音前有清化现象（主要在词首音节），此时，[s] 是否与后置辅音构成复辅音呢？可以用音节长度减去 [s] 音长的办法，来验证清化元音的长度。[sɿ̥] 音节平均长度为 165ms，[su] 音节为 170ms，减去 [s] 平均音长 117ms（非清化元音前），可推知 [ɿ̥] 和 [u] 两个元音分别为 48ms 和 53ms，证明元音并没有脱落，前后音节辅音无法构成复辅音。因此，学者们关于东乡语没有复辅音的说法是有根据的。

（五）音强特征

表 2–17 为 [s] 在词内不同位置音强数据统计，位置对辅音音强有较大影响，词首音节最弱，为 46.3dB，词腹音节居中，为 54.4dB，词末音节最强为 57.4dB。

表 2–17　[s] 在词内不同位置音强数据统计　　单位：dB

辅音	s		
位置	词首音节	词腹音节	词末音节
音强	46.3	54.4	57.4

此外，后置元音对 [s] 的音强也有一定的影响，从表 2–18 看，[s] 的音强在词首音节 [ɿ]、[ɐ]、[ɿ̥]、[u]、[o]、[u̥] 等元音前分别为 52.8dB、47.5dB、45.9dB、45.4dB、43.8dB 和 41.7dB，展元音前的强度比圆唇元音前强。词腹音节音强排位变化不大，只是 [ɿ̥] 和 [ɐ] 调换了位置，词末音节音强排序与词腹音节相同。说明 [s] 的音强减弱与后续元音的唇形有关。

表 2–18　[s] 在不同元音前的音强数据统计　　单位：dB

辅音	s					
位置	词首音节					
条件	sɐ	sɿ	sɿ̥	so	su	su̥
音强	47.5	52.8	45.9	43.8	45.4	41.7

续表

辅音	s				
位置	词腹音节				
条件	sɐ	sɿ	sɿ̥	su	su̥
音强	50.5	59.5	57.5	52.9	52.1
位置	词末音节				
条件	sɐ	sə	sɿ	su	
音强	58	58.1	62.1	54.1	

二、舌尖后擦音

东乡语有 2 个舌尖后擦音 [ʂ] 和 [ʐ]，均为节首音，不在音节末出现。

（一）出现位置和频率

[ʂ] 出现 176 次。词首音节出现次数最多，共 94 次，词腹音节出现 25 次，词末音节出现 57 次。词首和词末是其典型位置。在固有词中 [ʐ] 不出现词首音节，仅出现于 [ʅ] 之后，在借词中无此限定，数据库中共出现 31 次，词首音节 11 次，词腹音节 10 次，词末音节 10 次，如不考虑借词因素，词首音节出现频率最高，词首音节是其典型位置。

（二）语图表现

[ʂ] 的语图表现类似 [s]，即有一长段摩擦乱纹，表明该辅音为清擦音，不同的是，该辅音强频集中区和频谱下线比 [s] 低。[ʐ] 的中心频率与 [ʂ] 相同，同样是擦音，除摩擦成分外，[ʐ] 还伴随噪音信号，和具有共振峰特点的横杠。图 2–15 为辅音 [ʂ] 在 ʂʅuɐʁɐ（木勺、勺子、蝌蚪）、onʂʅ（念、读、上学）两词中的语图表现。图 2–16 为辅音 [ʐ] 在 ʂʅʐɐ（黄色）、ʂʅʐɜ（桌子）两词中的语图表现。

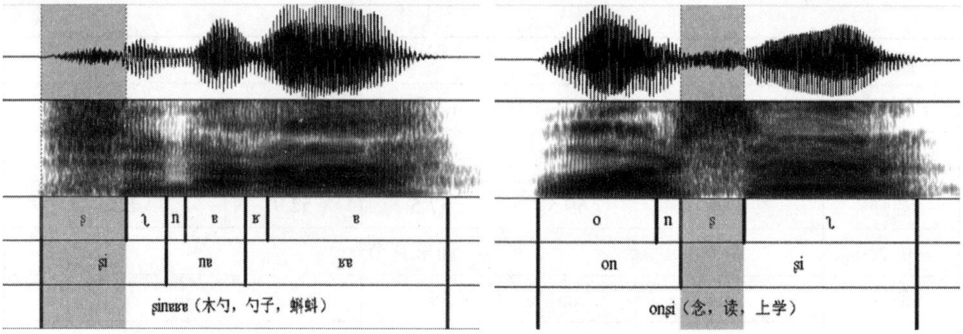

图 2–15　辅音 [ʂ] 的语图

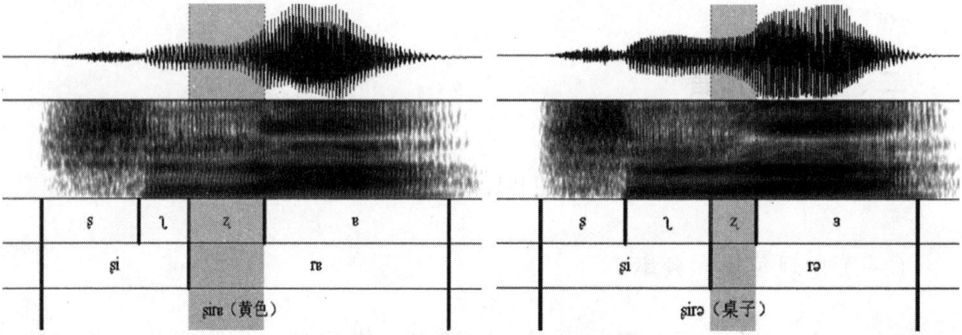

图 2–16　辅音 [ʐ] 的语图

（三）强频集中区和过渡音征

[ʂ] 的能量分布同样受后续元音唇形影响（见图 2–16）。[ʂ] 在展唇元音前强频集中区为 3500Hz—4500Hz，中心频率在 4000Hz 左右；在圆唇元音前，强频集中区明显下降，为 2000Hz—3000Hz，中心频率在 2500Hz 左右，应属于舌尖后擦音。[ʐ] 的中心频率与此相当，这两个辅音后接元音 [ʅ] 时，音轨走势均为平渡，在其他元音前，音轨走势均为降渡。从共振峰数据看，[ʐ] 的 VF1 平均值为 392Hz，VF2 平均值为 1536Hz，VF3 平均值为 2455Hz，舌位略高于 [ʅ]（F1 为 467，F2 为 1514）；词首 VF1 和 VF2 平均值分别为 315Hz 和 1631Hz，词腹音节分别为 456Hz 和 1485Hz，词末音节分别为 407Hz 和 1482Hz，说明该辅音舌位词首最高、最前，词腹音节下降，词末音节居中。图 2–17 为 [ʂ] 在 ʂʊ（篦子）、

ʂʅni（新、新的、新鲜的、新颖的）两词中的能量分布图。

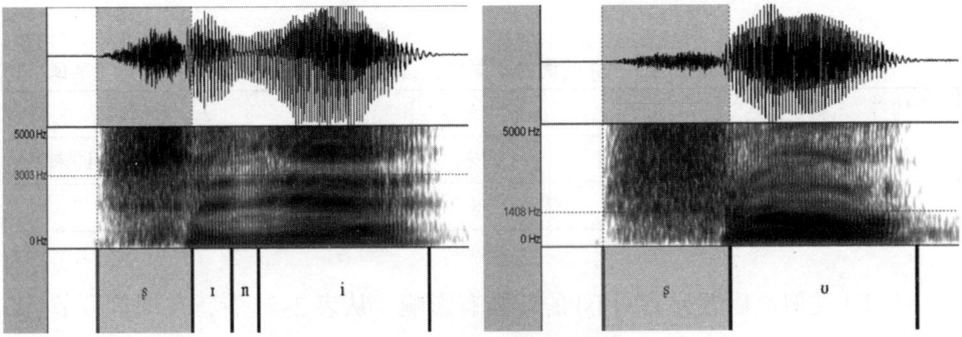

图 2–17　[ʂ] 的能量分布图

（四）音长特征

表 2–19 为 [ʂ] 在词内不同位置音长统计。数据显示，[ʂ] 在词首音节最长，约 138ms，词腹音节最短，为 63ms，词末音节居中，为 90ms。[ʐ] 情况相同，词首音节约 96ms，词腹音节约 58ms，词末音节约 75ms。

表 2–19　[ʂ] 在词内不同位置音节中音长数据统计　　单位：ms

辅音	ʂ			ʐ		
位置	词首	词腹	词末	词首	词腹	词末
音长	138	63	90	96	58	75
次数	94	25	57	11	11	9

（五）音强特征

表 2–20 为 [ʂ] 在词内不同位置音强统计。从表可以看出，位置对该辅音的音强有较大的影响，词首音节最弱，为 46.3dB，词腹音节居中，为 57.1dB，词末音节最强，强度为 58dB，词首音节比其他两个位置弱 11dB 左右。[ʐ] 的音

强也从词首向词末递增，相同条件下，[ʐ] 的音强明显比 [ʂ] 强，词首音节相差 8.6dB，词腹音节差 9.2dB，词末音节差值最大，为 17dB。

表 2–20　[ʂ] 在词内不同位置音节中音强数据统计　　单位：dB

辅音	ʂ			ʐ		
位置	词首	词腹	词末	词首	词腹	词末
音强	46.3	57.1	58	54.9	66.3	75

与 [s] 类似，后置元音对 [ʂ] 的音强有影响。从表 2–21 看，在词首音节 [ʅ]、[ɜ]、[ʅ̥]、[ɐ]、[u]、[u̥] 等元音前，[ʂ] 的音强分别为 48.9dB、46dB、45dB、45dB、44dB 和 39.3dB，依然展元音前的音强强于唇元音。词腹音节强弱顺序不变（只是没有出现 [ɜ]）。在词末音节，[ɜ] 前最强，为 60dB，其他依次为 [ɛ]、[ɐ] 和 [u] 前，分别为 58.3dB、56.7dB 和 56dB。与 [s] 不同的是，[ʂ] 与央元音搭配时最强，与后元音搭配时最弱，不与前元音搭配。

表 2–21　[ʂ] 在词内不同元音前的音强数据统计　　单位：dB

辅音	s					
位置	词首音节					
条件	ʂɐ	ʂʅ	ʂʅ̥	ʂɜ	ʂu	ʂu̥
音强	45	48.9	45	46	44	39.3
位置	词腹音节					
条件	ʂɐ	ʂʅ	ʂʅ̥	ʂu		
音强	52	57	57.5	53		
位置	词末音节					
条件	ʂɐ	ʂɜ	ʂʅ	ʂu		
音强	56.7	60	58.3	56		

三、舌面擦音

东乡语有 1 个舌面擦音 [ɕ]，只与前元音和央元音搭配，不与后元音搭配，有节首音特征，不出现在音节末。

（一）出现位置和频率

[ɕ] 在数据库中共出现 72 次。词首最多，共 58 次，词腹音节出现 4 次，词末音节出现 10 次。词首是其典型位置。

（二）语图表现

[ɕ] 的语图表现类似 [s] 和 [ʂ]，能量集中区介于二者之间，语图中有摩擦乱纹，由此可知是清擦音。图 2–18 为 [ɕ] 在 ɕeni（夜晚、晚上）pi̥ɕerɛ（相信、信服）两词中的语图表现。

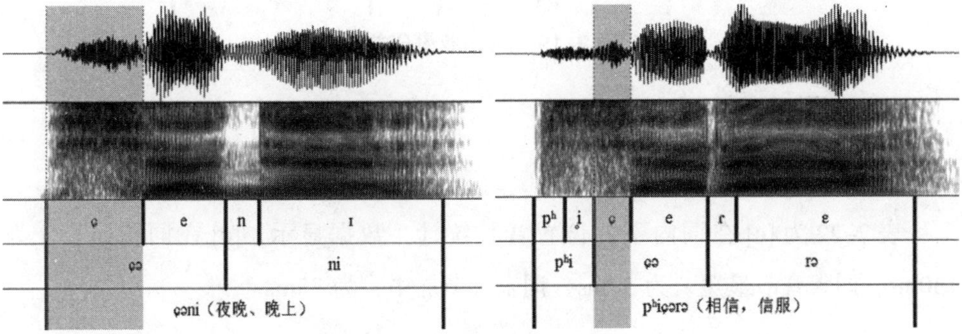

图 2–18　辅音 [ɕ] 的语图

（三）强频集中区和过渡音征

[ɕ] 的强频集中区为 3500Hz—4500Hz，中心频率为 4000Hz 左右，下线频率为 2500Hz 左右。不与圆唇元音搭配，如后接圆唇元音，则在圆唇元音前增加前

元音或央元音组成复合元音后才可搭配。以往学界记录为三合元音或圆唇元音参与的二合元音，如 ɕioʁə、ɕiaoʁə、ɕiauʁə、ɕouʁə（耳环），ɕiotʰuliə、ɕiaotʰuliə、ɕoutʰuliə（跪），ɕiaotɕiə、ɕiaotɕiə、ɕoutɕiə（影子、树荫）等词，在我们的数据库和语图中显示为双合元音 [əʊ]，即 ɕəʊʁɜ、ɕəʊtʰulɜ 和 ɕəʊtɕɛ。从前面对 [s] 和 [ʂ] 的分析可知，擦音会受后续圆唇元音的影响而强频集中区明显下降，但在这几个词的语图中，我们并没有看到中心频率下降的迹象。图 2–19 为 [ɕ] 在 ɕiri 一词中的能量分布图。

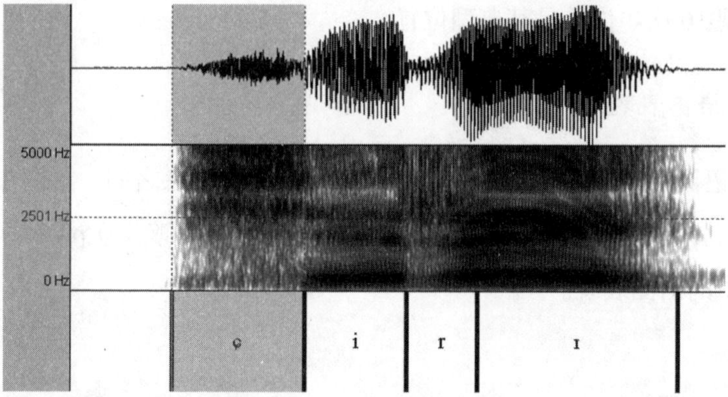

图 2–19　[ɕ] 的能量分布图

（四）音长和音强特征

表 2–22 为 [ɕ] 在词内不同位置音长统计。数据显示，[ɕ] 在词首最长，为 130ms，词腹音节最短，为 50ms，词末音节居中，为 75ms。

表 2–22　[ɕ] 在词内不同位置音节中的音长数据统计　单位：ms

辅音	ɕ		
位置	词首	词腹	词末
音长	130	50	75
次数	58	4	10

（五）音强特征

表 2–23 为 [ɕ] 在词内不同位置音强数据统计。与其他擦音一样，位置对该辅音的音强有较大的影响，词首最弱，为 50dB，词腹音节 62dB，词末音节 59.4dB。词腹音节 [ɕ] 的音强走高，是因为其先行音节的辅音全部都是送气塞音，送气塞音与 [ɕ] 之间的元音清化，送气成分透过元音影响到后置辅音的音强。

表 2–23 [ɕ] 在词内不同位置音节中的音强数据统计 单位：dB

辅音	ɕ		
位置	词首音节	词腹音节	词末音节
音强	50	62	59.4

四、双唇擦音

东乡语有双唇擦音 [ɸ] 和 [β]，均有节首音特征，不在音节末出现。

[ɸ] 出现 43 次，其中词首为 39 次，全部为固有词，词末音节 5 次，都是借词。[β] 仅在借词中出现一次。[ɸ] 在语图上的表现为一段摩擦乱纹，没有浊音横杆，由此可以确定为清擦音，[β] 有轻微的摩擦段，并且有噪音信号伴随，说明它是浊擦音。图 2–20 和图 2–21 为这两个辅音在 ɸurɜ（籽、籽种、种子、枪子儿、子弹）和 sʅβɑ̃（翅膀）两词中的语图表现。

[ɸ] 在前元音前不出现，后元音前均为降渡，在前元音前为平渡，在圆唇元音前能量集中区频率下线在 1000Hz 左右，强频集中区在 2800Hz 上下，说明该辅音为双唇擦音。[β] 的 VF1 为 371Hz，VF2 为 1207Hz，VF3 为 2420Hz，因没有对比不能进一步观察，从其数据上看，该辅音的舌位点在高、央元音位置。

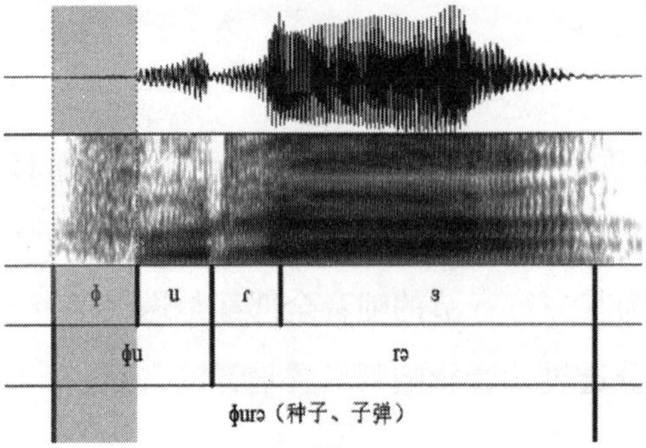

图 2–20　辅音 [ɸ] 的语图

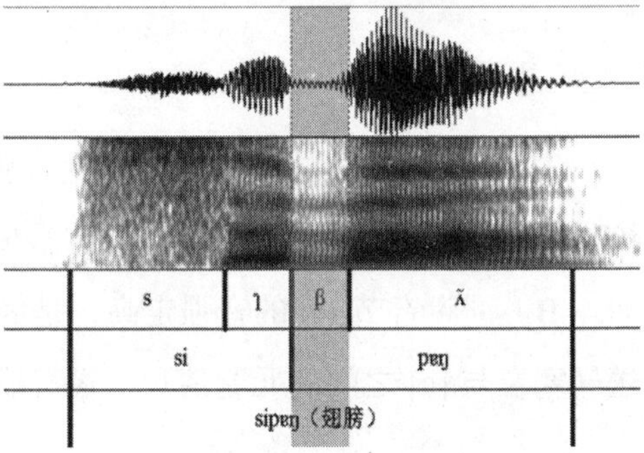

图 2–21　辅音 [β] 的语图

[ɸ] 在词首平均音长为 70ms，词末音节 76ms，音强在词首为 35dB，词末音节为 52.8dB。[β] 只在借词 sʅβɑ̃（翅膀）中出现 1 次，音长为 57ms，音强为 55dB。

五、小舌擦音

东乡语有小舌擦音 [χ] 和 [ʁ]，均有节首音特征，不在音节末出现。

（一）出现位置和频率

[χ] 出现 64 次，词首 32 次，词腹音节 17 次，词末音节 15 次。词首是其典型位置。[ʁ] 出现 347 次，词首不出现，词腹音节出现 161 次，词末音节出现 186 次，词腹和词末音节是其典型位置。表 2–24 是两个辅音词内出现位置及频率统计。

表 2–24　[χ] 和 [ʁ] 词内出现位置及频率统计　　单位：次

辅音	词首音节	词腹音节	词末音节	次数
χ	32	17	15	64
ʁ	–	161	186	347

（二）语图表现

图 2-22 是 [χ] 和 [ʁ] 在 iʁɐ（碗）、χɐmɪ（闭眼、眼闭合）两词中的语图表现。[χ] 在语图中表现为摩擦乱纹，可以确定是清塞音；[ʁ] 在语图中的表现是高频区有能量较高的摩擦，低频区伴随浊音横杠，可以确定是浊擦音。

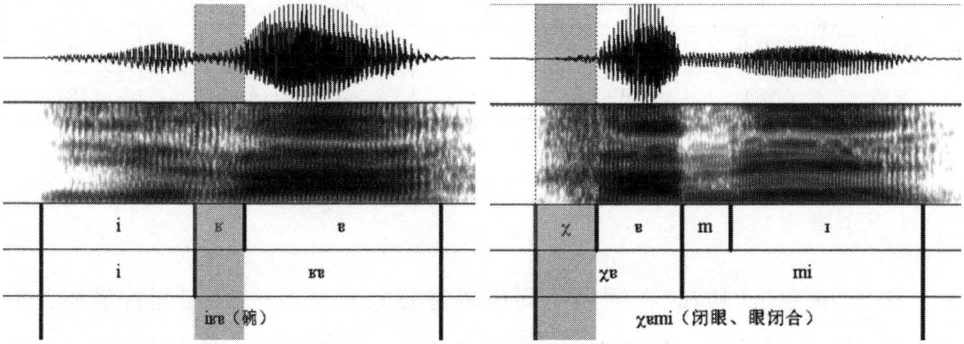

图 2-22　辅音 [ʁ] 和 [χ] 的语图

（三）强频集中区和共振峰

[χ] 的语图中往往在高频区和低频区出现两个强频集中区，低频区的中心频率一般为 800Hz—1200Hz，上线频率和下线频率为 500Hz—1500Hz，高频区从 3000Hz 左右能量开始加强至 5000Hz 左右。后续元音对该辅音的能量分布影响不大。

[ʁ] 的 VF1 平均值为 506Hz，分布范围为 510Hz—553Hz，VF2 平均值为 797Hz，分布范围为 709Hz—957Hz，VF3 平均值为 2291Hz 为，分布范围为 2102Hz—2646Hz，由此判断，该辅音的舌位相当于低、后元音位置。

（四）音长特征

表 2-25 为 [χ] 和 [ʁ] 在词内不同位置音长数据统计。数据显示，位置对这

两个辅音的音长有明显影响，[χ] 词首音节最长，为 109ms，词腹音节最短，为 61ms，词末音节居中，为 62ms，词末音节和词腹音节音长相差不大。[ʁ] 在词腹音节短，为 41ms，词末音节略长，为 49ms。

表 2–25 [χ] 和 [ʁ] 在词内不同位置音节中的音长数据统计 单位：ms

辅音	χ			ʁ		
位置	词首	词腹	词末	词首	词腹	词末
音长	109	61	62	–	41	49
次数	64	32	17	–	161	187

（五）音强特征

表 2–26 为 [χ] 和 [ʁ] 在词内不同位置音强数据统计，[χ] 在词首最弱，为 40.5dB 词腹音节居中，为 45dB，词末音节最强，为 55dB。词首和词末音节音强差距较大，差值为 14.5dB。[ʁ] 的音强比 [χ] 强，在词腹音节为 63.2dB，词末音节为 63.4dB。

表 2–26 [χ] 和 [ʁ] 在词内不同音节中的音强数据统计 单位：dB

辅音	χ			ʁ		
位置	词首	词腹	词末	词首	词腹	词末
音强	40.5	45	55	–	63.2	63.4

六、喉门擦音

东乡语有 [h] 一个喉门擦音。

[h] 有 28 例，只出现于词首起始位置，主要与低元音和后元音搭配。在语图上表现为一段摩擦乱纹，可以判断出是清擦音。频谱上一般出现两个强频集中

区，唇形对能量分布影响不大，在低频区 500Hz—1500Hz 出现一个能量集中区，中心频率在 1000Hz 左右，在高频区 3000Hz—4000Hz 出现另一个能量集中区，中心频率约为 3500Hz。[h] 的平均音长为 87ms，音强为 41.2dB。图 2–23 为该辅音在 hʌntʰʊ（一同、一块儿、一起）和 hʊlɐsʊ̃（竹子、芦苇）两词中的语图表现。

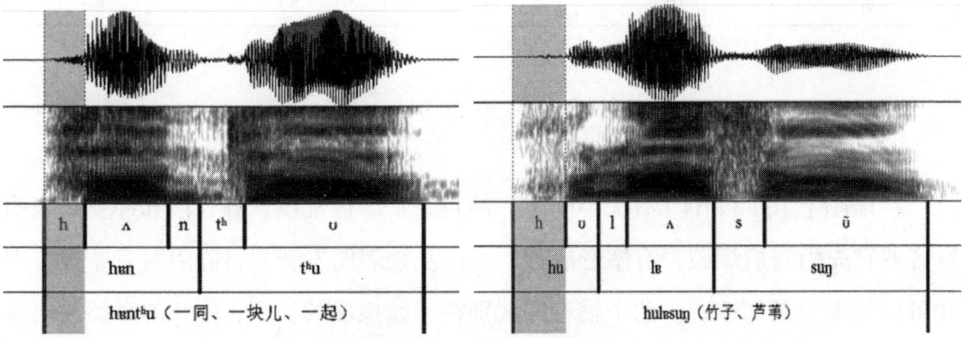

图 2–23　辅音 [h] 的语图

第三节　塞擦音

东乡语有舌尖后塞擦音 [tʂ] 和 [tʂʰ]、舌面塞擦音 [tɕ] 和 [tɕʰ] 以及舌尖塞擦音 [ts] 和 [tsʰ]，其中 [ts] 和 [tsʰ] 多出现于借词当中，以上三组辅音均为节首辅音，不在音节末出现。

一、舌尖后塞擦音

（一）出现位置和频率

[tʂ] 和 [tʂʰ] 出现频率较高（见表 2–27）。其中 [tʂ] 共出现 330 次，词首音节 131 次，词腹音节 71 次，词末音节 128 次，典型位置是词首和词末音节。[tʂʰ] 共出现 182 次，词首出现次数最多，共 98 次，词腹音节出现次数最少，共 27

次，词末音节出现 57 次，典型位置为词首音节。

表 2–27　[tʂ] 和 [tʂ^{h}] 词内出现位置及频率统计　　单位：次

辅音	词首音节	词腹音节	词末音节	次数
tʂ	131	71	128	330
tʂ^{h}	98	27	57	182

（二）语图表现

在语图上 [tʂ] 和 [tʂ^{h}] 有无声间隙、冲直条、摩擦乱纹。静音段和冲直条表明发音器官先阻塞后爆破，有塞音成分，摩擦乱纹表明发音器官除阻时有摩擦，因此可以判定为是塞擦音。两个辅音的区别在于摩擦段的长短，[tʂ^{h}] 的摩擦段明显比 [tʂ] 长，因此可以进一步认定为 [tʂ] 和 [tʂ^{h}] 是以送气和不送气相区别的一对塞擦辅音。图 2–24 是 [tʂ] 在 tʂʊlɐ（灯、囟门）、utʂə（看、观察、认为、守）两词中的语图表现。图 2–25 是 [tʂ^{h}] 在 tʂ^{h}ʅnɐ（煮、炸、顿）、ɐtʂ^{h}ʅ（驮、锄）两词中的语图表现。

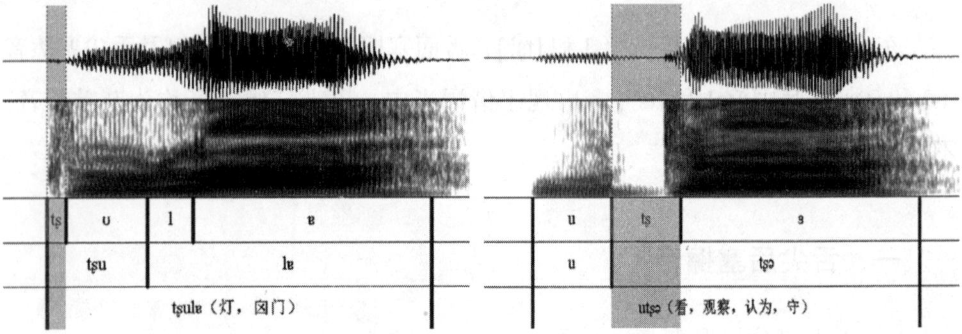

图 2–24　辅音 [tʂ] 的语图

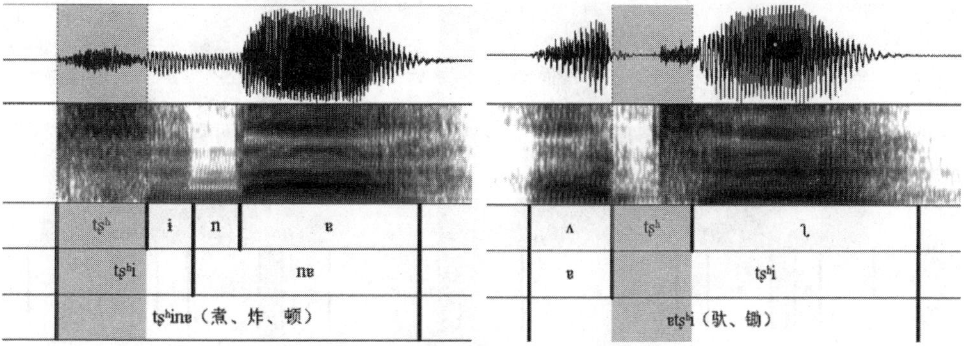

图 2–25　辅音 [tʂʰ] 的语图

（三）强频集中区和过渡音征

[tʂ] 和 [tʂʰ] 的摩擦段与擦音 [ʂ] 基本一致。唇形对擦音的能量分布有一定的影响，塞擦音亦如此。[tʂ] 和 [tʂʰ] 在展唇元音前强频集中区范围为 3500Hz—4500Hz，中心频率在 4000Hz 上下；而在圆唇元音前后，强频集中区下降至 2000Hz—3500Hz，中心频率在 2600Hz 左右；后续元音为 [ʅ] 时，音轨走势均为平渡，有时前面有清化元音时，在 [ʅ] 前显示为降渡，其他元音前均为降渡。图 2–26 是 [tʂ] 在展唇元音前和圆唇元音前的表现。图 2–27 是 [tʂʰ] 相同条件下的表现。例词为：ʌntʂɐsũ（梨、犁杖）、ɸṳtʂʊʁʊ（昨、昨天）、ʌntʂʰɐlɐ（叉开腿）、otʂʰolʊ（翻穿衣服）

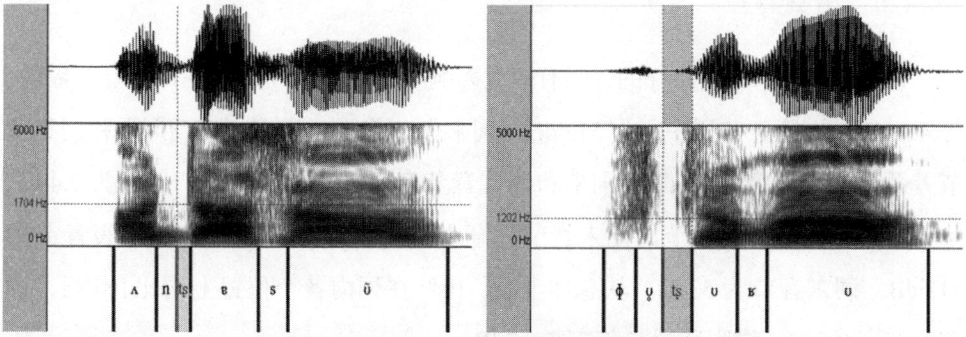

图 2–26　[tʂ] 的能量分布图

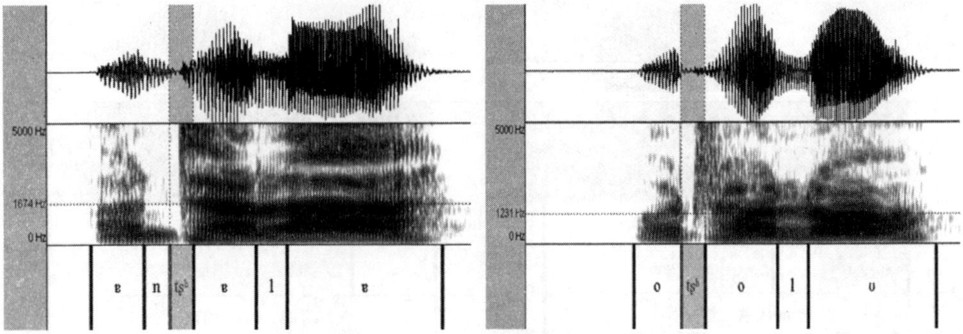

图 2–27　[tʂʰ] 的能量分布图

（四）音长特征

表 2–28 为 [tʂ] 和 [tʂʰ] 在词内不同位置的音长数据统计。[tʂ] 在词首音节最长，为 27ms，词腹音节最短，为 16ms，词末音节居中，为 20ms。[tʂʰ] 在词首音节最长，为 73ms，词腹音节短，为 47ms，词末音节居中，为 47ms。

表 2–28　[tʂ] 和 [tʂʰ] 在词内不同位置音节中的音长数据统计　　单位：ms

辅音	tʂ			tʂʰ		
位置	词首	词腹	词末	词首	词腹	词末
GAP		47	56		26	40
VOT	27	16	20	73	47	47

（五）音强特征

词内位置对 [tʂ] 和 [tʂʰ] 的音强有较大影响（见表 2–29），[tʂ] 在词首音节最弱，为 45.4dB，词腹音节居中，为 51.4dB，词末音节最强，为 52.8dB，词末和词腹音节差距不大，差值为 1.4dB，词末和词首音节音强差距最为明显，差值为 7.4dB。[tʂʰ] 的音强也从词首音节向词末音节逐渐上升，词首音节为 46dB，词腹音节为 51.6dB，词末音节为 53dB。从总体上看，[tʂʰ] 在词内各个位置上均比 [tʂ] 强，词首音节高 0.6dB，词腹和词末音节高 0.2dB。

表 2–29　[tʂ] 和 [tʂʰ] 在词内不同位置音节中的音强数据统计　　单位：dB

辅音	tʂ			tʂʰ		
位置	词首	词腹	词末	词首	词腹	词末
音强	45.4	51.4	52.8	46	51.6	53

二、舌面塞擦音

（一）出现位置和频率

表 2–30 为 [tɕ] 和 [tɕʰ] 在词内不同位置出现频率统计，[tɕ] 出现 119 次，其中词首音节 24 次，词腹音节 47 次，词末音节 48 次，词腹和词末音节出现频率较高，是其典型位置。[tɕʰ] 出现 60 次，词首音节 42 次，词腹音节较少，仅有 7 次，词末音节出现 11 次。

表 2–30　[tɕ] 和 [tɕʰ] 在词内出现位置及频率统计　　单位：次

辅音	词首音节	词腹音节	词末音节	次数
tɕ	24	47	48	119
tɕʰ	42	7	11	60

（二）语图表现

[tɕ] 和 [tɕʰ] 的语图有塞擦音特征，有无声间隙、冲直条和摩擦乱纹。两个辅音之间的区别在于摩擦乱纹的宽度，[tɕ] 摩擦乱纹窄，为不送气塞擦音，[tɕʰ] 摩擦乱纹宽，为送气塞擦音。图 2–28 是两个辅音在 itɕɜ（吃、吸、抽）、otɕʰɪ（女儿、姑娘）两词中的语图表现。

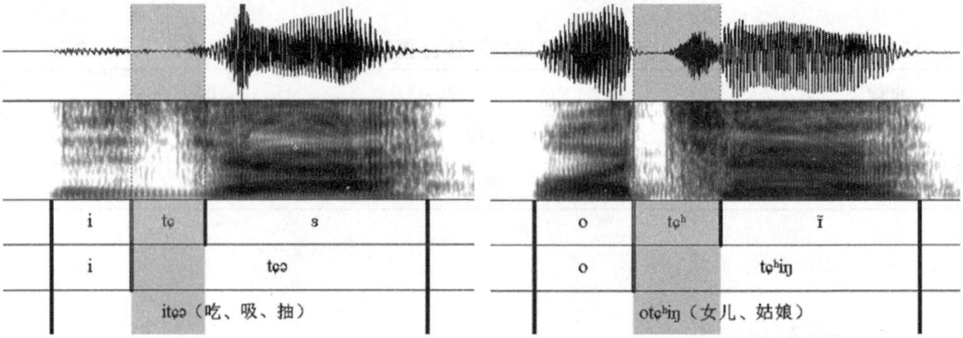

图 2–28　辅音 [tɕ] 和 [tɕʰ] 的语图

（三）强频集中区和过渡音征

[tɕ] 和 [tɕʰ] 的强频集中区基本相同，强频集中区在 3500Hz—4500Hz 之间，中心频率在 4000Hz 左右，下线频率为 2700Hz。不与圆唇元音搭配，情况类似 [ɕ]，表 2–31 为两个辅音的过渡音征走势，说明两个辅音的舌位靠前，在所有元音前均表现为降渡，在 [i] 前斜率略有减缓。

表 2–31　[tɕ] 和 [tɕʰ] 的过渡音征走势

辅音	过渡音征	前元音	央元音			后元音		
		i	ɐ	ɜ	e	u	o	ʊ
tɕ	TC	–	–	–	–	–	–	–
tɕʰ	TC	–	–	–	–	–	–	–

（四）音长和音强特征

表 2–32 为 [tɕ] 和 [tɕʰ] 在词内不同位置音长数据统计，[tɕ] 在词首音节最长，VOT 为 47ms，词腹音节和词末音节音长相差不大，分别为 33ms 和 32ms ；[tɕʰ] 同样在词首音节最长，为 94ms，词腹音节最短，为 41ms，词末音节居中，为 61ms。

表 2–32　[tɕ] 和 [tɕʰ] 在词内不同位置音节中的音长数据统计　　单位：ms

辅音	tɕ			tɕʰ		
位置	词首	词腹	词末	词首	词腹	词末
GAP		34	39		26	30
VOT	47	33	32	94	41	61
次数	24	47	48	42	7	11

（五）音强特征

从表 2–33 看，[tɕ] 和 [tɕʰ] 的音强均从词首音节向词末音节逐渐加强，[tɕ] 在词首音节最弱，为 38.2dB，词腹音节上升至 48dB，词末音节与词腹音节相差不大，为 48.9dB；[tɕʰ] 在词首音节为 39.3dB，词腹音节为 51.8dB，词末音节最高，为 52.7dB。在相同位置上，[tɕʰ] 的音强明显高于 [tɕ]，说明送气辅音是强辅音。

表 2–33　[tɕ] 和 [tɕʰ] 词内不同位置音节中的音强数据统计　　单位：dB

辅音	tɕ			tɕʰ		
位置	词首	词腹	词末	词首	词腹	词末
音强	38.2	48	48.9	39.3	51.8	52.7

三、舌尖塞擦音

（一）出现位置和频率

[ts] 和 [tsʰ] 出现频率极低，主要用于借词。[ts] 出现频率比 [tsʰ] 略高，共 37 次，其中词首音节 13 次，词末音节 24 次；[tsʰ] 仅出现 12 次，均在词首。（见表 2–34）。

表 2–34　[ts] 和 [tsʰ] 在词内出现位置及频率统计　　单位：次

辅音	词首音节	词腹音节	词末音节	次数
ts	13	–	24	37
tsʰ	12	–	–	12

（二）语图表现

[ts] 和 [tsʰ] 的语图有无声间隙、冲直条和摩擦乱纹，说明两个辅音都是塞擦音，区别在于送气与否。图 2–29 为 [ts] 和 [tsʰ] 在 mɐtsɿ（耙子）、tsʰeiliɔ（材料）两个词中的语图表现。

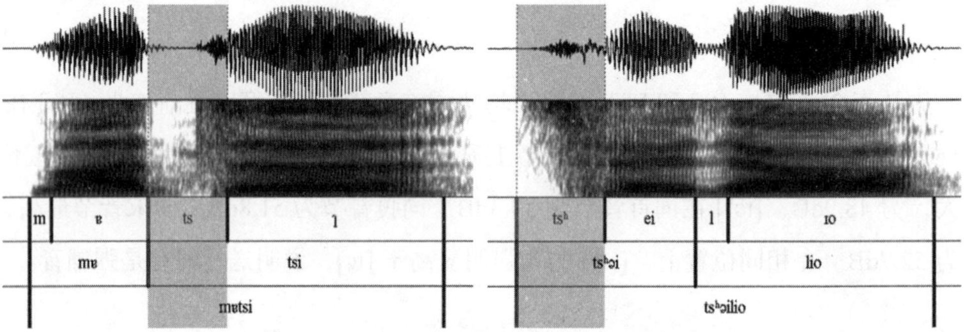

图 2–29 辅音 [ts] 和 [tsʰ] 的语图

（三）强频集中区和过渡音征

[ts] 和 [tsʰ] 后不出现前元音，因此未能统计。由表 2–35 得知，两个辅音在所有央元音和后元音前均为降渡，在前元音 [e] 前为平渡，舌位靠前。强频集中区出现在 4000Hz 到 5000Hz 之间，中心频率大约在 4500Hz 上下徘徊，唇辅音前强频集中区下线将至 2500Hz 上下，这样的表现与擦音 [s] 相同。

表 2–35 [ts] 和 [tsʰ] 的过渡音征走势

辅音	过渡音征	前元音	央元音			后元音	
		ɿ	ɐ	ɜ	e	u	o
ts	TC	–	–	–	=	–	–
tsʰ	TC	–	–	–	=	–	–

（四）音长特征

表 2-36 为 [ts] 和 [tsʰ] 在词内不同位置音长数据统计。这两个辅音在词中分布不完全，因而无法进行有效比较。

表 2-36　[ts] 和 [tsʰ] 在词内不同位置音节中的音长数据统计　　单位：次

辅音	ts			tsʰ		
位置	词首	词腹	词末	词首	词腹	词末
GAP	–	–	52	–	–	–
VOT	72	–	73	110	–	–
次数	13	–	24	12	–	–

（五）音强特征

[ts] 在词首音节为 35.2dB，词末音节 45dB；[tsʰ] 在词首音节音强略高于 [ts]，为 36.1dB。

第四节　鼻　音

东乡语有 [n]、[m]、[ŋ] 3 个鼻辅音。

（一）出现位置和频率

表 2-37 是 [n]、[m]、[ŋ] 在词内各个位置出现的频率统计。[n] 频率最高，共 419 次，其中词首音节起始位置 149 次，词首音节末 29 次；词腹音节首 76 次，音节末 42 次；词末音节首 123 次，词末音节末出现时鼻化先行元音，共振峰频率同鼻化元音重合，因此未能取值。[n] 出现的典型位置是词首音节起始位

置和词末音节首，即有边缘特征。[m] 在词首音节起始位置出现 93 次，音节末出现 5 次；词腹音节首出现 32 次，音节末并未出现；词末音节首出现 27 次。词首音节起始位置是其典型位置，需要说明的是，[m] 在音节末出现时后置辅音必须为 [p]。[ŋ] 只出现在音节末，词首音节末出现 60 次，词腹音节末 4 次，在词末音节末出现时鼻化先行元音，共振峰频率与前面的元音重叠，未能取值。

表 2–37　[n]、[m]、[ŋ] 在词内出现位置及频率统计　　单位：次

辅音	词首音节		词腹音节		词末音节	次数
	音节首	音节末	音节首	音节末	音节首	
n	149	29	76	42	123	419
m	93	5	32	–	27	157
ŋ	–	60	–	4	–	64

（二）语图表现

[n]、[m]、[ŋ] 在语图上伴随有浊音横杠，但能量远比元音弱，由此判断为浊辅音。图 2–30、2–31、2–32 为 3 个辅音在 nɐtʊ（玩）、mɪʁɐ（肉）、qoŋqɔ̃（铃铛）等词中的语图表现。

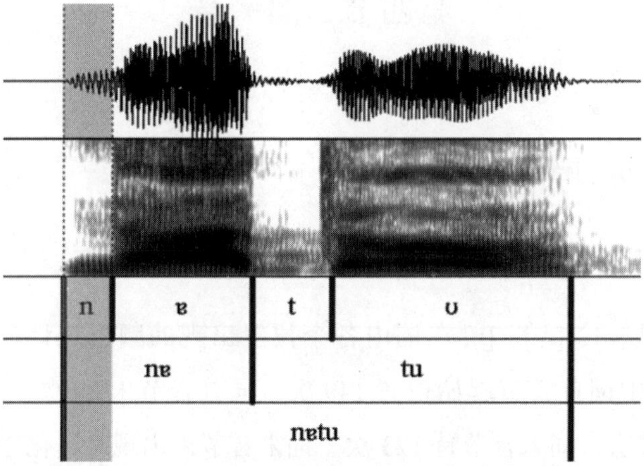

图 2–30　辅音 [n] 的语图

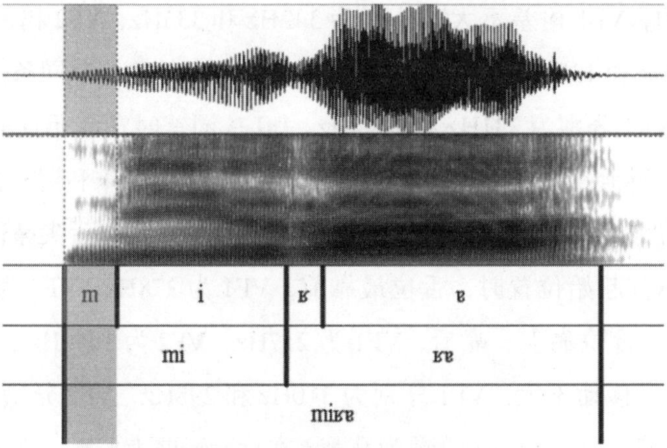

图 2-31 辅音 [m] 和的语图

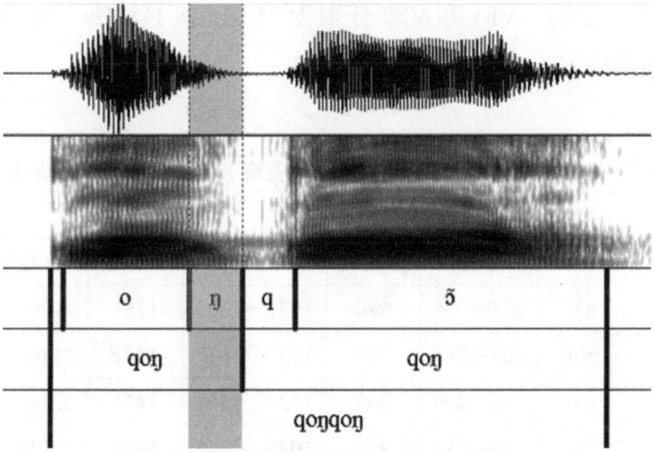

图 2-32 辅音 [ŋ] 的语图

（三）共振峰与过渡音征

表 2-38 为 [n]、[m]、[ŋ] 在不同位置的共振峰频率及均值对比表。数据表明，[n] 在词内各个位置的共振峰互不相同，词首 nV 音节中，VF1 最低（舌位靠上），VF2 最高（舌位靠前），VF1 和 VF2 分别为 280Hz 和 1781Hz；词首 Vn 音节中，舌位略有下降且靠后，VF1 和 VF2 分别为 330Hz 和 1441Hz；词腹 nV

和 Vn 音节中，VF1 相差不大，分别为 342Hz 和 333Hz，VF2 相差 84Hz 左右，分别为 1473Hz 和 1389Hz。词末 nV 音节各项数值和词腹音节同条件数值相差不大，VF1 和 VF2 分别为 331Hz 和 1475Hz。[n] 在词首时在前元音前平渡，央元音和后元音前降渡，词首音节末、词腹音节首、词腹音节末和词末音节首，在前元音前后为升渡，央元音前为平渡，后元音前为降渡，属于舌尖鼻音。

[m] 在词首起始位置时，舌位最靠前，VF1 为 278Hz，VF2 为 1285Hz，在词首音节末，舌位靠上、靠后，VF1 为 217Hz，VF2 为 1076Hz；词腹位置和词末位置舌位移动不大，VF1 分别为 310Hz 和 298Hz，VF2 分别为 1157Hz 和 1200Hz。[m] 在前元音和央元音前为升渡，在后元音前为平渡，属于双唇鼻音。

[ŋ] 在词首音节末时舌位靠下靠后，VF1 为 386Hz，VF2 为 1071Hz，词腹位置时相对靠上、靠前，VF1 和 VF2 分别为 357Hz 和 1186Hz。[ŋ] 连接后元音时为平渡，其他条件下为升渡，属于舌根鼻音。

表 2-38　[n]、[m]、[ŋ] 在词内不同位置音节的共振峰频率及均值　　单位：Hz

辅音	音节位置		VF1		VF2		VF3	
			范围	平均值	范围	平均值	范围	平均值
n	词首	nV	231—335	280	1571—2203	1781	2026—2729	2536
		Vn	303—380	330	1237—1677	1441	2230—2664	2446
	词腹	nV	282—449	342	1128—1761	1473	2231—2851	2542
		Vn	273—283	333	1020—1782	1389	2195—2725	2414
	词末	nV	242—457	331	1106—1801	1475	2008—2856	2437
m	词首	mv	208—330	278	1004—1758	1285	2053—2656	2441
		Vm	180—302	217	968—1159	1076	2307—2545	2426
	词腹	mv	271—382	310	1049—1436	1157	2090—2621	2364
	词末	mv	228—354	298	942—1503	1200	2040—2641	2320
ŋ	词首	Vŋ	297—566	386	673—1360	1071	2012—2961	2383
	词腹	Vŋ	305—469	357	1111—1374	1186	2111—2622	2395

（四）音长特征

在CV类型音节中，[n]和[m]均在词末音节首最长，词腹音节居中，词首音节最短。在VC或CVC（后置）类型音节中，[n]、[m]、[ŋ]均在词首音节末相对长，词腹相对短（见表2–39）。

表2–39 [n]、[m]、[ŋ]在词内不同位置音节中的音长对比表 单位：ms

辅音	词首		词腹		词末
	音节首	音节末	音节首	音节末	音节首
n	48	49	47	47	52
m	51	58	56	–	62
ŋ	–	51	–	43	–

（五）音强特征

表2–40为[n]、[m]、[ŋ]在不同位置的音强统计，[n]和[m]在词首音节音强相对弱，词腹音节次之，词末音节最强。[ŋ]在词首音节最强，词腹音节最弱。

表2–40 [n]、[m]、[ŋ]在词内不同位置音节中的音强统计 单位：dB

辅音	词首		词腹		词末
	音节首	音节末	音节首	音节末	音节首
n	57.2	61.8	59.9	61.1	62.3
m	51.1	58.5	60.1	–	61.6
ŋ	–	61.7	–	59.5	–

第五节　边　音

东乡语有一个边音 [l]，有节首音特征，音节末不出现。

一、出现频率和位置

东乡语中 [l] 的出现频率较高，数据库中共出现 376 次，词首音节出现 20 次，词腹音节出现 172 次，词末音节出现 184 次，词腹和词末音节是其典型位置（见表 2–41）。

表 2–41　[l] 在词内不同位置出现的频率统计表　　单位：次

辅音	词首音节	词腹音节	词末音节	次数
l	20	172	184	376

二、语图表现

[l] 在语图中的表现如同鼻音 [n]，不同点在于 [l] 不仅在低频区有摩擦部分，同时高频区也有摩擦痕迹，词腹和词末音节能量分布较鼻音均匀，词首位置区别最为明显，语图中 [n] 在词首起始位置从低频区开始有摩擦乱纹，而 [l] 在词首起始位置高频区和低频区几乎同时出现摩擦乱纹，中间区域显示为空白段。从共振峰模式看，如同 [n]，属于舌尖浊辅音。图 2–33 为 [l] 在 [ləʂʅ]（用舌头舔着吃、用嘴吸着吃、狼吞虎咽、呼噜噜地吃）中的语图表现。

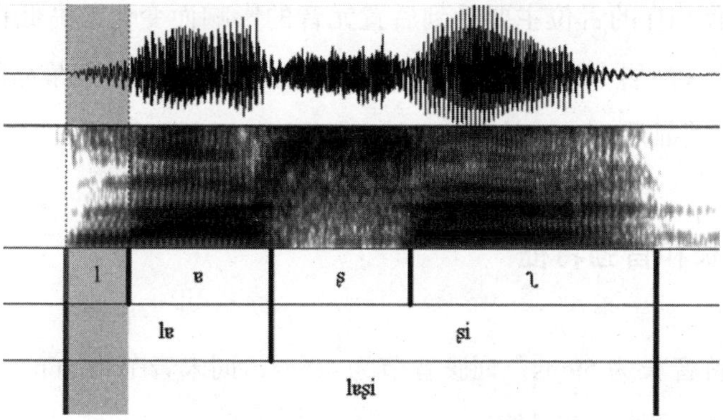

图 2-33　辅音 [l] 的语图

三、共振峰频率

[l] 的共振峰并不向其他辅音般稳定，总体上看，后接元音比前接元音影响大，能量集中区（共振峰）过渡至元音时，斜率虽有明显的断档，但仅有略微的痕迹，因后置元音的性质而变化。表 2-42 是 [l] 在不同位置、不同性质元音前的共振峰统计。

表 2-42　[l] 在不同位置、不同元音前的共振峰统计表　　单位：Hz

辅音	音节位置		VF1		VF2		VF3	
			范围	平均值	范围	平均值	范围	平均值
l	词首音节	前元音	231—281	263	1576—1809	1744	2535—2911	2757
		央元音	282—342	307	1351—1488	1416	2446—2711	2588
		后元音	283—373	310	1201—1447	1343	2126—2831	2521
	词腹音节	前元音	194—335	266	1469—1805	1641	2007—2721	2534
		央元音	244—399	325	1320—1471	1434	2288—2708	2529
		后元音	317—507	389	1046—1744	1282	2075—2672	2338
	词末音节	前元音	228—373	289	1680—1137	1728	2573—2783	2783
		央元音	329—417	367	1175—1441	1325	2067—2528	2280
		后元音	300—513	405	1095—1741	1284	1737—2905	2338

数据显示，[l] 的舌位主要受到后置元音的影响而变化，高低在前元音前最靠上，在央元音前居中，后元音前靠下；舌位前后在前元音前最靠前，央元音前次之，后元音前靠后。

四、音长和音强特征

[l] 在词首音长为 59ms，词腹音节为 48ms，词末音节为 56ms，词末和词首音节相差不大，词腹音节最短。

[l] 在词首时音强最弱，为 56.2dB，词腹次之，为 64.3dB，词末最强，为 64.8dB。词末和词腹音节音强相差不大，差值为 0.5dB，词末和词首音节差值最大，为 8.6dB。

第六节　近　音①

东乡语有 [j] 和 [w] 两个近音（approximant），均有节首音特征。

一、出现频率

表 2–43 为 [j] 和 [w] 在词内不同位置出现频率统计表。[j] 在数据库中共出现 145 次，其中词首音节 39 次，词腹音节 14 次，词末音节 92 次，词末音节是其典型位置，[w] 共出现 158 次，与 [j] 相同，词首音节出现次数少，有 25 次，词腹音节次之，出现 46 次，词末音节出现次数最多，为 87 次，词末音节为其典型位置。

① 术语引自朱晓农：《近音——论普通话日母》，载《方言》，2007（1）。主要为区别于没有严格定义的“通音”或“半元音”等笼统术语。

表 2-43　[j] 和 [w] 在词内不同位置出现频率统计　　单位：次

辅音	词首音节	词腹音节	词末音节	次数
j	39	14	92	145
w	25	46	87	158

二、语图表现

[j] 和 [w] 在语图上表现为摩擦乱纹和共振峰横杠，相互间的主要区别在于第二共振峰的高低，即舌位的前后。[j] 的共振峰类似于 [i]，而 [w] 的共振峰类似于 [u]，由此判断出，一个为舌尖浊辅音，另一个为舌根浊辅音。[w] 在词首和词腹位置较易辨认，在词末位置，作为过去时词缀 [wo] 的前置辅音时，能量加大，与元音之间的识别度变得不明显。图 2-34 为 [j] 和 [w] 在 ɐji（害怕、恐惧）、q^{h}ʌwɐ（鼻子、鼻涕）中的语图表现。

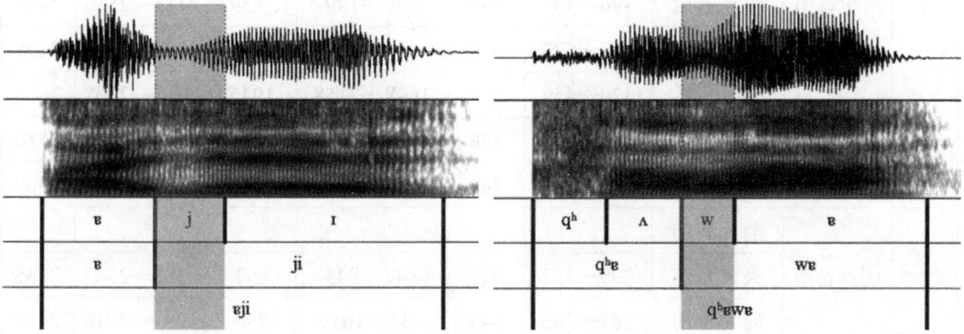

图 2-34　辅音 [j] 和 [w] 的语图

三、共振峰和过渡音征

[j] 和 [w] 在不同位置舌位高低表现不一，其中主要受到先行元音的影响较大，表 2-44 为 [j] 和 [w] 在不同元音前后的共振峰表现（词首为元音前，其他

音节为元音后）。数据显示，这两个辅音均受到前置元音的影响而舌位上下移动，在词首不同元音前的表现基本一致，VF1 在 270Hz—300Hz 徘徊，VF2 为 1958Hz—2005Hz，由此判断，后置元音对两个辅音的舌位影响不明显。在词腹和词末音节，受先行元音的影响明显，在高元音后舌位高（共振峰低），其中词腹的 VF1 平均值在中元音前舌位居中，在低元音前舌位低（共振峰高）。此外，先行元音在前后维度上也影响这两个辅音，即前元音后舌位靠前，央元音后舌位居中，后元音前舌位靠后。

表 2-44　[j] 和 [w] 在不同位置不同元音前后的共振峰统计表　　单位：Hz

辅音	位置	条件	VF1		VF2		VF3	
			范围	均值	范围	均值	范围	均值
j	词首音节	高元音前	183—299	274	1826—2054	1958	2747—3026	2867
		中元音前	279—297	287	1915—2150	2005	2650—2963	2846
		低元音前	278—310	293	1840—2197	1989	2733—3035	2887
	词腹音节	高元音后	371—415	391	1641—2003	1882	2235—2576	2407
		中元音后	396—407	399	1849—1897	1859	2413—2516	2496
		低元音后	400—620	531	1886—1966	1796	2358—2702	2495
	词末音节	高元音后	320—459	387	1698—2158	1945	2013—2907	2568
		中元音后	380—507	435	1584—2029	1831	2224—2805	2586
		低元音后	258—639	449	1605—1975	1787	2024—2874	2560
w	词首音节	前元音前						
		央元音前	299—327	313	842—943	892	2328—2343	2335
		后元音前	283—386	343	664—1019	790	1981—2916	2471
	词腹音节	高元音后	383—534	442	843—1289	1008	2236—2527	2386
		中元音后	433—517	477	836—1108	956	2169—2650	2370
		低元音后	402—628	516	898—1273	1039	2165—2601	2427
	词末音节	高元音后	388—526	444	763—1341	948	1972—2483	2226
		中元音后	369—590	495	793—1138	951	1995—2459	2279
		低元音后	454—697	558	834—1102	962	1886—2615	2302

四、音长特征

表 2–45 为 [j] 和 [w] 在词内不同位置上的音长表现。数据显示，[j] 在词末音节最长，时延为 86ms，词首音节次之，时延为 85ms，词腹音节最短，时延为 62ms。[w] 的音长与 [j] 表现相同，词末音节最长，时延为 56ms，词首音节次之，时延为 46ms，词腹音节最短，时延为 43ms。

表 2–45 [j] 和 [w] 在词内不同位置音节中的音长对比表 单位：ms

辅音	j			w		
位置	词首	词腹	词末	词首	词腹	词末
音长	85	62	86	46	43	56
个数	39	14	92	25	46	87

五、音强特征

表 2–46 为 [j] 和 [w] 在不同位置的音强表现。从数据可知，[j] 在词首音节音强最弱，为 57.3dB，词腹音节居中，为 70.3dB，词末音节最强，为 70.4dB。[w] 同样在词首音节音强最弱，为 55.2dB，词腹音节次之，为 69.7dB，词末音节最强，为 71.4dB。词末和词腹音节差距不如词首明显。

表 2–46 [j] 和 [w] 在词内不同位置音节中的音强统计表 单位：dB

辅音	j			w		
位置	词首	词腹	词末	词首	词腹	词末
音强	57.3	70.3	70.4	55.2	69.7	71.4

第七节　闪音和弹音

东乡语有 1 个闪音 [ɾ] 和 1 个弹音 [r]，均有节首音特征。

一、出现频率和位置

[ɾ] 在数据库中共出现 271 次，其中词腹音节 146 次，词末音节 124 次，词首音节末仅为 1 次（qɨɾqɐ，意为气管、喉管），词腹和词末音节是其典型位置。[r] 出现次数较少，仅为 5 次，均在词末音节出现，其中先行音节 2 次为 [qʰə]，2 次为 [qʰʊ] 和 [kʰʊ]，1 次为 [mu]，应为受前置音节送气音影响而出现的辅音。

二、语图表现

从语图上看，[ɾ] 出现一条窄的静音段，伴随有浊音横杠，可判定为闪音。[r] 表现为两个细窄静音段，通常第二个静音段并不明显，但语图上仍可看见能量瞬间减弱再恢复的过程。图 2–32 为 [ɾ] 和 [r] 在 [ɐɾʌ̃] 和 [qʰərʅ] 两词中的语图表现。

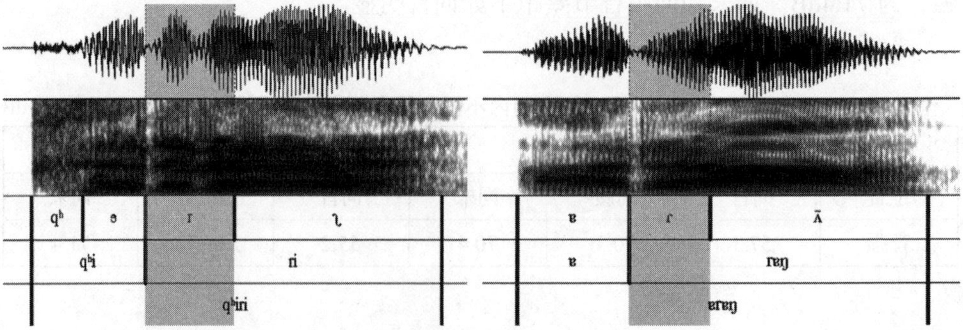

图 2–35　辅音 [ɾ] 和 [r] 的语图

三、共振峰和过渡音征

表 2–47 为 [ɾ] 和 [r] 在不同位置的共振峰统计表，从数据可知，该两个辅音在各个位置的共振峰频率相对稳定，VF1 基本在 450Hz 上下，VF2 基本在 1400Hz—1450Hz 之间，VF3 在 2200Hz—2550Hz 之间。过渡音征在高元音前为升渡，央元音前为平渡，后元音前为降渡。

表 2–47 [ɾ] 和 [r] 在不同位置音节中的共振峰统计表 单位：Hz

辅音	位置	条件	VF1		VF2		VF3	
			范围	均值	范围	均值	范围	均值
ɾ	词首	音节末	–	415	–	1439	–	2523
	词腹	音节首	315—600	443	1025—2042	1426	2004—2935	2234
	词末	音节首	337—636	450	1142—1750	1448	1838—2790	2265
r	词腹	音节首	–	–	–	–	–	–
	词末	音节首	381—511	451	1236—1555	1405	2156—2525	2368

四、音长和音强特征

[ɾ] 在词首音节末音长为 72ms，在词腹音节时，音长平均值为 51ms，在词末音节时，音长为 66ms。[r] 仅出现在词末音节，音长为 109ms。[ɾ] 在词首音节末时时延最长，其次为词末音节，词腹音节时延最短。

[ɾ] 在词首音节末音强居中，为 66dB，词腹音节最弱，为 65.3dB，词末音节最强，为 66.6dB。[r] 的音强平均值为 69.5dB。

小　结

本次研究显示，东乡语有 31 个声学辅音，其中塞音包括 [p]、[pʰ]、[t]、[tʰ]、[k]、[kʰ]、[q]、[qʰ]，擦音包括 [s]、[ʂ]、[ʐ]、[ɕ]、[ɸ]、[β]、[χ]、[ʁ]、[h]，塞擦音包括 [tʂ]、[tʂʰ]、[tɕ]、[tɕʰ]、[ts]、[tsʰ]，鼻音包括 [n]、[m]、[ŋ]，边音 [l]，近音包括 [j] 和 [w]，闪音和弹音有 [ɽ̊] 和 [r]。

第三章　东乡语音段音位

在本次研究中，语音的声学分析主要是为了确定目标音（元音、辅音）的生理和物理特性，即详尽描写每个音的发音方法和发音部位。而音系归纳的目的在于将声学分析所得到的所有语音，按其功能、对立、互补分布、区别性特征等进行辨别归类，得出数目有限的、母语人感觉有区别的语音单位。

第一节　元音音位

经研究，可将前述 20 个声学元音音段归纳为 5 个基本元音音位 /ɐ/、/ə/、/i/、/o/、/u/。此外，/ɚ/ 在锁南坝土语借词中出现频率最高，固有词中仅限于少数几个词，因此将其定义为借词元音。复合元音音位可归纳为 /əi/、/əu/、/ui/、/iɐ/、/iə/、/iu/、/ʊɐ/ 和借词复合元音 /iɔ/ 共 8 个二合元音以及 1 个三合元音 /uəi/。

一、单元音音位

东乡语有 5 个基本单元音音位 /ɐ/、/ə/、/i/、/o/、/u/（见图 3–1 元音图）。每个元音因出现位置或邻音的不同，有若干个变体。其中 /ɐ/ 有 2 个变体，分别为 [ɐ] 和 [ʌ]；[ə] 有 4 个变体，分别为 [e]、[ə]、[ɜ]、[ɛ]；/i/ 有 5 个变体，分别为 [i]、[ɪ]、[ʅ]、[ɿ]、[ɨ]；/o/ 有 3 个变体，分别为 [o]、[ɵ]、[ɔ]；/u/ 有 4 个变体，分别为

[u]、[ʊ]、[ʉ]、[ɵ]；借词元音 [ɚ] 有 2 个变体 [ɚ] 和 [ɝ]。

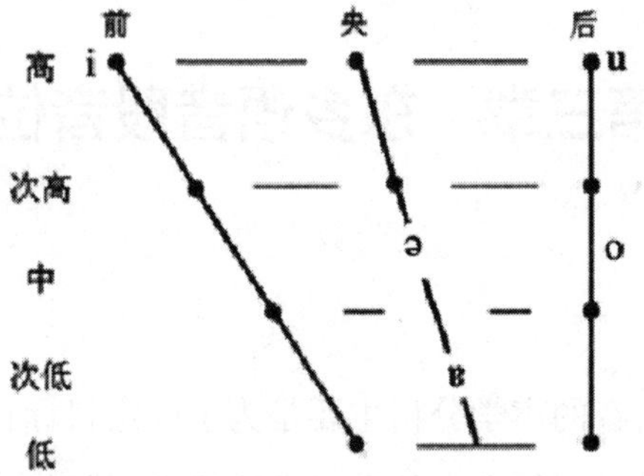

图 3–1　东乡语元音音位图

基本元音音位相互对立，有对比功能或辨义功能，表 3–1 为单元音音位最小对立词。

表 3–1　单元音音位最小对立词

元音	ɐ	ə	i	o	u	
例词	tʂɐ	tʂə	tʂʅ	tʂo	pɐ	pu
汉译	告状	外甥	伸、伸直	戴、佩戴	拉	不要

/ɐ/ 展唇、央、次低元音，条件变体为 [ɐ] 和 [ʌ]。以往学者从音位学的角度将该音位记为 [ɑ]，而声学分析结果是 [ɐ]。对 [ʌ] 这个变体过去没进行过描写。这两个变体均可独立构成音节，本次研究中将出现次数相对多，在重读音节中出现频率高的 [ɐ] 视作典型变体，并选做音模。

研究显示，[ɐ] 在 [w]、[ʁ]、[ŋ] 前不出现；结尾闭音节中只出现在 [n] 前；词首独立成音节时，一般出现在前元音之前。在后辅音之前舌位略靠后，位于 [ɐ] 和 [ʌ] 之间。词首非起始位置和词腹出现条件可分为两种情况，第一，前后辅音均为舌尖或舌面前辅音，第二，前置辅音为舌根或小舌辅音（非浊），后置辅音为舌尖或舌面前辅音；词末开音节中自由出现。例如：ɐnɐ（妈妈、母亲）ɐli（哪个、哪里）nɐrʌ̃（太阳）q^{h}ɐ（关、闭、盖，手，拿手）t^{h}ɐlɐ（合适、合意、中意，一片儿、一部分）jɐmɐ（无论什么、什么都，怎么、怎么样）umpɐtʌ̃（游泳法，凫水的样子）等。

[ʌ] 出现在 [w]、[ʁ] 前，结尾闭音节中只出现在 [ŋ] 前。词首独立成音节时，后接辅音一般为后辅音，前辅音为后续音时，可与 [ɐ] 自由交替；在词腹音节中，出现在 [w]、[ʁ]、[ŋ] 之前，词末开音节中出现频率极少。例如：ʌŋʁei（张开、裂开、张嘴、不明事理者，一问三不知者）、ʌχʊ（姑父）、pʌsʊ̃（屎、粪便）、q^{h}ʌwɐ（鼻子、鼻涕）、mʌʁʊ̃（我们、咱们）、sʌʁɐ（荞麦、甜荞）、sʌmʊ（蔓菁、白菜根）、suwʌ（渠、小渠、渠道）、hɜʁelʌ（用它……）等。

可见，[ɐ] 和 [ʌ] 是邻音条件变体，[ɐ] 的前提是邻音有前音特征，[ʌ] 的前提是邻音有后音特征，一旦邻音条件互换，变体之间可以出现自由交替。

/ɐ/ 的出现位置和变体条件如下：

$$[\text{ɐ}]/\begin{cases} \#\ \_\_ + < p, p^h, m, k^h, q, q^h, \text{ʁ}, w > \\ \qquad \_\_ + < w, \text{ʁ} > \\ \qquad \_\_n \end{cases}$$ ①

$$[\text{ʌ}]/\begin{cases} \#\_\_ + [p, p^h, m, k^h, q, q^h, \text{ʁ}, w] \\ \qquad \_\_ + [w, \text{ʁ}] \\ \qquad \_\_\text{ŋ} \end{cases}$$

/ə/ 展唇、央前、中元音。有 [ɜ]、[ɛ]、[ə]、[e] 4 个变体。其中 [ɜ] 和 [ɛ] 独立成音节的次数最多，[ə] 和 [e] 出现频率较低，为突出音位对立分布，此处并未将出现次数较多的 [ɜ] 作为音模，而是将 [ə] 视作典型变体，作音模。

[ə] 为自由变体，主要出现在非重读三音节词或四音节词词腹，是音节增加导致音节结构压缩，音素弱化的结果。[ə] 的例词有 həntɜ（那里、那儿、对他）、p^{h}ərɪ（精灵、神灵）、ɐləmɐ（洞、窑洞）、utʂətɐŋ（看法、看的情形）、hɐməsɐ（盘子 < 用于端饭的 >）、utʂəwuni（看的东西、读物）、tʂ^{h}ʅtʂəlɜ（开花、出现花纹、

① ＋表示音节界限，[] 表示包括，<> 表示除外。

变得好看、事办得好）等。

[ɜ] 可独立成音节，词尾闭音节中只出现在 [ŋ] 前。词首起始位置后接辅音一般为后辅音。在词首非起始位置和词腹，先行辅音为 [tɕ]、[tɕʰ]、[ɕ]、[j]、[k]、[kʰ]、[n] 以外的辅音，后续辅音一般为除 [tɕ]、[tɕʰ]、[ɕ]、[j] 和部分 [n]、[l]、[ɾ] 以外的辅音，词末自由出现。有研究认为该元音在 [i] 或 [j] 后位置靠前，舌位接近 [ə̣]① 是有道理的。我们也发现，[ɜ] 在词末 [tɕ]、[tɕʰ]、[ɕ]、[j]、[l]、[n] 后出现时，舌位确实靠前，与 [ɛ] 自由交替，前半程与 [ɛ] 相近，后半程则变为 [ɜ]，有明显的复合元音 [ɛɜ] 的特征，这是受前辅音，尤其是 [tɕ]、[tɕʰ]、[ɕ]、[j] 腭化成分 j 影响的结果。此外，在部分 [k]、[kʰ]、[p]、[m] 后出现时也有该特点。例词如下：ɜʁei（山崖、断崖、土坎）、ɜŋkɜ（衣襟）、hɜ（他、她、那、那个）、mɜ̃sʊ̃（冰）、ɕɜɾʊ̃（粗糙、粗糙的，醒着的、清醒的）、mɜtʊ̃（裤子）、jɜwu（走、行、行走）、ɜʁɜtʂʅ（姐姐）、ɛntʂɜʁɜ（驴）、umpɜɾɜ（倒塌，睡意浓而倒下）等。

[ɛ] 和 [e] 出现条件一致，参考出现频率和词内分布范围，可将该两个声学元音合并为一个变体 [ɛ]。可独立成音节，在词尾闭音节中只在 [n] 前出现。词首独立成音节时，后接辅音为 [tɕ]、[tɕʰ]、[ɕ]、[j] 和部分 [n]、[l]、[ɾ]。在词首非起始位置和词腹，先行辅音一般为 [tɕ]、[tɕʰ]、[ɕ]、[j]、[k]、[kʰ]、[n]，后续辅音为 [n]、[l]、[ɾ] 和部分 [tʂ]、[tʂʰ]、[ʂ]、[t]。[ɛ] 在词末出现频率较低。主要在部分 [tɕ]、[tɕ̇]、[ɕ]、[j]、[n]、[l]、[ɾ]、[k]、[kʰ] 后出现，此时可与 [ɜ] 自由交替，[e] 则不出现。[ɛ] 的例词有：ɛnɜ（这、这个）、ɛɾɜ（男、公、雄、男人、丈夫）、ɛtɕʰɛ（早）、pʰi̥ɕɛ（腰带、裤带、棒）、ɜntɛtʊ（这里的，这儿的）、utɕɜʂʅ（傍晚）、pɜjɛ（身材、身高、身躯，植物的茎、躯干，衣物、穿的东西）kʰuɕɛ（爱、爱慕、倾慕、喜爱）等。[e] 的例词有 etɕʰetə（从前）、ɜŋkelɛ（用衣襟兜着东西）、itɕetʌ̃（吃法）、uiletʂʰʅ（劳动者、干活的）、pʰi̥ɕelɛ（系腰带，系裤带）、kʰelɜ（说，讲）、kʰelɜ̃（话、言语、语言、舌头）、tɕeɾɜ（上面，在……上面、身上）、tɕetəi（爷爷、老大爷）等。

① 阿·伊布拉黑麦：《东乡语的音位》，见甘肃省民族事务委员会少语办、西北民族学院西北民族研究所：《东乡语论集》，兰州，甘肃民族出版社，1988。

/ɜ/ 是后邻音变体，[ɛ] 和 [e] 是前邻音变体，彼此构成互补分布。

/ə/ 的变体条件可格式化为：

$$[\text{ɜ}]/\left\{\begin{array}{c} \#\_\_+<\text{tɕ, tɕ}^{h}\text{, ɕ, j, n, l, ɾ}> \\ <\text{tɕ, tɕ}^{h}\text{, ɕ, j, k, k}^{h}\text{, n, t}>\_\_\ +<\text{n、l、ɾ、tʂ、tʂ}^{h}\text{、ʂ、t}> \\ \_\_\text{ŋ} \\ \_\_\# \end{array}\right\}$$

$$[\text{ɛ}]/\left\{\begin{array}{c} \#\_\_+[\text{tɕ, tɕ}^{h}\text{, ɕ, j, n, l, ɾ}] \\ [\text{tɕ, tɕ}^{h}\text{, ɕ, j, k, k}^{h}\text{, n, t}]\_\_+[\text{n、l、ɾ、tʂ、tʂ}^{h}\text{、ʂ、t}] \\ \_\_\text{n} \end{array}\right\}$$

/i/ 展唇、前、高元音。有 [i]、[ɪ]、[ʅ]、[ɿ]、[ɨ] 5 个条件变体，其中只有 [i] 可以独立构成音节，可视作典型变体。

[i] 条件变体，往往在词首独立构成音节，其他变体没有此特点，词首起始位置可在闭音节节尾音 [n]、[ŋ] 前出现。在词首非起始位置和词腹，主要出现在 [tç]、[tç^{h}]、[ç]、[j]、[p]、[m]、[n]、[l]、[ɾ] 和 [tç]、[tç^{h}]、[ç]、[j]、[n]、[l]、[ɾ]、[t]、[t^{h}]、[tʂ]、[tʂ^{h}]、[ʂ]、[s] 之间，但情况并不稳定，相同条件下可与 [ɪ] 自由交替，词末出现频率极少，相同条件下可与 [ɪ] 交替。例如：iʁɐ（碗）、imʌ̃（山羊）、itçɛ（吃、吸、抽）、pipi（笔笔）、minɪ（我的）、miʁɐ（肉）、çinɛ（笑、取笑）、+tuliɾɜ（变聋）、çiŋk^{h}ɜ̃（浅）、t^{h}oqɔri（大雁）等。

[ɪ] 词首不可独立成音节，且不在词首起始位置出现，词腹和词末在闭音节中出现。同 [i] 的主要区别在于不能独立成音节和不能在词首起始位置出现。例如：ʌki（取、拿、买、娶、减去、做完、结束、生活、生存）、ɜɾɪ（找、寻求）、pɪ（我）、poʁɔnɪ（低、矮、低的）、moɾɪ（马）、ɐjɪlũ（吓人的东西、稻草人、能产生回声的东西）、q^{h}ʌwɪt^{h}ʊ（肿、肿胀、浮肿）、t^{h}ɐnɪk^{h}ʊ（认识的）、pɐɾɪntʊ（黏在一块儿）等。

[ʅ] 仅出现在 [tʂ]、[tʂ^{h}]、[ʂ]、[ʐ] 等卷舌辅音之后，不能独立构成音节或出现在词首起始位置，此外可出现在任何位置，也可在闭音节中出现。例如：ɜtʂ^{h}ʅ

（去、用去、花去、死去）、otʂʰʅ（喝，饮）、tʂʰʅ（你）、tʂʅtɐ（矛）、ʂʅʐɐ（黄、黄色的）、sɐtʂʅʁəi（喜鹊）、tʰɨ̥tʂʅlɐ（扣扣子）、wɐtʂʅ（爪、挠、瘙痒）等。

[ɿ] 仅出现在 [ts]、[tsʰ]、[s] 3 个舌尖辅音后，不能独立构成音节或出现在词首起始位置，闭音节中不出现。此外可出现在词内任何位置。

[ɨ] 的出现频率较低，不能独立构成音节或在词首音节起始位置出现，仅在 [q]、[qʰ]、[ʁ] 和部分 [t]、[tʰ] 后出现，闭音节中出现次数少，只在 [ŋ] 和 [r] 前出现 2 例。此外，三音节或四音节词中可出现在 [ʁ]、[w] 之前，但并不稳定。词首出现频率高，词腹和词末出现次数少。qɨmʊsõ（指甲，蹄子）、qɨtʂɐ（边、沿、边缘）、qɨrqɐ（气管、喉管）、sɿ̥tɨrɐ（燃、燃烧、着火）、qɨtʂʅlɐ（搔挠使人发笑）、qɨwɐʂʅ（变容易、变简单）、puntɕɪʁɐ（瞪眼睛、使瞪眼睛）、[tʰɨ̥qɐ]（鸡）。

[i]、[ɪ] 是位置变体，[ʅ] 是卷舌辅音变体，[ɿ] 是舌尖辅音变体，[ɨ] 是 [i] 的后音变体。

/i/ 的变体条件可格式化为：

[i]/#__

[ɪ]/ { C__ ; __# }

[ʅ]/[tʂ，tʂʰ，ʂ，ʐ]__

[ɿ]/[ts，tsʰ，s]__

[ɨ]/[q，qʰ，tʰ，t]__

/o/ 圆唇、后、中元音。有 [o]、[ɔ]、[ɵ] 3 个变体，其中以出现次数最多，并且可独立构成音节的 [o] 作为典型变体，并作音模。

[o] 可出现在词内任何位置，主要出现在词首音节，词腹和词末音节出现次数相对少，可独立构成音节。学界均认为该元音有复合元音 [uo] 的性质。本次研究发现，该元音在后续音节中有 [o] 时，失去复合元音特点，其中以 koko（乳

房、吃奶）为例外。[o] 的例词有 oʁəi(天亮、黎明)、onʂʅ(念、读、上学)、[olɛn]（云、云彩）、otəi（膝盖）、tʂʅʁolɜ（六个一起、六个人）、okʰo（短、短的、狠毒、尖刻、苛刻、挖苦）等。

[ɔ] 出现在词腹或词末，词首并没有出现，闭音节中也可以出现。其前后音节主要是后元音为音节核的音节，且多为 [o]。例如：qolɔtɜ（远处、离远点儿）、sonɔsʊ（听见）、orɔ（进入、加入、参加、容纳、装）、noʁorɔ（变绿）、poʁɔni（低、矮、低的）、lotʰɔ（笼头、嘴笼、羁）、soʁɔ（桶、水桶、木桶）、χorɔ（缠绕、卷）、qʰʊtoʁɔ（刀、刀子）orɔntɜ（位置上、地位上）等。

[ɵ] 自由变体，出现频率较低，均在三音节或四音节词，词首非起始位置和词腹音节非重读位置出现，出现条件类似于 [ɔ]，但不出现于重读音节，后置辅音一般为 [tɕ]、[tɕʰ]、[ɕ]、[j]、[n]、[l]、[ɾ]、[tʂ]、[ʂ]、[t]、[ts]，后辅音前不出现。该元音是音节数增加，音素音长分配压力增大后产生的变体。例如：olɵto（变多）、oloʁɵnɪ（多、多一些）、[otɕʰɵlʊ]（老了、变老）、poʁɵnɪʁã（低一点儿、往下一点儿）、herɵtʂɜ（十个左右）、kʰɵlɛsũ（汗，蒸气遇冷后变成水珠）、tɕerɵntɕɐ（四个左右）、qɵjitʂʅ（借、讨）、qʰɵrilã（二十左右、二十岁左右）、orɵtso（斋、斋戒）。

/o/ 的变体条件可格式化为：

$$\text{[o]}/\left\{\begin{array}{c}\#\_\_\\ <o>+\_\_\\ <o>+\_\_\#\end{array}\right\}$$

$$\text{[ɔ]}/\left\{\begin{array}{c}\text{[o]}+\_\_+\\ \text{[o]}+\_\_\#\end{array}\right\}$$

/u/ 圆唇、后、高元音，有 4 个变体，分别是 [u]、[ʊ]、[ʉ] 和 [ɵ]。可将独立成音节的 [u] 视作典型变体，并作音模。

[u] 可独立构成音节，其他变体无此特点。该元音可出现于词内任何位置，可在闭音节中做音节核，词末出现频率极少，此时可与 [ʊ] 自由交替。词首非起始位置和词腹出现的条件有两种情况。第一，词首非起始位置和词腹出现于 [q]、[q^h]、[χ]、[ʁ]、[h] 以外的辅音后。第二，除 [q]、[q^h]、[χ]、[ʁ] 以外的其他辅音后出现时，后续辅音一般为 [n]、[m]、[l]、[w]。例如：puntɕɪ（瞪眼）、kuntɐ（变深、深入）、untɐsu（渴）、uʁʊ（拿、带、携带、捆、背）、ulɐ（山）usʊ（水、大净）、tuɾuwo（满了）、p^{h}u̥kutʊ（天阴）、tɕɛk^{h}u（细绳）。

[ʊ] 基本不能独立构成音节，只有在单音节词 [ʊ]（大口喝）中出现，词首起始位置不出现；在词首音节非起始位置和词腹音节出现于 [q]、[q^h]、[χ]、[ʁ]、[h] 等辅音后，在其他辅音后出现时后续邻音为 [n]、[l]、[m]、[tɕ]、[tɕ^h]、[ɕ] 和 [w] 以外的辅音。此外该元音在词腹音节除 [tɕ]、[tɕ^h]、[ɕ]、[j] 以外的舌尖或舌面前辅音之间亦有出现，此时可与 [u] 自由交替。该元音词末出现时音质稳定，是 [u] 音位在词末出现的稳定形式。例如：qʊɾʊ̃(手指、面、粉末）、mʊɾʊ(牛叫）、ɐtʊlɐ(放牧）、utʊkʊ̃（午饭）、uɾʊsʊ（流、淌、流产、自然垂下）、hʊŋqʊsʊ̃（屁）、hunt^{h}ʊɾɐ（睡着）、[olʊ]（对、正确、行、可以、得到、找到、收获、生育、作、当）、[ot^{h}olʊ]（割）。

[ʉ] 和 [ɵ] 出现条件一致，参考词内分布范围和出现数量，可合并为一个变体 [ʉ]，该元音多出现于三音节或四音节词中，不可独立成音节，可出现在词首非起始和词腹音节，[q]、[q^h]、[χ]、[ʁ]、[h] 后不出现，闭音节 [ŋ] 前不出现，先行辅音主要为 [t^h]、[tʂ^h]、[s]、[ʂ]、[ɸ]、k^h] 等送气塞音、送气塞擦音和清擦音，后接邻音为 [n]、[l]、[ɾ]，其他辅音后出现时，后接邻音为 [tɕ]、[tɕ^h]、[ɕ]、[j]。例如：pʉtɕiɾi（跌跤、绊跤、同某物搅和在一起、靠某物生活）、ɸʉnʒʁʒ（狐狸）、k^{h}ʉnʒʁʒ（酵母）、[hʌŋkʉlɐ]（迈步走、用步量）、tʂɐɾʉjɛ（要宰、要杀）、posʉɾɐ（长虱子）、q^{h}ɨʂʉlu(变酸、发酵，受苦）等。[ɵ] 的例词有 t^{h}ɐnt^{h}ɵɾɐ(破、破裂、败露、暴露、露馅儿）、hɐnt^{h}ɵlɐ（集合、凑一块儿、团结、和好）、pɐsɵɾɐ [总是拉屎的、

总是淌鼻涕的（多指孩子）] 等。

[u] 和 [ʊ] 是位置变体，前者搭伴前邻音，后者搭伴后邻音，形成互补。[ʉ] 和 [ɵ] 是弱形式，以前送气辅音为邻音。

/u/ 的变体条件可格式化为：

$$[u]/\left\{\begin{array}{c} <q,q^h,\text{χ},\text{ʁ},h>\_\_ \\ C\_\_+[n,m,l,w] \\ \#\_\_+ \end{array}\right\}$$

$$[\text{ʊ}]/\left\{\begin{array}{c} [q,q^h,\text{χ},\text{ʁ},h]\_\_ \\ C\_\_+<t\text{ɕ},t\text{ɕ}^h,\text{ɕ},j,n,m,l,w> \\ \_\_\# \\ \_\_\text{ŋ} \end{array}\right\}$$

$$[\text{ʉ}]/\left\{\begin{array}{c} [t^h,t\text{ʂ}^h,s,\text{ʂ},\text{ɸ},k^h]\_\_+[n,l,\text{ɾ}] \\ C\_\_+[t\text{ɕ},t\text{ɕ}^h,\text{ɕ},j] \\ [t^h,t\text{ʂ}^h,s,\text{ʂ},\text{ɸ},k^h]\_\_n \end{array}\right\}$$

/ɚ/ 为借词音位，固有词中少见，有 /ɚ/ 和 /ɜ˞/ 2 个变体，均独立构成音节，不与其他元辅音搭配，主要出现在词首和词末。[ɚ] 出现于 [tɕ]、[j]、[w] 等辅音前或 [o]、[u] 等高、央元音之后；[ɜ˞] 出现在 [tɕ]、[j]、[w] 以外的辅音前，或低元音 [ɐ]（仅一例）后。本次研究中以学界惯用的 [ɚ] 作为典型变体做音模。该音位用例：ɜ˞ʂʅ（二十）、ɜ˞pɜ（二百）、ɜ˞mɐ（公马）、ɜ˞tʂʰʌ̃（第二次、重新）、ʂəɜ˞（筛子）、tɕʰɛɜ˞（茄子）、ɚjɛ（二月）、ɚtɕĩ（腮腺炎）、tʂiuɚ（棉衣、棉袄）、ɚwʌ̃（二万）、moɚ（猫）、tʂʰʅnɐɜ˞（后天）等。

/ɜ˞/ 的变体条件可格式化为：

$$[\text{ɜ˞}]/\left\{\begin{array}{c} \_\_+<t\text{ɕ},j,w> \\ \\ [\text{ɐ},\text{ɜ}]+\_\_\# \end{array}\right\}$$

$$[\text{ɚ}]/\left\{\begin{array}{l} \_\_ + [\text{tɕ}, \text{j}, \text{w}] \\ [\text{o}, \text{u}] + \_\_\# \end{array}\right\}$$

根据以上分析，可得出东乡语元音格局图（见图 3–2）。其中 /ɜ/ 实际为央、中低元音，词末有时和 [ɐ] 混淆不清，因此以往学者在记音时两者之间多有出入。如：nojɐn（nojən）①（官）、irəsɐn（irəsən）（来了）等。据我们观察，[ɜ] 和 [ɐ] 高低有区别，但主要差别为舌位的前后，尤其在鼻化之后，这两个元音舌位高低基本重叠，但 [ɜ] 舌位比 [ɐ] 靠前，且有两个前元音变体，因此在偶分时，将其归入前元音范畴。

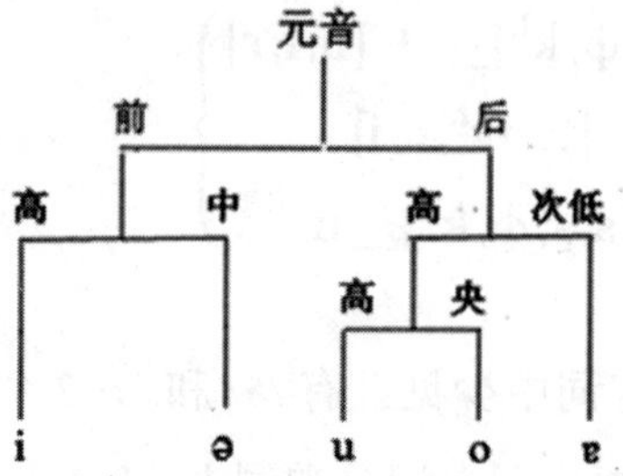

图 3–2　东乡语元音格局

二、复合元音音位

东乡语固有词有 /əi/、/əu/、/ui/、/iɐ/、/iə/、/iu/、/ʊɐ/ 7 个二合元音，1 个借词二合元音 /iɔ/ 和 1 个三合元音 /uəi/。

/əi/ 有 [əi]、[ei]、[eɪ]、[ɛi] 4 个变体。参考出现次数、词内分布范围和起始段与结尾段距离等因素，选 [əi] 做音模。

[əi] 可出现在词内任何位置，不可独立构成音节，不在闭音节中出现。在非重读词首和词腹，先行辅音一般为 [p]、[m]、[q]、[q^{h}]、[ʁ] 等辅音，后接辅音一般为 [k]、[k^{h}]、[q]、[q^{h}]、[χ]、[ʁ]、[n]、[l]、[ɾ]、[m]、[w] 以外的辅音。词末

① 布和：《东乡语的元音和谐现状探析》，见《东乡语论集》，43 页，甘肃民族出版社，1988。

出现规律性下降，相同条件下可与 [ei] 自由交替。例如：ʌŋqəi（张嘴）、qoməi（裙子、耳坠）、məilɐ（小、小气）、moʁəi（蛇）、sɐʁəisə（如果等候、如果守着）、[pəi]（站、立、停止、停下、当、充当）、fuɾəi（搓、擦、擦拭）等。

[ei] 可出现在词内任何位置，不可独立构成音节，在非重读词首和词腹，前置辅音一般为除 [p]、[m]、[q]、[qʰ]、[ʁ] 以外的辅音，后接辅音同 [əi]。例如：neitʰɐ（打喷嚏）、qʰɨteitʂʰʅ（操汉话的人）、kʰeiʂʅ（中风）、leilɜ（混合、相合、结合）、tseilɐ（栽、植）、tseimi（大地、地面）、otei（膝盖）、qolei（咽喉、喉咙）、tʰʌŋlei（腭）等。[əi] 和 [ei] 的邻音条件是前置辅音的舌位前后。

[eɪ] 可出现在词首和词腹位置，不能独立构成音节，前接辅音同 [ei]，后接邻音一般为 [k]、[kʰ]、[q]、[qʰ]、[χ]、[ʁ]、[n]、[l]、[ɾ]、[m]、[w] 等辅音。同 [əi] 和 [ei] 一样，前接辅音为 [p]、[m]、[q]、[qʰ]、[ʁ] 时音值接近 [əɪ]，前接辅音为 [t]、[tʰ]、[n]、[l]、[ɾ]、[tʂ]、[tʂʰ]、[ʂ]、[s]、[k]、[kʰ]、[ts]、[tsʰ] 时，音值接近 [eɪ]。[ei] 的后接后辅音前的变体。

[ɛi] 为自由变体，出现于送气塞音后，频率最低，不可独立构成音节，在东乡语固有词词首音节出现时，先行辅音为 [qʰ] 和 [kʰ]。词末音节出现时，先行辅音为 [tʰ]，此外，该复合元音出现在大量的汉语借词当中，数据库中并未纳入太多此类词汇。向母语人求证时，母语人对同一词可接受 [qʰəi]、[kʰəi]、[qʰei]、[kʰei] 等发音，但不接受 qʰɐi 和 kʰɐi 的发音。因此，将其归入 [əi] 的变体。[kʰɛi] 后连接附加成分时变作 [kʰei]（测试数据请见第一章第二节复合元音部分）。部分学者建议将其归入单元音 [ɛ]，但从本次研究看，该复合元音有明显的舌位动程，因此看作复合元音变体更合乎实际。例词：qʰɛitʂʰʅ（剪子、剪刀）、kʰɛi（空气、气体）、tolontɛi（满七个月就生的孩子、早产儿）、χɛi（鞋）、tʂʰɛi（菜）、tʰɛi（解开、松开、脱、放开、放走、放下、搁、放、撒、打）等。

/əi/ 的变体条件可格式化为：

[əi]/[p，m，q，qʰ，ʁ]____+<k，kʰ，q，qʰ，χ，ʁ，n，l，ɾ，m，w>

[ei]/<p，m，q，qʰ，ʁ>____+<k，kʰ，q，qʰ，χ，ʁ，n，l，ɾ，m，w>

[eɪ]/<p, m, q, q^h, ʁ>____+[k, k^h, q, q^h, χ, ʁ, n, l, ɾ, m, w]

/əu/ 主要有 [əu]、[ou] 2 个变体，彼此构成互补分布，其他 [əʊ]、[əʉ]、[oʉ]、[oʊ] 4 个变体是 [əu]、[ou] 因前后辅音的不同而衍生出的不同变体。其中以分布最广，出现次数最多的变体 [əu] 作为该元音的音模。

在东乡语中，该元音的情况有些特殊，/əu/ 经常与 /ou/ 相互交替，如 səu=sou（坐、住、下陷、当）、təulɐ=toulɐ（唱、诉说、告诉）、kəu=kou（好，能，可以）、t^həulɐ=t^houlɐ（数数）等。以往学者们将其分别记作 /ou/（/əu/）和 /ao/（/au/），并视为两个音位。东乡族学者阿·伊布拉黑麦观察到 [əu] 和 [ou] 的自由交替特点，将 [əu] 和 [ou] 归入到一个音位 /ou/，但在后来参加编撰《东乡语汉语词典》①（阿·伊布拉黑麦为编撰者之一）时，又对 [əu] 和 [ao] 分别用两个记音符号 [ou]（/əu/）和 [ao]（/ɐo/）。诚然，其中有照顾汉语借音的因素，但所记录的词中固有词亦不少。

在本次研究中采取 [əu] 元音词后连接附加成分，让母语人听辨等方法。首先，在单音节或词首音节中，[əu] 的起始段舌位可以下降至 [ɜ] 的位置（单音节词中尤为明显），即可变为 [ɜu]，类似于 [ɐo] 或 [ou]，但在母语人的听感中该两个复合元音没有区别意义，可见 [ɐo] 或 [ou] 并不是独立音位。但在重读音节中 [əu] 在非唇辅音后不能被替换。例如：

tɐləu ≠ tɐlou（肩、肩胛、肩膀、肩头）

orəu ≠ orou（杏子）　　otəu ≠ otou（膝盖）

tɕ^{h}erəu ≠ tɕ^{h}erou（锯子）　　qʊtəu ≠ qʊtou（井、水窖）

mʌ̃ləu ≠ mʌlou（前额、额头）　　q^{h}ɨrəu ≠ q^{h}ɨrou（霜）

此外，部分汉语借词中的 [ou] 在东乡语中也发作 [əu]。例如：χəʊχui（后悔）、lʊtəu（绿豆）。

① 马国忠、陈元龙编著：《东乡语汉语词典》，兰州，甘肃民族出版社，2001。

[əu] 可出现在词内任何位置，但不可独立构成音节，闭音节中没有出现，不能出现在词首起始位置，词末出现频率最高。词首非起始位置和词腹出现时，前置辅音为 [q]、[qʰ] 和唇辅音以外的辅音，后续辅音为 [ʁ]、[w]、[tɕ]、[tɕʰ]、[ɕ]、[j] 以外的辅音。例如：səu（坐、住、当）、təurɐ（下面，低，底下）、[tʂəu]（咬、叮、夹住、咬字、痒）、nəu（命中、打着、说着、患）、mɜntəu（冰雹）、muʁutəu（捻线的工具）、otɕʰəu（老、老的、糠的）等。

[əʊ] 不可独立构成音节，可出现在词内任何位置，但主要出现在词首非起始位置和词腹位置。词腹出现时，前置辅音如同 [əu]，后置辅音一般为 [ʁ]、[w]，词末出现频率低，仅有两例，是发音不到位所致。例如：səʊʁɐ（使坐、让坐、使住、让住、使当、让当）、səʊwo（坐了、住了、当了）、nəʊʁɐ（使命中、使患、使抓住要点、使得到）、nəʊwo（命中了、患病了、抓住要点了）等。

[əʉ] 出现位置和词内分布如同 [əʊ]，但词末不出现。前置辅音如同 [əu]，后置辅音一般为 [tɕ]、[tɕʰ]、[ɕ]、[j]、[n]、[l]、[ɾ]、[ʂ]、[s]，其中 [n]、[l]、[ɾ]、[ʂ]、[s] 前出现时音质不稳定，可与 [əu] 交替。例如：səʉjɜ（坐吧，住吧，当吧）、tʂəʉtɕĩ（梦）、ʂəʉtɕerʊ̃（影子，树荫）、təʉlɐ（唱）、təʉrɐtʊ（下面的）jəʉʂɜ（早饭、早点）、ʂəʉrɐ（牛羊肚皮下一层肉）。

[ou] 可出现在词内任何位置，不可独立构成音节和出现在词首起始位置，前置辅音为唇辅音 [p] 和 [m]，借词中打破此规律，后置辅音一般为除 [ʁ]、[w]、[tɕ]、[tɕʰ]、[ɕ]、[j] 以外的辅音。例如：pou（下、下来、降、普照、显现、结果实、生长、打粮）、kʰou（苦、咸）、mou（坏、歹）、lousɐ（骡子）、poutəi（小麦）。

[oʉ] 出现频率较低，可出现在词内任何位置，但词末出现频率最低，是因发音部位未到位所致。不可独立构成音节和出现在词首起始位置。前置辅音同 [ou]，后置辅音一般为 [tɕ]、[tɕʰ]、[ɕ]、[j]，此外有 [t]、[ʂ] 等辅音，但此时并不稳定，可同 [ou] 交替。例如：loʉtɕɪ（丈夫、老头子）、poʉjɛ（下去吧、降下吧）、kʰoʉtɐ（变苦）。

[oʊ] 出现频率较低，均出现在词首音节和词腹音节，词末音节仅有 1 例。前置辅音同 [ou]，后置辅音一般为 [ʁ]、[w]，此外在 [m]、[s]、[p]、[pʰ] 等辅音

前也有出现，但并不稳定，可与 [ou] 交替。例如：soʊwo（坐了、住了、当了）、χoumoʊ（穆斯林男子无檐的帽子）、poʊʁɐ（使下去、使降下）、poʊwo（下了、降了、结果实了）等。

从以上分析可以得知，[əu] 系列变体主要出现在非唇辅音后，[ou] 系列变体主要出现在唇辅音后，在固有词中，这样的分布比较明确。此外，一些汉语借词进入东乡语后，使 [əu] 和 [ou] 的情况变得复杂，即在固有词中比较明确的分布，在一些借词中并不适用。如 koutɐ（变苦）、kouji（考，考试）、tɕintou（劲儿，劲道）、lɐotou（唠叨）等。[əu] 和 [ou] 本属于一个音位，但因大量汉语借词的进入正在出现分化，[əu] 的分化指向 [əu] 和 [ɐo]，而 [ou] 则打破只在唇辅音后出现的限制。

/əu/ 的变体条件可格式化条件如下：

$$[\text{əu}]/\begin{Bmatrix} <\text{p, m}>\_\_{+}<\text{ʁ, w, tɕ, tɕ}^{h}\text{, ɕ, j}> \\ \_\_\# \end{Bmatrix}$$

[əʊ]/<p，m>__[ʁ，w]

[əʉ]/<p，m>____+[tɕ，tɕ^{h}，ɕ，j]

$$[\text{ou}]/\begin{Bmatrix} [\text{p, m}]\_\_{+}<\text{ʁ, w, tɕ, tɕ}^{h}\text{, ɕ, j}> \\ [\text{p, m}]\_\_\# \end{Bmatrix}$$

[oʉ]/[p，m]____+[tɕ，tɕ^{h}，ɕ，j]

[oʊ]/[p，m]____+[ʁ，w]

/ui/ 有 [ui]、[uɪ]、[ʉi]、[ɵi]、[ʊi] 5 个变体。根据出现位置、频率和对角差距，将 [ui] 视作音模。

[ui] 可出现在词内任何位置，不在闭音节中出现。在固有词中，可独立构成音节，与其他辅音搭配的多为借词。词首非起始位置和词腹出现时，前置辅音为 [q]、[q^{h}]、[χ]、[h]、[ʁ] 和 [ɸ]、[k^{h}]、[tʂ^{h}]、[ts] 以外的辅音，后续辅音一般为 [ʁ]

以外的辅音。例如：uilɐ（哭）、uirɐ（仅）、uit^{h}ʌ̃（窄，狭窄，狭小）、kuitɕɛ̃（冷）tuiji（堆起）、tatui（大队）。

[uɪ] 只出现在词首，出现频率不高，不可独立构成音节，词首非起始位置出现时，前置辅音条件同 [ui]，后置辅音一般为 [ʁ]。例如：kuɪʁəli（鹞子）、duiʁɐ（使堆、让堆）等。

[ʉi] 可出现在词内任何位置，不可独立构成音节，不在音节起始位置出现，前置辅音为 [ɸ]、[k^{h}]、[tʂ^{h}]、[ts] 等。后续辅音同 [ui]。这是起始段元音受前置辅音送气成分（或舌尖前辅音）和结尾段高前元音影响而央化的结果（或两个）。

[ɵi] 仅出现在词首音节，不可独立构成音节。前置辅音为 [q^{h}]，后续邻音同 [ui]。与 [ʉi] 一样，起始段元音央化是受前置辅音送气成分和后续高、前元音影响而前化的结果。例如：q^{h}ɵinɐ（后面、背后、以后）、q^{h}ɵinɐʂʅ（以后、往后、朝后）、q^{h}ɵinɐʂʅtɐ（以后、往后、后退一点、退后）。

[ʊi] 在数据库中仅出现在 [ʁ] 后，女发音人数据中在 [χ] 后也有出现。ɐʁʊi（宽、阔、宽绰）、ɐʁʊiʂʅ（放宽、变宽、远离点儿、让开点）、χʊi（炕）等。

/ui/ 的变体条件可格式化为：

$$[\text{ui}]\,/\left\{\begin{matrix}<\text{q, q}^{h}\text{, χ, h, ʁ, ɸ, k}^{h}\text{, tʂ}^{h}\text{, ts}>\_\_+<\text{ʁ}> \\ <\text{q, q}^{h}\text{, χ, h, ʁ, ɸ, k}^{h}\text{, tʂ}^{h}\text{, ts}>\_\_\# \end{matrix}\right\}$$

$$[\text{uɪ}]/<\text{q, q}^{h}\text{, χ, h, ʁ, ɸ, k}^{h}\text{, tʂ}^{h}\text{, ts}>\_\_\_\_+[\text{ʁ}]$$

$$[\text{ui}] \rightarrow [\text{ʉi}]/[\text{ɸ, k}^{h}\text{, tʂ}^{h}\text{, ts}]\_\_\_\_+<\text{ʁ}>$$

$$[\text{ui}] \rightarrow [\text{ɵi}]/[\text{q}^{h}]\_\_$$

$$[\text{ui}] \rightarrow [\text{ʊi}]/\left\{\begin{matrix}[\text{ʁ}]\_\_\ <\text{ʁ}> \\ [\text{ʁ}]\_\_\# \end{matrix}\right\}$$

/iɐ/ 没有变体，固有词中极少出现。例如 niɐ（粘、贴、亲近、接近、趋炎附势）、nieʁɐ（黏上、贴上）。

/iə/ 有 [iə] 和 [iɜ] 两个变体。参考出现频率将 [iə] 视为音模。

[iə] 出现在词首和词腹音节，前置辅音为 [tɕ]、[tɕ^{h}]、[ɕ]、[n]、[l]、[p]、[k]、[k^{h}] 等辅音，后置辅音主要为 [ʁ] 以外的辅音，例如：piətʊ̃（粗、壮）、piəri（妻子，已婚妇女）、ɸu̥kiəsʅ（长辈，祖先）、kiəmərɜ（生病）、ɕiniətʊ̃（笑话）、miəntɐ（嫩）、tʂ̥oliərɜ（变软）、tɕ^{h}iəmu（铁）等。

[iɜ] 可出现在词内任何位置，词首和词腹出现时后置辅音一般为 [ʁ]。例如：niɜʁɐŋ（仅一个）、kiɜ（家、房子、做）、kiɜʁʌ̃（亮、清、清晰、亲密、融洽）、leiliɜ（混合、相合、结合、和）、k^{h}iɜ（茶、酒等）、kontɕiɜ（冻）等。

/iə/ 的变体条件可格式化为：

[iə]/C__+<ʁ>

$$[\text{iɜ}]/\left\{\begin{array}{c} \text{C\_\_} + [\text{ʁ}] \\ \\ \text{\_\_\#} \end{array}\right\}$$

/iɔ/ 为借词元音音位，对应汉语的三合元音 [iao]。数据库中仅有一例。例如：ts^{h}eiliɔ（材料）。

/iu/ 可出现在词内任何位置，不可独立构成音节，后续辅音为舌根或小舌辅音时，音质类似于 [iʊ]，在实词中，仅与 [n]、[l]、[tɕ]、[tɕ^{h}]、[ɕ]、[j] 等舌尖辅音组合成音节，不与其他辅音搭配。例如：tɕiliu（精明、精神、灵巧、精干）、q^{h}i̥ɕiu（搅火棍）、niu（躲、藏、隐藏）、ɕiliu（……多的）、siniu（母牛）、ɐtɕiu（舅舅）、empətɕiu（就是的，就是吗）。

/ʊɐ/ 出现频率较少，不可独立构成音节。前置辅音为 [q]、[χ]，其他情况下音质接近 [uɐ]。例如：qʊɐ（两个、第二、老二）、qʊɐlɐ（两个一起、两个人一起）、kʊɐ（瓜、只是、只怕）、jikʊɐ（都、一概、全部）、χʊɐji（花费、画、写）、t^{h}χʊɐ（东乡语）等。

/uəi/ 出现频率少，只有个别词中出现。原本音质为 /ʊei/，但考虑到单元音音模的数量及音质，将其音模确定为 /uəi/。前置辅音为 [kʰ] 和 [χ]。例如：kʰʊeisũ（肚脐）、χʊei（炕）、χʊeini（炕的、横的）。女发音人将该元音一律发作 [ʊi]。咨询其他母语人，大部分人觉得分得清，部分人则觉得并无区别，并且例词较少，应为正在向二合元音发展的三合元音。

第二节　辅音音位

一、辅音音位

东乡语锁南坝土语有 /p/、/pʰ/、/t/、/tʰ/、/k/、/kʰ/、/q/、/qʰ/ 8 个塞音音位，送气和不送气成对；有 /s/、/ʂ/、/ʐ/、/ɕ/、/ɸ/、/χ/、/ʁ/、/h/ 8 个擦音音位；/tʂ/、/tʂʰ/、/tɕ/、/tɕʰ/、/ts/、/tsʰ/ 6 个塞擦音音位，送气和不送气成对；两个鼻音 /n/、/m/；1 个边音 /l/；1 个闪音 /ɾ/；两个近音 /j/ 和 /w/。其中，/ʐ/、/ts/、/tsʰ/ 3 个为借词音位。

表 3–2　东乡语辅音音位

		双唇	舌尖	舌面	舌根	小舌	喉门
清音	不送气塞	/p/	/t/		/k/	/q/	
	送气塞	/pʰ/	/tʰ/		/kʰ/	/qʰ/	
	不送气塞擦	/tʂ//ts/	/tɕ/				
	送气塞擦		/tʂʰ/[s]，[tsʰ]	/tɕʰ/			
	擦音	/ɸ/	/s/，/ʂ/	/ɕ/		/χ/	/h/
浊音	擦音	[β]				/ʁ/	
	鼻音	/m/	/n/[m]		[ŋ]		
	边音		/l/				
	闪音		/ɾ/				
	卷舌		/ʐ/，[ʐ]				
	近音	/w/		/j/			

东乡语辅音音位中 /p/、/n/、/ɾ/ 等 3 个辅音之外，其他辅音均无变体。该三个辅音主要有擦化、浊化和唇化等变体。

/p/ 有 [p] 和 [β] 两个变体，[β] 只出现在一例借词当中，固有词中没有出现，以出现次数最多，分布最广的 [p] 作为音模。

[p] 双唇、塞、不送气、清辅音，只出现在音节首。例如：pɐsi [老虎、虎（属相）]、pɐjɐ̃（富、富裕、富有）、pɐjɐsʊ（高兴、喜欢）、hɜpɜʁəi（蝴蝶、蛾）、χʌpɐ（下巴）、pɐpɐ（叔父、小孩子的阴茎、教长、恩师、把儿、爸爸）、pipi [筚筚（乐器）] 等。

[β] 双唇、浊擦辅音。只出现于借词中，前后音均为元音。例如：siβɐ̃（翅膀）。

/p/ 的变体条件可格式化为：

[p]/#__

[β]/V+__

/p^h/ 双唇、塞、送气、清辅音，只出现在音节首。例如，ʌp^{h}ɐ（大麦）、p^{h}ʊ̥sɜ（再、还、另外、其他）、p^{h}ʊ̥tɐ（容纳、下陷、钻进去、下沉、株、棵、束）、p^{h}ʊ̥tʂ̥ɐ（豆）、p^{h}ɜɾi（精灵、神灵）、p^{h}ʊ̥tʊlɐ（使其坚固、变牢固、肯定下来）、ʂ̥ɜp^{h}ɪ（脾脏）、p^{h}ɪ̥tʂ̥ʅ（写）等。

/t/ 舌尖中、塞、不送气、清辅音。只出现于音节首。例如：ɐtulɐ（放牧）、ɜtɜ（现在、如今、此时）、otəi（膝盖）、tɐ（担负得起、湿透、穿透、穿过障碍而及）、tʌŋqɐ（土块儿、土坯、土坷垃）、tɐlɐ̃（山岭、地面上凸起的部分）、tolʊ（舔）、tuləi（聋）、tuɾõ（满的、满着的）等。

/t^h/ 舌尖中、塞、送气、清辅音。只出现于音节首。例如：t^{h}ɜi（解开、松开、脱下、放开、放走、放、撒、打）、t^{h}ɐni（认识、识别、认清、结交）、t^{h}ɐ̃（你们）、t^{h}ɐʁɐ̃（炒面）、t^{h}ɜɾɜ（他、她）、t^{h}i̥ʂ̥ɐ（阴茎、睾丸）、t^{h}osõ（油）、ot^{h}o（太、过于）、uɾut^{h}ʊ（有杏子的、杏子多的）、nəit^{h}ɐ（打喷嚏）。

/k/ 舌根、塞、不送气、清辅音。只出现在音节首。例如：kɜmɜɾɜ（生病、患病）、kɛtɕɜ（纸）、kɜɾɜ̃（光、迹象、踪影）、kinʌ̃（饼、馍馍）、kʊ̃（深）、sʊ̥kɜ（斧、骂、训斥）、tʰʊ̥kʊ（生的、毒辣的、不近情理的、说话冲的）、ɜŋkɜ（衣襟）、oki（给）。

/kʰ/ 舌根、塞、送气、清辅音。只出现在音节首。例如：kʰi̥tɕɜ（睡、躺）、kʰelɜ（说、讲、说话）、kʰɔ̃（脚、物体的根部）、kʰʊ̃（人）、okʰo（小坑、凹下去的地方）、utʊkʰʊ̃（午饭）、kʰʊɾɪ（斗）、tʰʊŋkʰʊ（推、搡）、kʰʊ̥kɜ（蓝、蓝色）。

/q/ 小舌、塞、不送气、清辅音。只出现在音节首。例如：qɐtɐ（嚼子、岩石、钉、）qi̥ɾɐ（容易、简单）、qoni（绵羊）、qono（谷子、小米）、qɔ̃（沟）、nʌŋqɐ（汉人、汉民，亦泛指非穆斯林）、pʊlʌŋqəi（混浊）、qʌqɐlu（劈、劈开，比喻声音高亢嘹亮、刺骨、凛冽）、qʊɾʊŋ（指头、面粉、粉末）、sʊ̥qo（眼瞎、变盲）等。

/qʰ/ 小舌、塞、送气、清辅音。只出现在音节首。例如：qʰɐ（关、闭、盖、关押）、qʰʌ̃（火）、qʰi̥tʊñ（硬、硬的、吝啬）、qʰosʊ̃（干的、干燥的、空、空的）、qʰoɾʊ̃（二十、二十个、二十岁、二十日）、qʰʊ̥tʊqʊ（搅拌、挑拨离间、挥霍）、qʰʊ̥tʂɐ（种公绵羊、狗吠）、ʌqʰɨ（呼噜、鼾）、qʰʌŋqʰʌ̃（刺沙蓬）。

/s/ 舌尖前、擦、清辅音。只出现于音节首。例如：[sʌ̃]（梳子）、sɐlɐ（树枝、树梢、树杈）、soʁəi（左、左面）、su̥kɜ（斧头、骂、训斥）、usulɐ（饮牲畜）、posʊ̃（虱子）、kʰowosɿ（孩子、儿童）、olɜsʊ（饿）等。

/ʂ/ 舌尖后、擦、清辅音。只出现于音节首。例如：ʂɜ（撒尿）、ʂʅ̥qɐ（挨、贴、靠、扑向）、ʂulɜ（烫）、ʂʊ（篦子）、ʂʅ̥tɐ（实、确实、真实）、qʰʊ̥ʂʊ̃（喙，嘴唇最前端尖处）、qʰi̥ʂʊlɐ（下苦、吃苦）、leʂʅ̥ʁ̆ɐ（面条）、uʂʅlɐ（服侍、招待、护理、伺候、赡养）。

/ʐ/ 舌尖后、擦、浊辅音。多出现于借词音节首，固有词中出现的条件在 /ɾ/ 音位的变体中分析。例如：ʐɐntɕɪ（染、攘扰）、ʐʅʉji（揉）、ʐʉtsiɿ（褥子）、ʐʊ̃jɜ（农业）、ɸʌ̃ʐʅ（犯人）、kʊ̃ʐʅ（工人）、ʐʅ̃tʂʅ̃（认真）、ɕẽʐʅ̃（先人、祖先）。

/ɕ/ 舌面前、擦、清辅音。只出现于音节首。例如：ɕiɜ̃（尾巴）、ɕɜɾʊ̃（粗糙的）、kʰu̥ɕɜ（爱、爱慕、羡慕、喜爱）、ɕeɾɪ（醒来）、ɕɪŋkɜn（浅）、ɕi̥tʊ（锋利、风尖、冷风刺骨、尖刻、恶毒）、ɕi̥tɕɜ（缝、缝制）、ɕirɪ（撕、撕扯、用手抓粗糙物、物体上容易钩破、擦伤衣物或皮肤的东西）、liɕɐ（立夏）、wʌ̃ɕʌ̃（希望、期望、盼望）。

/ɸ/ 双唇、擦、清辅音。固有词中只出现于词首起始位置，借词中可出现在非词首音节首位置。例如：ɸu̥kuŋ（动物油、脂肪）、ɸu̥tɐ（大口袋）、ɸu̥tu（长）ɸuri（搓、揉搓、擦、擦拭）、ɸʌ（次、趟、回）、ɸʉ̥ilə（吹、刮）、ɸʉniəsũ（灰、火灰）、ɸʉntɕʰɜ（闻、嗅、相闻、相嗅，比喻亲缘间互相疼爱）、ɸu̥kiɜ（大、牛）、ɕɪɸʌ̃（西藏、对藏族的通称）。

/χ/ 小舌、擦、清辅音。只出现在音节首，固有词中，只出现在词首音节，借词中可出现在词腹或词末音节。例如：χɐmɪ（闭眼）、χo（气、蒸汽、脾气、怨气、怒气、呼吸、巢、窝）、χotəu（蛆）、χoro（缠绕、卷）、χɐntɐ（不行、不可能、泡汤、闲、有空）、χolʊ（跑、逃、逃跑、奔波、流动）、kʊχɐ（古语、谜语）、tɕʰɜχʌ̃（铁锨）、χʌpɐ（下巴）、χʌχʌ̃（不识字的人、文盲）。

/ʁ/ 小舌、擦、浊辅音。只出现于词腹音节首位置，部分学者将其视为 /q/ 音位的变体，本次研究亦发现 [q] 和 [ʁ] 有一定的互补现象，即 [q] 多出现于词首，词腹出现时往往在闭音节后，[ʁ] 多出现于词腹开音节后，在部分词中可以自由交替，如 pʌʁɐ=pʌqɐ（蛤蟆）、mɪʁɐ=miqɐ（肉）。但母语人听感差别较大，替换时引起部分语义差异或破坏词语语音感受，此外以 [ʁ] 为起始音的词缀无论前置音节是否为开音节或闭音节，均不能将其音质变为 [q]，如形容词比较级词缀 –ʁʌ̃、方向格词缀 –ʁʊ̃、动词使动态词缀 –ʁɐ 等。而以 [q] 起始的凭借格 –qɐlɐ 则在开音节后有擦化现象，但这一现象为语流音变层面的问题。因此本次研究中将 [ʁ] 视作独立音位。例词：iʁɐ（碗）、noʁɔ̃（绿、绿色的、果实未成熟的）、nʊʁʊ（吐、唾）、pʊʁʊlɜ（堵住，塞住）、χʌʁɐ（手掌、粪便）qolʊʁɐ（使变成、使成为）、mʌʁɐ（早晨）、tʰʌwʊʁʌ̃（只有五个）、tʰoʁʊ（鞴马、上驮子、背、担负）。

/h/ 喉门、擦、清辅音，只出现于词首，本次研究中曾寻求该辅音与 [χ] 的最小对立词，但母语人对该辅音异常敏感，并不允许同其他音素混淆，因此我们亦将它处理为独立的音位。例如：hɜ（他）、hɐntʰʊ（一起、共同）、hɐtʂʰʅ（侄儿、侄子）。

/tʂ/ 舌尖后、擦、不送气、清辅音。只出现于音节首。例如：tʂəurɐ（在……时候，在……中间）、tʂɐlɐ（指方向、路，指引、指使），tʂɐləu（青年、年轻力壮的人）、tʂʅtɐ（矛）、tʂʊʁɜ（心脏，心肠、心灵，中心、中央、中间，物体的内部、内里、内核、川地、平地）、ʂʅtʂɜ̃（聪明、懂事）、utʂʊ（头、端、尖、尽头、边际）、q^{h}ʊ̥tʂʅ（裹、卷起）、k^{h}i̥tʂʅ（切、切割）、qɐtʂɐ（地、田地）。

/tʂ^{h}/ 舌尖后、擦、送气、清辅音。只出现于音节首。例如：ɛtʂ^{h}ɜ̃（主人、特指真主，安拉）、tʂ^{h}ɐtɐ（近）、tʂ^{h}ʅni（你的）、tʂ^{h}ʅ̥qʌ̃（白、白色的）、tʂ^{h}ʊ̥kʊ（筷子）、tʂ^{h}ʊməʁɜ（骨髓）、otʂ^{h}ʅ（喝）、ulɐtʂʅ（善纳鞋底的人、经营鞋底的人）、tʂ^{h}ɐ（茶、时间、杈、诧异）。

/tɕ/ 舌面前、塞擦、不送气、清辅音。只出现于音节首，与 [t] 互补分布，即出现于前高元音和部分央元音前，但考虑到音质差异较大，将其视作独立音位。例如：tɕɜ̃（衣服）、tɕesʊ̃（绳子）、tɕɜɾɜ（上面，特指身上）、tɕɛɾɔ̃（四、四个）、ɐtɕɜ（姐姐）、itɕɛ（吃、吸、抽）、uitɕɜ̃（门）、utɕɛʂʅ（傍晚）、puntɕɪ（瞪眼）、pitɕɜ̃（我们）等。

/tɕ^{h}/ 舌面前、塞擦、送气、清辅音。只出现于音节首，与 [t^{h}] 互补分布，情况同 /tɕ/，因此视作独立音位。例如：otɕĩ（姑娘、女孩、女儿、高处、顶、顶峰）、tɕ^{h}ɛtʂɜ（喂养、饲养、抚养）、tɕ^{h}i̥kinɜ（挣扎）、tɕ^{h}ɪɾəu（锯子）、tɕ^{h}ɜmʊ（铁、金属）、tɕɪmʊt^{h}ʊ（那样、那般）、otɕ^{h}əu（老、老的、糠了的）、tɕ^{h}ɛnlɜ（抬、抬举、形容人或东西非常多而密集）、tɕ^{h}ĩ（那样）。

/ts/ 舌尖前、塞擦、不送气、清辅音。只出现于借词音节首。例如：tsoɚ（枣儿）、tsɐɾɐ（坟墓）、tsəimi（大地、地面）、oɾotso（斋、斋戒）、pɪntsɿ（饼）、χolʉtsɿ（火炉子）、k^{h}otsɿ（颗粒状物、颗）、jitsɿ（椅子、肥皂、香皂、白内障）、sʉntsɿ（孙子）、mɐtsɿ（糖子）。

/ts^{h}/ 舌尖前、塞擦、送气、清辅音。只出现于借词音节首。ts^{h}oukʊ（谷草、专门种植的谷糜等饲草）、ts^{h}ɐtsɿ（橡皮擦、擦子、将萝卜、土豆等擦成丝条状的器具，礤床儿）、ts^{h}ʊ（醋）、ts^{h}ʌ̃ɸɪ（残废）、ts^{h}ɐji（擦拭）、ts^{h}ei（菜）。

/n/ 有 [n]、[ŋ] 和 [m] 3 个变体，以分布最广，出现次数最多的 [n] 作为音模。该音位作闭音节尾音有两个变体，分别为 [n] 和 [ŋ]，对此学界看法一直有分歧，部分学者认为是两个音位，而另一部分则认为是一个音位的两个变体。本次研究中，这两个辅音互补特征明确，并无对立现象，应为一个音位的两个变体。母语人辨音测验显示，东乡语不分前鼻音和后鼻音，连汉语借词中也分不清楚，均认为没有区别。如，东乡人分不清 pɐntsɿ（扳子）和 pɐŋtsɿ（棒子）、pəntsɿ（本子）和 pəŋtsɿ（镚子）、ɸʉntɕi（分）和 ɸʉŋtɕi（封）。

[n] 舌尖、浊、鼻辅音。可出现在词内任何位置，可出现在音节首和音节末，音节末出现时，后置辅音一般为舌尖或舌面前塞音和塞擦音，擦音和浊辅音前出现时鼻化其前面的元音，词末出现时鼻化其前面的元音。例如：nok^{h}ɜ̃（坑、洞、窟窿）、nʊ（脸、脸面、面部、物体朝上的部分）、hɜntə（那里、那儿、对他）、q^{h}ʊʁʌ̃（绵羊羔）、mɐnʌ̃（鼢鼠）、ʂɿnɪ（新、新的、新鲜的、新颖的）、ninkɜ̃（薄、薄的）、tsɐnʌ̃（脏、肮脏）ʌntʂɐsʊ̃（犁、犁杖）等。

[ŋ] 舌根，浊、鼻辅音。只出现在节末，可出现在词内任何位置，词末出现时使其先行元音鼻化。在词首和词腹出现时，后置辅音一般为除 [p] 以外的后、塞音或塞擦音，即 [k]、[k^{h}]、[q]、[q^{h}] 等，例如：oŋkɜ（脸、脸色、容颜、颜色）、sʊŋqʊ（挑选、选择）、ɕiŋkɜ̃（浅）、t^{h}ʊŋk^{h}ʊ（推、搡）、tɐŋqɐ（土块儿、土坯、土坷垃）、tʂɐŋqəi（狼）、piŋko（苹果）、ɜŋkɜ（衣襟、怀抱）、hʊŋqʊ（放屁、说废话）。

[m] 双唇、浊、鼻辅音。只出现在词腹音节末且后置音节 [p] 辅音前。属于邻音条件变体。例如：pɐmpʊ̃（蜂、蜜蜂）、pɐmpʊntʂ^{h}ʅ（养蜂人）、umpɐ（游泳）、umpɜɾɜ（倒塌、睡意浓而倒下）、nɜmpɜ（盖、披）、sumpʊŋ（苍蝇）、nɐmpʌ̃（案板）、tʂumpʊlɐ（大馒头）等。

/n/ 的变体条件可格式化为：

$$[n]/\left\{\begin{array}{c} \_\_V \\ V\_+[t, t^{h}, tʂ, tʂ^{h}, tɕ, tɕ^{h}, ts, ts^{h}] \end{array}\right\}$$

[ŋ]/V__+[k，k^h，q，q^h]

[m]/V__+[p]

/m/ 双唇，浊、闭辅音。出现于音节首。例如：ɐlɪmɐ（果子、水果、梨、苹果）、ʌmʌ̃（嘴、口、口子、嘴儿、刃子、牲畜的年龄）、imʊ（这样）、mɜ̃sʊ̃（冰）、mɐnʌ̃（鼢鼠）、met^{h}ɐ（忘记）、mɐɾɐ（肉皮、皮肤、窥视、窥探、探视、看望）、mɜtʊ̃（树、木料、呆板的人、像）、minɐ（鞭子）、mʊsi（穿、飞）。

/l/ 舌尖、浊、边音。出现于音节首。例如：lɐlɐʁʌ̃（慢慢地、轻轻地）、lot^{h}o（笼头、嘴笼）、leilɜ（混合、相合、结合、和）、mʌŋləu（前额、额头）、ʂʅʐɐlɐ（变黄、植物果实成熟）、tʌ̃ləi（膀、前膀、硬膀）、q^{h}ɐlɐ（哪里、哪儿）、ulɐ（山）、pulɐ（泉、泉水）、lɐtʂ^{h}ʅ（叶子）。

/ɾ/ 有 [ɾ]、[r] 和 [ʐ] 3 个变体，其中以分布最广，出现次数最多的 [ɾ] 作为音模。

[ɾ] 舌尖前、闪、浊辅音。不在词首音节出现，只出现在词腹和词末音节首，作为音节末辅音仅出现 1 次。例如：ɐɾɐŋ（河滩、河床、河）、ɐɾɐsʊ̃（皮、毛皮、皮肤、表皮、壳儿、表层）、oɾi（债、债务）、oɾʊ̃ [我（在引语中）]、uɾʊ（叫、唤）、neiɾɐ（合适、得体、妥帖、和睦、安装、安放）、nɐmʊɾɐ（安静、平静、停息、疼痛减轻）、poɾʊ̃（右）、χɐnt^{h}ɐɾɪ（滑、滑倒、滑动、圆滑）、q^{h}ɐɾɐ（黑、黑色、黑暗、对某事一窍不通）、qʊɾɐ（雨、雨水、收、收回、收获、收割、收藏、留存、保存）。

[r] 舌尖前、弹、浊音。出现次数很少，相同条件下可与 [ɾ] 自由替换，出现在双音节词词末音节首，前置音节辅音主要为送气辅音。例如：q^{h}ɨri（上去、出去、提高）、k^{h}ʊrʊ（到、到达、够、够用、满足、参加、比得上、值、饱、够得着、想要）、murʊ（牛叫）、t^{h}ɐri（种、播种）、q^{h}ʊrʊ（抄）。

[ʐ] 舌尖后、擦、浊辅音。该辅音可在借词中当借词音位，但在固有词中并没有音位作用，是 /ɾ/ 的变体，不出现在词首，只出现在词腹和词末音节首、前一个音节以 /ʅ/ 结尾的词中。例如：ʂʅʐɐ（烧、烤、烙、黄、黄色、黄色的、熟

的）、ʂʅʐɐlɐ（变黄、庄家成熟）、ʂʅʐɜ（桌子）、ʂʅʐətʰʊ（有桌子的）、ʂʅʐõ（肝脏）、tʂʅʐĩ（马鞍吊带、肚带）。

/ɾ/ 的变体条件可格式化为：

[ɾ]/<ʅ>+__

[ʐ]/[ʅ]+__

/j/ 舌面前、浊、近音。出现于音节首。阿・伊布拉黑麦认为该辅音为 /i/ 音位的变体。本次研究中，在双音节词中该辅音在词腹出现时有明显的分隔音节的作用，因此视为独立辅音音位，音节数增长时该辅音与前面的元音结合为复合元音。如：ɐji 不可发音为 [ɐi]，但音节数增加时可以变为复合元音，即 ɐjiʁɐ 可发音为 ɐiʁɐ。例词：jʌ̃（什么、什么样的、啥）、jɐmɐ（无论什么、什么都、怎么、怎样）、jɐsũ（骨头）、χoji（卖、出售、糅和、掺和、混合）、ɐji（害怕）、ujɜ（节、关节、骨节、环节、时代，时期，喂动物的食物，食物中放入的毒药）、nojɜ̃（官）、sojɜ（犬齿，虎牙）、jiŋ（这样）、jɜ（药、火药）。

/w/ 双唇、浊、近音。出现于音节首。阿・伊布拉黑麦认为该辅音为 /u/ 的变体。本次研究认为，该辅音在词腹出现时有分隔音节的作用，因此视为独立辅音音位。例如：wɐtʂʅ（用手或用似爪的东西抓、搔痒）、qʰʌwɐ（鼻子）、wʌʁɐ（洗）、jəwʊ（走、行、行走）、tʂʌwɐ（空隙、缝）、kowoŋ（男孩儿、儿子）、okɨwo（给了）等。

二、辅音自然类

图 3–3 为东乡语辅音音位格局图。基于辅音和元音的搭配及互补分布，首先可将辅音音位分为前辅音和后辅音两个自然类。前辅音可分为硬腭和非硬腭两类，后辅音可分为软腭、非软腭和喉门辅音 3 类。从元音变体条件看，前辅音使元音舌位向前移，其中硬腭辅音影响较大，非硬腭辅音影响其次；后辅音不同程

度地使元音舌位向后、向下拉动，其中软腭辅音和非软腭浊辅音 /w/ 影响明显，其他非软腭辅音影响不大；喉门辅音对元音的舌位影响不大，但不与前、高元音搭配。此外可以从辅音与元音之间的搭配看出东乡语元辅音之间的互补分布，表 3–3 为东乡语元辅音搭配及互补分布统计。

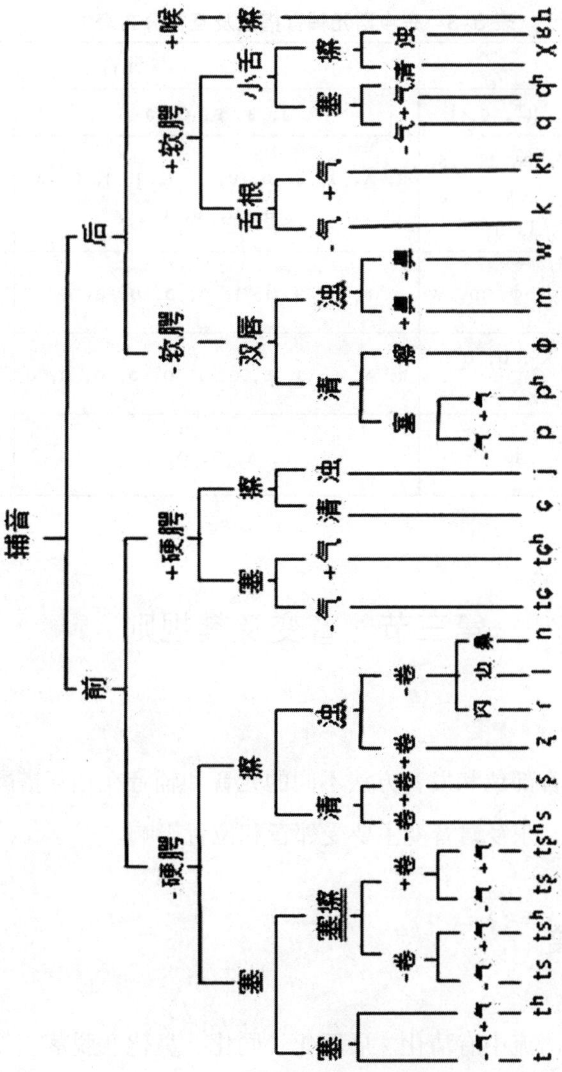

图 3–3　东乡语辅音格局图

表 3–3 为东乡语元辅音之间的互补分布表。可以看出，前辅音一般与前元音和央元音组合，其中硬腭辅音与前元音搭配为主，不与后元音搭配，非硬腭辅音与央元音搭配为主；后辅音一般与央元音和后元音组合，其中，软腭辅音和喉门辅音不与前高元音搭配。

表 3–3　东乡语元辅音搭配及互补分布表

辅音			元音	
前	硬腭	tɕ，tɕʰ，ɕ，j	i，ɜ，ɛ，e，ə	前元音为主
	非硬腭	t，tʰ，ts，tsʰ，s，tʂ，tʂʰ，ʂ，ʐ，ɾ，l，n	ɐ，ʌ，ɜ，ɛ，ə，e，i，ɪ，ɿ，ʅ，o，ɔ，ɵ，u，ʉ，ʊ	央元音为主
后	软腭	p，pʰ，ɸ，m，w	ɐ，ʌ，ɜ，i，ɪ，o，ɔ，u，ʉ，ʊ	央元音和后元音为主
	非软腭	k，kʰ，q，qʰ，χ，ʁ	ɐ，ʌ，ɛ，ɜ，e，ə，ɪ，o，ɔ，ɵ，ɞ，ʊ	后元音为主
	喉门	h	ɐ，ʌ，ɜ，o，ʊ	央元音和后元音为主

第三节　音变及其规则

在语流中，发音部位和发音方法不同的元音和辅音在相互搭配时难免彼此影响，从而发声音变。东乡语音变主要受邻音和位置影响。

一、元音音变

东乡语元音在语流中有清化、展唇化、同化、鼻化、脱落、复合元音单元音化等几种变化。这几种语流音变都有其出现条件。

（一）清化

东乡语元音清化主要涉及非重读音节高元音 [i]、[ɪ]、[ɿ]、[ʅ]、[ɨ]、[u]、[ʊ]。位置条件为非重读音节，音质条件为高元音，邻音条件为前后辅音的发音方法。

送气塞音、塞擦音和清擦音后清化。刘照雄、布和等学者均注意到了元音清化问题，认为 [i]、[u]、[ɯ] 等元音在词首送气塞音、塞擦音和清擦音之后清化。本次研究发现，这些元音清化时，除前置辅音限制，后置辅音也是清化的必要条件。

[i] 和 [ɪ] 在词首或词腹 [tɕʰ]、[pʰ]、[kʰ]、[ɕ] 之后，后续音节以 [t]、[tʰ]、[ts]、[tsʰ]、[tʂ]、[tʂʰ]、[ʂ]、[s]、[tɕ]、[tɕʰ]、[ɕ]、[k]、[kʰ]、[q]、[qʰ] 等清音起始时清化，即送气塞音、塞擦音和清擦音之后，清辅音之前清化。例如：nɜkʰɪ̥tʂʰʅ（爱穿皮衣的人）、pʰɪ̥tʂʅ（写）、kʰɪ̥tʂʅ（切、切割）、pʰɪ̥ɕerɜ（相信、信服）、ɕi̥tɕɜ（缝、缝制）、otɕʰi̥sʅlɐ（姑娘们、女孩儿们、女儿们）、pʰɪ̥ɕelɜ（系腰带、系裤带）、ɕi̥tʊ（锋利、风尖、风力凛冽刺骨、尖刻、恶毒、毒辣）。

[ɿ] 在词首或词腹清擦音 [s]、[tsʰ] 之后，后续音节以 [t]、[tʰ]、[ts]、[tsʰ]、[tʂ]、[tʂʰ]、[ʂ]、[s]、[tɕ]、[tɕʰ]、[ɕ]、[k]、[kʰ]、[q]、[qʰ] 等清辅音起始时清化。例如：osɿ̥tɤ̃（生长的情形）、posɿ̥sɜ（如果起来）、posɿ̥tʰʊ（有布的、布料多的）、musɿ̥sɜ̃（飞了的、穿了的）、sɿ̥to（喝醉、醉酒）、tɕəusɿ̥kʰʊ（垫的、垫的东西）、sɿ̥tʂʅ（撒、扬、秤）、sɿ̥ʂʅ（四十）。

[ʅ] 在词首或词腹清擦音 [tʂʰ]、[ʂ] 之后，后续音节以 [t]、[tʰ]、[ts]、[tsʰ]、[tʂ]、[tʂʰ]、[ʂ]、[s]、[tɕ]、[tɕʰ]、[ɕ]、[k]、[kʰ]、[q]、[qʰ] 等清音起始时清化。例如：onʂʅ̥tɤ̃（读法、读音）、ɐʂʅ̥ʁɐlɐ（大家、大伙儿）、muʂʅ̥ʁəi（拧、旋、绞）、ʂʅ̥tʂɜ（害羞）、ʂʅ̥tɕɜ（时间、时节）、tɐʂʅ̥tʰʊ（有石头的、石头多的）、tʂʰʅ̥qɤ̃（白、白色的）、tʂʰʅ̥qəi（塞、填、吃）、tʂʰʅ̥tʂɜ（花、霉变后的花纹、麻疹、牛痘、物体表面的花纹）。

[ɨ] 在词首或词腹清擦音 [qʰ]、[tʰ] 之后，后续音节以 [t]、[tʂ]、[ʂ]、[tɕ]、[q] 等清辅音起始时清化。例如：qʰɨ̥qəi（猪、生肖猪）、qʰɨ̥ʂʅʁəu（梯子）、qʰɨ̥ʂʊlʊ（变酸、发霉）、qʰɨ̥tũ（硬、硬的、吝啬）、qʰɨ̥təi（汉话、汉语）、qʰɨ̥tʂɐ（面颊）、qʰɨ̥ʂũ（酸、苦、辛苦）。

[i] 的清化格式为

[i̥]/[tɕʰ，pʰ，kʰ，ɕ]__+C清 ①

[ɿ]/[s，tsʰ]__+C清

[ʅ]/[tʂʰ，ʂ]__+C清

[ɨ]/[qʰ，tʰ]__+C清

[u] 和 [ʊ] 在词首或词腹清送气塞音和擦音 [tʰ]、[pʰ]、[kʰ]、[qʰ]、[s]、[ʂ]、[ɸ]、[χ] 之后，后续音节以 [t]、[tʰ]、[tʂ]、[tʂʰ]、[ʂ]、[s]、[tɕ]、[tɕʰ]、[ɕ]、[k]、[kʰ]、[q]、[qʰ] 等清辅音起始时清化。例如：pʰʊ̥sɜ（如果是、假如是这样）、pʰʊ̥kʊ（天阴）、tʂʰʊ̥tʊ（吃饱、受够）、ɸu̥tɐ（大口袋、长口袋）、χʊ̥tʊ（缝补、糊涂、特别、很、晃动状）、qʰʊ̥tɔ̃（畜圈）、kʰʊ̥kɜ（蓝、蓝色）、sʊ̥kɜ（斧子、斧头）、ʂu̥tɕɜ（用篦子梳理）、tʰosʊ̥tɐ（变油、沾上油）。

[u] 和 [ʊ] 的清化格式为：

[u] → [u]/C送气，清擦__+C清

此外，复合元音 [ui] 和 [əi] 在清擦音之后出现时，有时起始段元音有清化现象，但情况不稳定。例如：ɸu̥ilɜ（吹、刮风）、sə̥iʁɐ̃（漂亮、美丽、好看、俊美）等。

从以上分析看，非重读音节高元音的弱化主要受到前置辅音的送气特征影响，而后续辅音的闭塞和清音特征是其辅助条件。

（二）展唇化

对比数据库和《东乡语汉语词典》，东乡语高元音 [u] 在唇辅音 [p]、[pʰ]、[m] 为起始，以 [n] 和 [ŋ] 结尾的音节中常常变为 [ɨ]（《东乡语汉语词典》中的 ii 与国

① 右下角汉字表示辅音自然类。

际音标中的 [ɯ] 对应，本次研究认为，[ɯ] 应为 [ɨ]，参见第一章第一节）。数据库中的该类词仍有圆唇特点，但《东乡语汉语词典》记录了该类词 [u] 元音的展唇变体。这种现象在借词中也存在，母语人认可两种读法。表 3–4 为以往学者的记音和本次研究记音对比。

表 3–4　/u/ 的展唇化例词比较

东乡语汉语词典	参数库	词义
banbiin	pɐmpʊ̃	蜂、特指蜜蜂
biinda	puntɐ	扔、抛、丢弃、忘记
biingve	pʊ̃ʁɜ	跳蚤
biinzhu	puntʂʊ	鸟、小鸟、麻雀
banbiinchi	pampuntʂʰʅ	养蜂人
amiin	ʌmʊŋ	糜子、黄米、米
miinhon	munχon	门宦
fiiŋhan	ɸʉŋχɐ̃	疯子

/u/ 的展唇化，只出现于双唇辅音之后，这有可能表明双唇辅音与圆唇元音结合时元音的唇形特征被前置辅音吸收，而后置辅音 [n] 和 [ŋ] 使元音位置前后发生变化，这样的变化不仅出现于非重读音节，也可出现在重读音节。

[u] 的展唇化格式为：

$$[u] \rightarrow [ɨ]/[p，p^h，m]\_\_[n，ŋ]$$

[o] 不像 [u]，没有展唇化，却有双音化。刘照雄在《东乡语简志》[①] 中没有谈到其展唇化特征，但指出 [o] 有明显的复合元音色彩，在唇辅音后，读音接近 [uə]，在其他辅音后接近 [uo]，在 [n] 前读作 [uɐ]。其后，他与马国良合作的论文

① 刘照雄编著：《东乡语简志》，7 页，北京，民族出版社，1981。

《东乡语论集》[①]中观点有所变化，认为在鼻音 [n] 前读音接近 [uɐ]，其他情况下均近似于 [uo]。本次研究发现，在三音节或三音节以上的词中，所有音节均以后元音为内核时，除个别词缀 –wo，–tʂo 外，词内各个位置的 [o] 均失去复合元音色彩，也不出现展唇化现象，例如：oŋqonɔ（呼喊、喊叫、喧嚣、呼啸、喧闹）、noʁɔrɔ（变绿、对绿眼珠的人的戏称）、sɿ̥torɔ（里面）、toʁolɔ̃（跛子、瘸子）、orotsɔ（斋、斋戒）、orɔntɜ（在位置上）。

独立构成音节或在双音节词和单音节词中，词内各个位置的 [o] 均有复合元音特征，音质接近于 [uʌ]，即该元音在后半程失去圆唇特点。此外，先行音节中无 [o] 的情况下，词末音节以 [ŋ] 结尾时，起始段因后置辅音的拉力明显缩短，听感上类似于 [ʌ̃]，例如：kəwoŋ=kuwʌ̃（孩子、男孩儿）、qʊtoŋ=qʊ̥tʌ̃（畜圈）、tuʁoŋ=tʊ̥ʁ̥ʌ̃（锅、瘦）。[o] 在历史上有可能是二合元音，双音节词和单音节词保留其原始特点，在多音节词中，受结构压力，[uʌ] 的后成分拉动前成分的舌位降低，然后消失，成为独立的音位。如果这个假设能够成立，那么这是证明音位分裂过程的一个绝佳个案。

（三）鼻化

东乡语元音鼻化涉及音节末 [n] 和 [ŋ] 前的元音。词末音节末 [n] 前的所有元音均鼻化，词首和词腹音节末 [n] 和 [ŋ] 后出现塞音或塞擦音时，其前面的元音不鼻化，其他情况下均鼻化。例如：ĩʁɐ（辨别、辨识、区别、区分）、olɔ̃（多）、olʊ̃（肚带）、pɜ̃ʁɜ̃（嫂子）、q^hʌ̃（火）、kʊ̃（人、人家、别人）、mʌ̃ləu（前额、额头）、tʌ̃sʊ̃（盐、食盐）、ɐmĩ（生命、性命、命运、运气）、ɛt$ʂ^h$ɛ̃（胸、胸腔、胸脯）等。

[n] 和 [ŋ] 的鼻化格式为：

$$\mathrm{Vn(ŋ)} \rightarrow \mathrm{V_{nasal}Ø}/\begin{Bmatrix} \mathrm{[V]\_ + [ɕ, s, ʂ, l]} \\ \mathrm{[V]\_\#} \end{Bmatrix}$$

① 马国良、刘照雄：《东乡语论集》，3 页，兰州，甘肃民族出版社，1988。

（四）脱落

在东乡语锁南坝土语中词首非重读元音有脱落现象。/u/、/ɐ/ 和 /ə/ 的脱落仅出现在少数例词中，没有普遍性，未发现 [i] 和 [o] 脱落的例词。

/u/、/ə/ 和 /ɐ/ 的脱落主要涉及三音节词，除词首独立构成音节时脱落外。例如：usʊ（水）→ sʊ，unʊʁũ（山羊羔）→ nʊʁũ，ɜsɜ（没、未）→ sɜ，ɐmɐsɐ（口子、底子）→ mɐsɐ。

此外，在复合词或与其他词搭配时，除 [o] 外，前一个词末尾音节（重读）元音与后一个词的首（非重读）元音部位相近或相同时，后词首元音可脱落。例如：niɛ ʌmʌ̃（一口）→ niɜmʌ̃，sukɛlɜ ɛtʂʰʅ（去骂）→ sukɛlɜ tʂʰʅ，niɛ iʁɐ（一碗）→ niɛʁɐ，kiɛtũ utʊ（几天）→ kiɛtu tʊ，poutʂʅ irə → poutʂə（下来）。

从上述分析看，可将元音脱落的条件概括如下：1. 三音节词，词首非重读 [ɐ]，后续音节有重读 [ɐ] 或 [ʌ] 时可脱落；2. 复合词或短语中，前词重读词末元音与后词非重读首元音部位相近或相同时，后词非重读元音可脱落（[o] 除外）。其中也有例外，如 ulɜ 的两个元音发音部位虽然不同，但是 [u] 常常脱落变成 [lɜ]。多音节词、词首非重读位置、部位相同是元音脱落的综合条件。

/u/、/ɐ/ 和 /ə/ 的脱落格式为：

[ɐ] → ø/#__+[ɐ]

[ə] → ø/#__+[ə]

[u] → ø/#__+[u]

（五）复合元音的单化

东乡语中复合元音有单化的趋势，主要涉及非重读位置起始段和结尾段发音部位相近的复合元音，其中 [iə] 向 [e] 靠拢，[əu] 向 [i] 或 [u] 靠拢，[əi] 向 [i] 靠拢。如：piətũ（粗、壮）后接词缀变为 petʊsɐ（嫌粗、嫌壮）；orəu（杏）后接词缀变为 orɪtʰʊ（有杏的、多杏的）；tʊləi（聋子）后接词缀 tʊlirɜ（变聋）。

（六）同化

东乡语元音同化有央化、前化和后化，重读音节中，元音基本以主要变体 [ɐ]、[ɜ]、[ɪ]、[o]、[ʊ] 的形式出现，大多变体出现在非重读音节，/i/ 受到前置辅音 [q]、[qʰ]、[ʁ]、[tʂ]、[tʂʰ]、[ʂ]、[ʐ]、[ts]、[tsʰ]、[s] 的影响向 [ə] 靠拢；/u/ 和 /o/ 受前后辅音 [tɕ]、[tɕʰ]、[ɕ]、[j]、[n]、[l]、[ɾ]、[ɸ] 等的影响前化为 [ʉ]、[ɵ]、[ɞ]；/ə/ 受前后续辅音 [tɕ]、[tɕʰ]、[ɕ]、[j]、[n] 的影响前化为 [ɛ]、[e]、[ɘ]。此外，/ɐ/ 在后浊辅音的影响下经常后化为 [ʌ]。

二、辅音音变

东乡语辅音音变多为同化，发音方法上的变化居多，有清化、擦化、浊化，发音部位上的音变有唇化和后化。

浊音的清化：关于清化现象，布和在《东乡语和蒙古语》中提到"在某些词里 ʁ 与 x 之间有交替现象"①，但何时出现交替，并没有给出条件。本次研究发现，[ʁ] 并不是与 [χ] 交替，而是受邻音影响而清化，即出现在清化元音后时，受前置元音影响而失去浊音特点，变成 [ʁ̥]。让母语人辨音，该辅音无论清浊均不区别意义。例如：sʊ̥ʁ̥ɐ=sʊ̥ʁɐ（使学习），imʊtʰʊ̥ʁ̥ʌ̃=imʊtʰʊ̥ʁʌ̃（这样的、这般的），tʰʊ̥ʁ̥ʌ̃=tʰʊ̥ʁʌ̃（瘦、瘦的）。

[ʁ] 的清化格式为：

[ʁ] → [ʁ̥]/[V̥]+__

塞音、闪音的擦化：借词中的 [p] 在元音后可擦化为 [β]（也是浊化），数据库中仅有 1 例（见第三章辅音音位部分）。借词中的 [tsʰ] 可擦化为 [s]，例如：

① 布和：《东乡语和蒙古语》，42 页，呼和浩特，内蒙古人民出版社，1986。

sʅniu（母牛）、sʊ（醋）。闪音 [ɾ] 在元音 [ʅ] 后擦化为 [ʐ]，例如：ʂʅʐɜ（桌子）、otʂ^{h}ʅʐɐ（旋转、遇到、回旋、斡旋）、tʂɐʐũ（半、一半）。此外 [q] 在元音后也有擦化现象，但没有明显的规律性。

鼻音的唇化和后化：音节末的鼻音 [n]，后接辅音为前辅音时保持不变，后接 [p] 以外后辅音时，后化为 [ŋ]，后接 [p] 时，唇化为 [m]（见第三章辅音音位部分）。

第四节　区别性特征

20 世纪初，布拉格学派代表人物特鲁别茨柯依提出语音对立的“偶分”概念，区别特征理论来源于此。其后，雅克布森和他的学生哈勒在《音位学与语音学的关系》中提出适用于分析一切语音的 12 对区别特征组合。本次研究结合东乡语音系实际，选择了九对“区别特征”。表 3–5 为东乡语语音区别特征矩阵。

一、元音性 / 非元音性

声学特征：前者有明显的共振峰结构，后者则无。

生理特征：前者声源来自于声带振动，后者声源不来自声带振动。

东乡语的所有元音和 [n]、[m]、[l]、[ɾ]、[j]、[w]、[ʁ] 等浊辅音有元音性，其他辅音均有非元音性特征。

二、辅音性 / 非辅音性

声学特征：前者具有在第一共振峰上降低频率的特征，后者则无。

生理特征：前者口腔中有阻塞，后者则无。

东乡语所有辅音均有辅音性特征，所有元音均有非辅音性特征。

三、暂音性 / 延音性

声学特征：暂音开始时能量急骤，前有无声间隙，后有时延较短的能量爆发冲直条；延音的特点是渐进的而不是急骤的爆发，表现为一段连续性的摩擦乱纹。

生理特征：暂音性是声道关闭后突然除阻的过程，延音性却无突然的除阻，而有一段时间的持阻过程。

东乡语中的塞音、塞擦音和闪音有暂音性，其他辅音和元音有延音性。

四、糙音性 / 润音性

声学特征：糙音表现为高强度的噪音，润音表现为较低强度的噪音，语图上糙音表现为高频区能量集中，并逐渐向低频区减弱，润音能量则较为规则。

生理特征：糙音有辅助阻碍，造成发音部位有粗糙边缘效果，润音的阻碍则相对简单。

东乡语的 [tɕ]、[tɕʰ]、[ɕ]、[ts]、[tsʰ]、[s]、[tʂ]、[tʂʰ]、[ʂ] 为糙音，其他元音和辅音为润音。

五、送气 / 不送气

声学特征：塞音和塞擦音的送气表现为除阻后的一段摩擦乱纹，可以用 VOT 的长度测量，其他清音除阻后摩擦一段时间声带随即振动；不送气音除阻后声带随即振动。

生理特征：声腔某一部分成阻，除阻时肺部气压大量冲出的是送气音，相反则是不送气音。

东乡语的 [pʰ]、[tʰ]、[kʰ]、[tɕʰ]、[tsʰ]、[tʂʰ]、[s]、[ʂ]、[ɕ]、[χ]、[h] 为送气音，[p]、[t]、[k]、[tɕ]、[ts]、[tʂ]、[ʁ]、[j]、[w] 为不送气音。

六、鼻音性 / 口音性

声学特征：鼻音有稳定的鼻音共振峰，同时伴随音强的减弱，口音则无此特点。

生理特征：前者有鼻腔的共鸣，后者则无。

东乡语中有 [n]、[ŋ] 和 [m] 3 个鼻音，其他元音和辅音均为口音。

七、集聚性 / 分散性

声学特征：前者能量集中于共振峰中央区域，后者能量分布离共振峰中心区域有一段距离。

生理特征：由收紧点前后的共鸣腔容积的关系所决定，前共鸣腔大则集聚度高，后共鸣腔大则相反。

东乡语元音 [ɐ]、[ə]、[o] 和辅音 [k]、[kʰ]、[χ]、[q]、[qʰ]、[tɕ]、[tɕʰ]、[ɕ]、[tʂ]、[tʂʰ]、[ʂ] 为集聚性音，其他元音和辅音为分散性音。

八、钝音性 / 锐音性

声学特征：钝音在低频区能量集中，锐音在高频区能量集中。

生理特征：前者产生于分隔较少的口腔，后者产生于较小或分隔较多的口腔。

东乡语的元音 [ɐ]、[o]、[u] 和辅音 [p]、[pʰ]、[m]、[ɾ]、[k]、[kʰ]、[q]、[qʰ]、[ʁ]、[χ]、[ɸ]、[w]、[h] 为钝音，其他元辅音为锐音。

九、降音性 / 平音性

声学特征：前者高频区能量减弱或下降，后者相反。

生理特征：前者共鸣腔发生通道狭窄，后者则相对宽。

东乡语中的元音 [o]、[u] 和辅音 [m]、[l]、[tʂ]、[tʂ^{h}]、[ʂ]、[ɾ]、[ʐ]、[w] 等为降音，其他元辅音为平音。

表 3–5　东乡语语音区别特征矩阵

区别特征	元 / 非	辅 / 非	暂 / 延	糙 / 润	送 / 不送	鼻 / 口	聚 / 散	钝 / 锐	降 / 平
ɐ	+	−	−	−		−	+	+	−
ə	+	−	−	−		−	+	−	−
i	+	−	−	−		−	−	−	−
o	+	−	−	−		−	+	+	+
u	+	−	−	−		−	−	+	+
t	−	+	+	−	−	−	−	−	−
t^{h}	−	+	+	−	+	−	−	−	−
ts	−	+	+	+	−	−	−	−	−
ts^{h}	−	+	+	+	+	−	−	−	−
tʂ	−	+	+	+	−	−	+	−	+
tʂ^{h}	−	+	+	+	+	−	+	−	+
s	−	+	−	+	+	−	−	−	−
ʂ	−	+	−	+	+	−	+	−	+
ʐ	+	+	−	−		−	−	+	+
ɾ	+	+	+	−		−	−	+	+
l	+	+	−	−		−	−	−	+
n	+	+	−	−		+	−	−	−
tɕ	−	+	+	+	−	−	+	−	−
tɕ^{h}	−	+	+	+	+	−	+	−	−
ɕ	−	+	−	+	+	−	+	−	−
j	+	+	−	−	+	−	−	−	−
p	−	+	+	−	−	−	−	+	−
p^{h}	−	+	+	−	+	−	−	+	−

续表

区别特征	元 / 非	辅 / 非	暂 / 延	糙 / 润	送 / 不送	鼻 / 口	聚 / 散	钝 / 锐	降 / 平
ɸ	–	+	–	–	+	–	–	+	–
m	+	+	–	–		+	–	+	+
w	+	+	–	–	+	–	–	+	+
k	–	+	+	–	–	–	+	+	–
kʰ	–	+	+	–	+	–	+	+	–
q	–	+	+	–	–	–	+	+	–
qʰ	–	+	+	–	+	–	+	+	–
χ	–	+	–	–	+	–	+	+	–
ʁ	+	+	–	–	+	–	+	+	–
h	–	–	–	–	+	–	+	+	–

小　结

一、元音音位

研究发现，东乡语 20 个声学单元音可归纳为 /ɐ/、/ə/、/i/、/o/、/u/ 5 个基本元音音位和一个借词元音音位 /ɚ/，音位图和元音格局图见图 3–1 和图 3–2。变体可分为位置变体和邻音条件变体，多数变体出现于非重读位置，重读位置元音舌位相对稳定，变体较少。22 个声学复合元音可归纳为 /əi/、/əu/、/ui/、/iɐ/、/iə/、/iu/、/ʊɐ/、/iɔ/ 8 个二合元音音位，和 1 个三合元音音位 /uəi/。

二、辅音音位

1. 东乡语辅音音位变体较少，31 个声学辅音可归纳为 28 个辅音音位，即 8

个塞音音位 /p/、/pʰ/、/t/、/tʰ/、/k/、/kʰ/、/q/、/qʰ/，8 个擦音音位 /s/、/ʂ/、/ʐ/、/ɕ/、/ɸ/、/χ/、/ʁ/、/h/，6 个塞擦音音位 /tʂ/、/tʂʰ/、/tɕ/、/tɕʰ/、/ts/、/tsʰ/，2 个鼻音音位 /n/、/m/，1 个边音音位 /l/，1 个闪音音位 /ɾ/，2 个近音音位 /j/ 和 /w/，其中 /ʐ/、/ts/、/tsʰ/ 为借词音位（见表 3–2）。

2. 辅音自然类首先可分为前辅音和后辅音，前辅音包括硬腭和非硬腭 2 类，后辅音包括软腭、非软腭和喉门 3 类（见图 3–3）。从元音和辅音的互补分布可看出，前辅音一般与前元音和央元音组合，其中硬腭辅音与前元音搭配为主，不与后元音搭配，非硬腭辅音与央元音搭配为主；后辅音一般与央元音和后元音组合，其中，软腭辅音和喉门辅音不与前高元音搭配。

三、音变规律

1. 元音音变包括清化、展唇化、鼻化、脱落、复合元音单化、同化等。

2. 辅音音变包括浊音的清化、塞音的擦化及浊化、闪音的擦化、鼻音的唇化和后化等。

四、区别性特征

东乡语音段音位的区别特征可归纳为九对：元音性 / 非元音性、辅音性 / 非辅音性、暂音性 / 延音性、糙音性 / 润音性、送气 / 不送气、鼻音性 / 口音性、集聚性 / 分散性、钝音性 / 锐音性、降音性 / 平音性。

第四章　超音段特征

超音段特征是相对于音段特征而言的概念，即元音、辅音音质以外的特征。其中声调和重音特征最为常见。超音段的分析一般都要以音节为单位，是较长的一段音的分析。它包括一个音节的音高、音强和音长等特征。[①] 因此本次研究中的超音段特征包括音段组合特征和词内音调，音段组合特征即音节结构、音节组合和元音和谐率，词内音调即词内音长、音高、音强的分布和相互制约模式。

第一节　东乡语的音节

音节是音段或音段组合间的分节，其功能是提升语音区别词形式的能力和层次。元音可以单独构成音节，但元音本身变化手段有限（舌位、唇形、长短、过渡等），因而元音音节的数量和类型也有限；元音被辅音或辅音组合截断成音节，音节结构类型和数量以乘数增长，词形式以音节数、音节结构类型和音节组合相区别的潜力大为增强。词形式（语音）的变化潜力，是词义区别和概念表达的重要前提。因此，音节的研究着重分析音节结构类型、词的音节数、音节组合模式及其变化、重音以及词的平均长度等问题[②]。

① 吴宗济、林茂灿：《实验语音学概要》，261 页，北京，高等教育出版社，1989。
② 宝玉柱、孟和宝音：《现代蒙古语正蓝旗土语音系研究》，北京，民族出版社，2011。

一、音节结构及类型

讨论东乡语音节结构的论著相对较少，但学者们观点基本一致。刘照雄认为东乡语的音节结构包括 Y、YY、YYY、FY、FYY、FYYY、Y+n、YY+n、FY+n、FYY+n 等 10 种类型。[①] 布和认为东乡语音节类型有元音单独构成的音节、元音 + 辅音 n 或 ŋ、辅音 + 元音、辅音 + 元音 + 辅音 n 或 ŋ 等 4 种音节类型，其中元音包括单元音和复合元音 [②]。两位学者的观点基本一致，区别在于是否将复合元音音节看作单独的音节类型。

以 C 代表辅音，V 代表元音，东乡语音节的基本结构为（C）V（C），音节核由元音承担，辅音则起到截断作用，根据不同的元音和辅音的组合产生不同的音节结构和类型，在东乡语中则体现为 V、VC、CV、CVC 4 种基本音节类型。东乡语的元音分为单元音和复合元音，单元音无长短对立，标记为 V，复合元音可分为二合元音和三合元音，以 VV 和 VVV 表示。单辅音标记为 C，由于元音的清化，辅音有形成复辅音的趋势，但在数据库中此类辅音的组合并不紧密，辅音之间可清晰感知到元音的残留（清化后其位置依然保留），因此我们认为复辅音组合尚未形成。东乡语的四种基本音节类型的扩展可概括如下：

V → V、VV

VC → VC

CV → CV、CVV、CVVV

CVC → CVC、CVVC

二、音节特征

表 4–1 为《东乡语语音声学参数数据库》中记录的东乡语音节类型分布模式

① 刘照雄编著：《东乡语简志》，北京，民族出版社，1981。该文中 F 代表辅音，Y 代表元音。

② 布和：《东乡语和蒙古语》，呼和浩特，内蒙古人民出版社，1986。

统计表。

表 4–1　东乡语音节类型分布图

音节类型	单音节词	双音节词		三音节词			四音节词			
		词首音节	词末音节	词首音节	词腹音节	词末音节	词首音节	第二音节	第三音节	词末音节
V	√	√		√			√			
VV	√	√		√						
VC	√	√		√			√			
CV	√	√	√	√	√	√	√	√	√	√
CVV	√	√	√	√	√	√				
CVVV	√	√								
CVC	√	√	√	√	√	√	√	√	√	√
CVVC	√	√	√	√		√				

（一）分布特征

自表 4–1 可以看出，随着音节数的增加，词内结构压力加大，音节类型逐渐减少。单音节词和双音节词音节类型最全，包括 V、VV、VC、CV、CVV、CVVV、CVC、CVVC 等全部 8 种类型。其次是三音节词，音节类型包括除 CVVV 以外的全部音节类型。多音节词音节类型最少，包括 V、VC、CV、CVC 4 种类型。

双音节词词首音节类型较全，词末音节类型数目减少，仅出现 CV、CVV、CVC、CVVC 4 种类型。三音节词词首音节和词末音节类型与双音节词相同，词腹音节中出现 CV、CVV、CVC、CVVC 4 种音节类型。四音节词词首音节类型包括 V、VC、CV、CVC 4 种，词腹音节和词末音节仅出现 CV 和 CVC 2 种音节类型。

从以上分析看，东乡语音节结构比较简单，由于节尾辅音少，大大简化了音节类型。音节类型同词结构关系密切。单音节词和双音节词音节类型最全，三音节词次之，四音节词音节类型最少。音节类型的分布还取决于音节所处位置，词首音节类型最全，词腹和词末音节类型保持一致。以辅音为先行音的音节可出现在词内任何位置，而以元音开头的 V、VV、VC 等音节类型则只出现于词首位置。

（二）音节类型的出现频率

表 4–2　东乡语音节类型出现频率统计表　　单位：次

音节类型	单音节词	多音节词			出现频率
		词首	词腹	词末	
V	4	206	–	–	210
VV	1	22	–	–	23
VC	1	45	–	–	46
CV	70	1258	969	1387	3684
CVV	14	177	38	88	317
CVVV	1	1	–	–	2
CVC	6	163	47	410	626
CVVC	4	6	–	24	34

从表中数据可以看出，东乡语 CV 音节数量最多，出现频率为 3684 次，说明开音节为典型音节；CVC 次之，出现频率为 626 次；其后是 CVV 和 V 音节，出现频率分别为 317 次和 210 次；VC、VV 和 CVVC 音节的出现频率较少，分别为 46 次 23 次和 34 次，CVVV 音节出现次数最少，仅有 2 次，女性发音人的数据中该类型均变为 CVV 类型。东乡语开音节多，势必影响辅音分布，节首辅音远多于节尾辅音。元音开头的音节只出现于单音节词和多音节词词首，而且有的元音有弱化、脱落趋势。东乡语音节结构的简化，将对修辞和韵律产生深刻的影响。

三、音节构词模式

（一）单音节词

表 4–3 为单音节词音节类型构词统计表。数据显示，东乡语单音节词音节类型中 CV 音节构词比例较高，占 38% 左右；其次是 CVC 音节和 CVV 音节，各占 25% 左右；V 音节成词只占 4% 左右。VV、VC 和 CVVV 音节成词比例最低，均仅为 1% 左右，而且数据库中均只有 1 例。该数据与音节类型比例统计显示的结果一致，即单音节构词模式中，开音节仍占据优势，CVC 音节其次。

表 4–3　单音节词音节类型构词统计表

单音节构词	V	VV	VC	CV	CVV	CVVV	CVVC	CVC
个数	4	1	1	39	25	1	5	26
百分比	4%	1%	1%	38%	25%	1%	5%	25%

（二）双音节词

表 4–4 为双音节词的音节组合模式统计表。从表可以看出，东乡语双音节词有 27 种组合模式，其中 CV/CV 类型的组合模式出现频率最高，达 305 次，占双音节词总数的 35%。CV/CVC 组合模式居其次，出现频率为 135 次，占双音节词总数的 15%。再次为 CVV/CV、CVC/CV、V/CV、CV/CVV 等组合，出现频率分别为 80 次、70 次、56 次和 45 次，综合起来占双音节词总数的 29% 左右。其他组合模式出现频率不高，合起来不到总数的 21% 左右。由此可以得出结论，东乡语双音节词典型组合模式为 CV/CV 模式，即开音节组合模式最常见。

表 4–4　双音节词的音节组合模式

单位：次

音节组合	出现频率	音节组合	出现频率
V/CV	56	CVV/CV	80
VC/CVC	7	CVV/CVC	25
VC/CV	11	CVC/CV	70
VC/CVV	1	CV/CV	305
V/CVV	10	CVV/CVV	12
V/CVC	22	CVC/CVC	34
V/CVVC	4	CVVC/CV	4
V/CVVC	4	CVVV/CVC	1
CV/CVC	135	CV/V	5
CV/CVV	45	CVC/CVV	6
VV/CV	4	CV/CVVC	14
VV/CVC	2	CVV/CVVC	8
VV/CVVC	1	V/CVV	1
		VV/CVV	1

（三）三音节词组合模式

表 4–5 为东乡语三音节词音节组合模式统计表。数据显示，三音节词音节组合模式共有 28 中，其中 CV/CV/CV 组合模式（开音节）仍占优势，出现频率为 607 次，占三音节词总数的 60%。比双音节词多出 30% 左右，其他组合模式比例下降，CV/CV/CVC 组合模式居次，出现频率为 106 次，占总数的 11%，CVV/CV/CV、V/CV/CV、CVC/CV/CV、CV/CVC/CV 等模式出现频率居第三，占三音节词总数的 17%。其他组合模式总和仅占总数额的 12%。由此可以得知，随着音节数的增加，音节结构内部产生压力，音素的平均长度明显缩短，使结构内部薄弱环节产生弱化或脱落。如：复合元音结尾的双音节词缀接附加成分时，复合元音单化；鼻音结尾的词缀接附加成分时，鼻音脱落等便是该现象的体现。

表 4–5 三音节词的音节组合模式 单位：次

音节组合	出现频率	音节组合	出现频率
VC/CV/CV	17	CVV/CV/CV	60
VC/CV/CVC	5	CV/CVC/CV	28
VC/CVV/CV	3	CV/CV/CVC	106
V/CV/CV	55	CVV/CV/CVC	12
V/CVC/CV	6	CVC/CV/CVC	7
V/CV/CVV	1	CVC/CVC/CV	1
V/CV/CVC	19	CVC/CV/CV	33
V/CVC/CVV	1	CVV/CVC/CV	2
VV/CV/CVC	2	CV/CVC/CVV	1
VV/CV/CV	7	CV/CVV/CVC	2
VV/CVC/CV	1	CV/CV/CVV	10
CV/CVV/CV	2	CV/CVV/CV	11
CV/CV/CV	607	CV/CV/V	1
CV/CV/CVVC	1	CVVC/CV/CV	8

（四）四音节词

表 4–6 显示，东乡语四音节词有 10 种组合模式，其中 CV/CV/CV/CV 模式的出现频率最高，达 79 次，占四音节词总数的 60% 左右。其次是 V/CV/CV/CV 组合，出现频率为 20 次，占总数的 15%。其他音节组合总和仅占总数的 25%。

表 4–6 四音节词的音节组合模式 单位：次

音节组合	出现频率	音节组合	出现频率
VC/CV/CV/CVC	2	CV/CV/CV/CV	79
V/CV/CV/CV	20	CV/CV/CV/CVC	7
V/CV/CV/CVC	8	CVC/CV/CV/CV	6
VC/CV/CV/CV	4	CVV/CV/CV/CV	1
VC/CV/CVC/CV	3	VC/CV/CV/CVC	1

可以看出，随着音节数的增加，东乡语音节组合趋于单一化，即倾向于以CV音节为主的开音节化。复合元音音节在单音节词和双音节词中仍占有一定比例，到三音节词，由于二合元音的单音化（尤其在词腹音节），数目骤减，到四音节词中复合元音音节已彻底消失不见。揭示复合元音及复合元音音节同构词音节数之间的关系，是本次研究的一项重要成果。

第二节　东乡语词重音

关于东乡语的重音问题，学界意见比较一致。刘照雄认为，东乡语的词重音大多落在词末音节，并且在某些词中又有区别意义的作用。[①] 布和在此基础上进一步说明，词根或词干缀接附加成分时，重音随着音节的增加而后移[②]。那森柏（那顺巴雅尔）对东乡语的词重音进行了详细的研究，结论可概括如下：1. 东乡语重音属于力度重音（音势重音）。2. 词重音主要落在词末音节上，但有些词重音的落点特殊——在非词末音节上。3. 个别情况下有重音移位现象。4. 少数重音有区别语义的作用。5. 构型词缀上基本没有重音。[③] 此外，呼司乐土的实验语言学研究结论与刘照雄和布和的观点一致，认为词重音位于词末音节，且随着音节数的增加而向后移动。本次研究对《东乡语语音声学参数数据库》的双音节词、三音节词、四音节词的音长、音强、音高加以分析，在此基础上描写东乡语的重音性质、功能和位置。

一、重音的位置

表 4–7 是东乡语音强、音高峰值和音长落点统计表。

① 刘照雄：《东乡语简志》，北京，民族出版社，1981。
② 布和：《东乡语和蒙古语》，呼和浩特，内蒙古人民出版社，1986。
③ 那顺巴雅尔：《东乡语概要》，呼和浩特，内蒙古师范大学出版社，1976。

表 4–7　音强、音高峰值和音长落点统计表

韵律词	音节位置	音强		音高		音长		总数
		次数	百分比	次数	百分比	次数	百分比	
双音节词	词首音节	184	22.5	60	7.3	5	0.6	819
	词末音节	635	77.5	759	92.7	814	99.4	
三音节词	词首音节	92	10.2	7	0.8	1	0.1	903
	词腹音节	214	23.7	68	7.5	0	0	
	词末音节	597	66.1	828	91.7	902	99.9	
四音节词	词首音节	2	1.5	0	0	0	0	134
	第二音节	14	10.4	0	0	0	0	
	第三音节	40	29.9	13	9.7	0	0	
	词末音节	78	58.2	121	90.3	134	100	

从表 4–7 可以看出，东乡语双音节词音强峰值主要落点在词末音节，比例为 77.5%，词首音节仅占 22.5%；三音节词中音强峰值主要落点依然为词末音节，比例为 66.1%，词腹音节次之，比例为 23.7%，词首音节落点最少，比例为 10.2%；四音节词类似，词末音节音强落点占一半以上，比例为 58.2%，第三音节占总数的 29.9%，第二音节占总数的 10.4%，词首音节仅占总数的 1.5%。数据显示，东乡语音强峰值的典型位置为词末音节，随着音节数的增加，音强峰值的落点排序被打乱，从双音节词至多音节词比例依次递减，但词末位置依然保持音强优势。

从音高落点看，双音节词词首音节只占总数的 7.3%，词末音节音高峰值占总数的 92.7%；三音节词中，词首音节音高峰值占 0.8%，词腹音节占 7.5%，词末音节占 91.7%；四音节词中，音高峰值在词首和第二音节中并未出现，第三音节占 9.7%，第四音节占 90.3%。

从音长分布看，双音节词词首音节占总数的 0.6%，词末音节占总数的 99.4%；三音节词词首音节占总数的 0.1%，词末音节占总数的 99.9%，词腹音节并未出现；四音节词词末音节时延占绝对优势，占总数的 100%。从以上分析可以得知，东乡语音强、音高、音长的主要落点为词末音节，词末音节为东乡语重音的标准位置。

东乡语重音大多在词末音节，缀接附加成分时重音向后移动。但也有向前移动的情况，以下分固有词词干、固有派生词、复合词和借词等几个方面进行分析。

借词包括突厥语、阿拉伯语、波斯语、汉语和少量的藏语词汇。阿拉伯语和波斯语借词主要涉及宗教词汇，生活用词较少，从数据库采集的少量使用频率较高的词汇看，其重音并不固定在词末音节，规律性较差。突厥语和藏语借词的重音与固有词一致，均出现在词末音节。汉语借词出现频率最高，数据库收词有139条，占词条总数的7%左右，均为日常用词，遵循东乡语音变规则，但重音位置规律性不明显，有时有区别词义的作用，重音的移位与所处汉语方言区的声调关系密切，在此不多做讨论。

固有词词干中重音一般落在词末音节，但有些情况下重音前移。如 'pɐsʅ（老虎）、'posʅ（布、布料）、kə'wosʅ（孩子、儿童）、fu̥'kɛsʅ（长辈、双亲）、kɛ'lɛsʅ（说法、传言、消息）、ʒ'məsʅ（女人）、ʒ'ɾɜsʅ（男人）等名词。东乡语极少有 [sʅ] 音节结尾的名词，从数据库和《东乡语汉语词典》中筛选出的以该音节结尾的名词，重音均有前移现象。东乡语的部分 [sʅ] 来源于蒙古语族语言的复数附加成分 -s，但在东乡语中该成分的语法意义已经消失，表示复数用 [lɐ] 或 [sʅlɐ]，当缀接 [sʅlɐ] 时，重音向后移动。看来，-sʅ 是一个轻读音节，先涉及复数词尾，当复数词尾向构词成分转化时，类推到其他此类音节。

此外，部分亲属名词的重音也有向前移动的现象，如 'ʌχʊ（姑父）、'ɐpɐ（叔叔）、'ɐjɛ（爷爷）等。常带有感情色彩的代词和副词重音均在第一音节出现，例如: 'muni（刚刚、刚才、才、刚好、刚够、刚达到）、'munɪʁʌ̃（刚才）、o'tuni（这么多、这么些）、tʰo'tuni（那么些、那么多）。动词词干中只有 'iŋkɜ 和 'tɕʰiŋkɜ 两个词重音前移。部分感叹词、拟声词和儿童用语中也有重音前移的现象，只是我们的数据库中未采集到该类词汇。这些特殊词汇的重音移动规律，还有待深入研究。

绝大多数派生词重音均后移至词末音节，但也有例外。从数据库中的韵律词看，词根缀接名词凭借格 -qəlɐ 时，重音不后移。例如：mu'tʊŋqəlɐ（用木头）、

tʰɐ'ʂʅqɐlɐ]（用石头）、'qʌŋqɐlɐ（用手，用火）。词根缀接将来时或现在时动词词缀、陈述式动词缀接 –nɜ 时，重音不后移。例如：i'rɜnɜ（要来）、kʰʊ'rʊnɜ（要到、达到、有……欲望）、u'tʂɜnɜ（要看、看护、照料）。词根缀接祈使式动词词缀 –kɜ 时，重音不后移。例如：u'tʂɜkɜ（看呗）、o'tʂʰʅkiɜ（喝呗）、mɐ'tɐkiɜ（忘记呗）。词根缀接副动词词缀 –tɜ 或 –tɜnɜ 时，重音不后移。例如：sɐ'ʁəitɜnɜ（等了、守了）、wɐ'tʂʅtɜnɜ（挠了）、pʉn'tɐtɜnɜ（扔了、抛了）。代词缀接不明代词词缀 –mɐ 时，重音不后移。例如：'jɐmɐ（无论什么、什么都、无论怎样、怎么、怎样）、mɐ'tʊmɐ（无论如何、一定要）、'kɛnmɐ（无论谁、不管是谁）、kɛ'tɕɜmɐ（无论何时、不管什么时候）。可见，东乡语重音是词汇单位临界现象，后接构形成分，并不能拉动重音后移，或出现摇摆现象。

东乡语词重音在固有词中没有区别意义的功能，但有区别词界的作用。如果复合词词化不彻底，音强和音高一般移动至前一个词的词末音节。例如：kɐ'jitɕəu（兄弟）、quɐ'riɸɐ（三次）、'nietʊ（一天）、'kɐqʊrʊ̃（小拇指）。

二、借词的重音位置

东乡语借词中汉语借词占绝大多数。日常用语中，有些汉语借词已经与固有词不分彼此，而这些借词重音的前后移动，则打破了东乡语固有词重音后置规律。本次研究从汉语借词以及《东乡语汉语词典》中选择常用的 750 个双音节词进行观察，发现东乡语借词重音位置和汉语的声调有一定的关联（汉语声调以临夏口音为标准）。表 4–8 为不同声调组合的借词重音位置表。

表 4–8　汉语借词重音统计表

单位：次

第一音节	第二音节	重音前	重音后	合计	比例
平	平	73	70	143	1 : 1
	上	39	19	58	2 : 1
	去	40	165	205	1 : 4

续表

第一音节	第二音节	重音前	重音后	合计	比例
上	平	6	66	72	1∶11
	上	2	16	18	1∶8
	去	3	84	87	1∶28
去	平	43	12	55	4∶1
	上	24	3	27	8∶1
	去	54	31	85	1.8∶1
合计		284	466	750	1∶2

从数据可以看出，东乡语汉语借词的重音倾向于落在去声音节上，其次为平生，最后是上声。如果前后音节声调相同，平声调前后音节重音各占一半，两个上声调，重音基本落在后一个音节，两个去声调，则重音倾向于落前一个音节。当然，借词重音规律还受借词本民族化程度的影响。

三、重音的性质

（一）音长分布模式

东乡语重音是一种“习惯”性重音，并无区别意义的作用，元音也没有长短对立，但词内元音音长的分布规律极其明显，即音长从词末向词首音节依次递减（见图 4–1）。

东乡语词内元音音长取决于几个因素。（1）词末音节元音最长，原因在于重读位置和词末开音节的延音性；（2）非重读音节的元音音长（三音节或四音节词内的）首先取决于元音固有音长比例；（3）非重读音节元音除受到元音固有音长的影响外还受所处位置影响，即一般情况下相同元音中离重音位置相近的元音长；（4）音节个数是影响元音音长的另一个因素，即随着音节结构的增加，词内结构产生压力导致元音音长缩短；（5）当音高出现于非词末位置时，该音节元音时延延长，接近于词末音节元音长度，可见音高与音长有一定的连带关系。

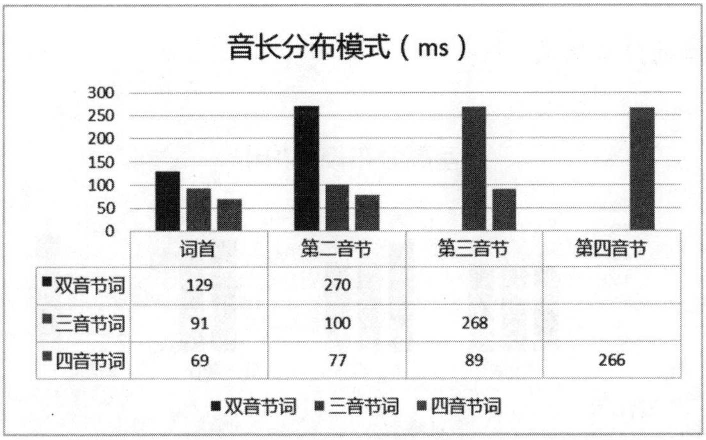

图 4–1　双音节、三音节和四音节词音长分布模式图

（二）音强分布模式

元音音强分布模式类似于音长的分布，其数值同样从词末音节向词首音节递减（见图 4–2），说明词内位置是影响音强强弱的首要因素。

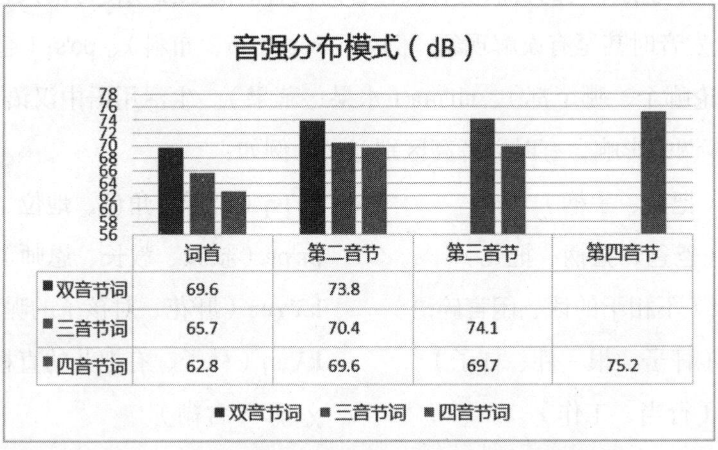

图 4–2　双音节、三音节和四音节词音强分布模式图

音强分布还受元音固有音强的影响，即低元音强于中元音，中元音强于高元音。音节个数对元音音强的影响较小。

（三）音高分布模式

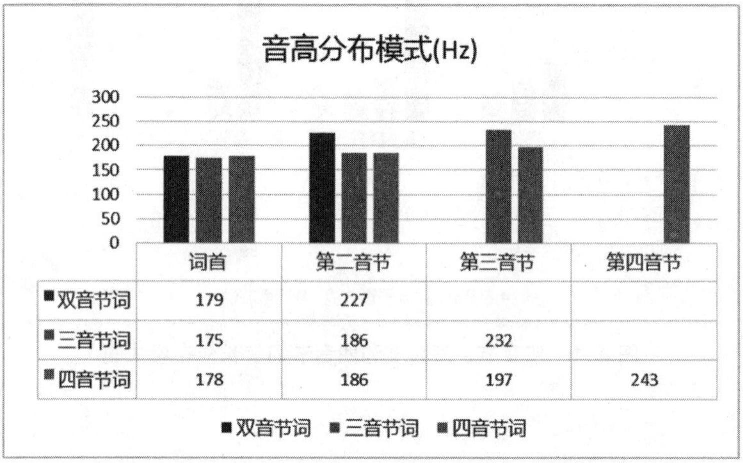

图 4–3　双音节、三音节和四音节词音高分布模式图

从图 4–3 可以看出，东乡语音高落点均在词末音节，词末和其他音节之间的差异明显且稳定，但某些情况下音高峰值的落点也有前移现象。在固有词中，音高峰值的移动与韵律词的自然度有关，音高位置的随意挪动使母语人感觉“不自然”，独立发音时甚至有误解现象。例如：'posɿ（布，布料）、po'sɿ（起，起来）、ɐ'limɐ（无论哪个、哪个都）、ɐli'mɐ（水果、苹果）。生活用语中汉语借词最多，受到汉语声调的影响，有时以音高区别意义。例如：

'pɐtsɿ（把儿、手柄）　　pɐ'tsɿ（靶子、角色、地位、位置）
'pɐpɐ（爸爸、把柄、把儿）　　pɐ'pɐ（叔叔、教长、恩师）
'kɐ̃χuɐ（不相干的话、闲言碎语）　　kɐ̃'χuɐ（肝花、对孩子的昵称）
'kɐ̃tsɿ（杆子、根、件、杠子）　　kɐ̃'tsɿ（秆子、有把儿的直杯子）
'χɐ̃χʊ（行当、工作）　　χɐ̃'χʊ（含糊）

总体上，东乡语音长落点受到位置、固有音长和音节个数的影响。音高位于词末音节，词末位置元音最长，在少数音高前移的例词中，音长随音高前移和延长。音高与音长有连带关系。音强不同于音长，首先制约音强的因素是位置条件，其次为固有音强，再次为音节个数。音高峰值的落点在固有词中基本固定在词末音节，借词有例外。音高落点直接影响韵律词的自然度和部分词汇（主要为汉语借词）的理解，东乡语的重音位置音高、音长、音强结合的较为紧密，鉴于落点的稳定性和影响韵律词自然度的情况，我们认为东乡语词重音是以音高为主要特征的重音。

第三节　东乡语元音和谐

元音和谐是一个韵律词内元音之间的相互搭配关系，即具有某些共性的元音在一个词内共同出现的规律。关于东乡语的元音和谐，学界观点主要有两点。第一个观点认为东乡语存在元音和谐现象。清格尔泰认为，东乡语的元音 [ɑ]（对应本次研究的 /ɐ/）为阳性元音，[o] 和 [ə]（对应本次研究的 /o/ 和 /ɛ/）为阴性元音，[i] 和 [u] 为中性元音。[①] 那森柏则认为 [ɐ] 和 [o] 为阳性元音，[ə] 为阴性元音，[i] 和 [u] 为中性元音。[②] 与之相反的是第二种观点，刘照雄认为东乡语有一些元音和谐的残留现象外，不存在元音和谐律[③]。其后，布和对东乡语的元音进行了详尽的研究，在分析 610 个固有词的基础上得出结论，认为东乡语仅有局部性的元音和谐，带有残存性质。部分派生词和固有非派生词词干内元音和谐较为明显，而构形附加成分及借词词根内基本上不存在元音和谐。布和将元音分为阳性、阴性和中性 3 类，阳性包括 [ɑ]、[ɯ]（/ɨ/）、[ɑi]（/əi/）、[ɑu]（/əu/）、[uɑ]、[uɑi]；

① 清格尔泰:《中国境内蒙古语族语言及蒙古语方言概况》，载《蒙古语文》（蒙文），1978（3）。
② 那森柏:《东乡文读本》，1980。
③ 刘照雄:《东乡语简志》，北京，民族出版社，1981。

阴性元音包括 [ə]、[o]、[iə]、[iɑu（/əu/）]；中性元音包括 [i]、[u]、[əi]、[ui]、[əu]。自此以后的包萨仁和金双龙等学者均持此观点。本文以实验数据对东乡语元音和谐律进行进一步的探讨。

实验数据显示，东乡语绝大多数构形附加成分没有变体，音质稳定，这也是学者们认为东乡语不存在元音和谐的基本依据。为了客观地观察东乡语元音和谐状况，我们从数据库中选取 785 个词干进行实验，选取的所有词汇均为固有词，其中包括少量的词干部分不可单独使用的派生词，如 oŋqonɔ（呼喊、喊叫、喧嚣、呼啸）、pʊt^{h}ʊrɐ（尘土飞扬、飞奔）、sʅ̥tɨrɐ（燃烧、着火）等。

一、双音节词元音搭配

/ɐ/：词末音节中出现单元音 ɐ（71）、ə（1）、i（33）、o（1）、u（33），复合元音出现 əi（9）、əu（4）、iə（1）、ui（1）。其中同部位元音即 ɐ 出现频率最高，占 46%，其次为高元音 i 和 u，所占比例同样为 21%，ə 和 o 各出现一例。例如：jɐlɜ(为什么、为何)、hɐrɔ̃(十)、ɐrɐŋ(河滩、河床、河)、nɐrɐŋ(太阳)、q^{h}ɐnɐ（咳嗽）、ɐmĩ（生命、命运）、ɐrʊ̃（干净、晴朗）、ɐʊi（宽）、tʂʌŋqəi（吞、咽）、ɐrəu（背筐）、ɐtɕiɜ（姐姐）。

/ə/：词末音节中出现单元音 ə（23）、i（12）、o（3）、u（4），复合元音出现 əi（2）、əu（3）、iə（9）。其中同部位元音即 ə 占 42%，其次为 i 和 u，各占 21%，o 仅出现一例，ɐ 则没有出现。例如：tɕɜrɔ̃（四）、ənə（这、这个）、ətʂɜ̃（主人，特指胡大）、əʁəi（山崖、断崖、土坎）、ɸərəu（发旋）、ətʂ^{h}ʅ（去）、ɜŋkiɜ（衣襟）、mətʊ̃（裤子）。

/i/：词末音节中出现单元音 ɐ（25）、ə（13）、i（14）、o（2）、u（4），复合元音出现 əi（3）、əu（3）、iə（5）。在该元音之后，ɐ、ə、i 3 个元音的出现频率较高，分别占 36%、19% 和 20%，而双唇元音 o 和 u 的出现频率明显下降，只占 9%。例如：iʁɐ（碗）、imʌ̃（山羊）、miʁɐ（肉）、tʂʅʁɔ̃（六）、irɜ（来、过来）、tʂ^{h}ʅ̥tʂə（花）、tʂ^{h}ʅ̥qəi（塞、填、吃）、q^{h}ɨrəu（霜）、pipi（笛子）、

nink^hiɜ̃（薄）。

/o/：词末音节中出现 ɐ（2）、ə（13）、i（17）、o（20）、u（27），复合元音出现 əi（11）、əu（7）、iə（6）。数据显示，o 后出现的元音均较为平均（除 ɐ 外），ə、i、o、u 的所占比分别为 13%、17%、19%、26%。ɐ 仅出现一例。例如：kotʂ^hɐ（犄角）、sojə（毒牙）、orə（疼爱、胃）、oʁəi（天亮、黎明）、qoləi（喉咙）、qotʂ^həu（槽、料槽）、orəu（杏）、osʅ（生长）、kontɕiɜ（冻）、qolo（远）、osʊ̃（草）。

/u/：词末音节中出现 ɐ（37）、ə（12）、i（11）、o（3）、u（54），复合元音出现，əi（5）、əu（3）、iə（4）。同部位元音，即 u 的出现频率较高，所占比例为 42%，其次为后低元音 ɐ，所占比例为 29%，ə 和 i 占比接近，均为 9% 左右。例如：q^hʊ̥tɔ̃（畜圈）、su̥qo（瞎子）、pulɐ（泉、埋）、tʂuʁɜ（心、心脏）、musʅ（穿、飞）、nutʊ̃（眼睛）、quʁəi（虫子）、qʊtəu（井、水窖）、t^huliɜ（烧、生火、发烧、烫、辣、农作物过多而损伤庄稼）。

/əu/：词末音节中出现 ɐ（5）、ə（1）、i（4）、o（0）、u（0），复合元音出现 əi（2）、əu（1）、iə（1），所有元音出现频率较为平均。例如：pəutəi（小麦、麦子）、ɕəʊʁɜ（耳环）、ɕəutɕiɜ（影子、荫）、təulɐ（唱）、t^həuməu（榔头）、təurɐ（下、下面、底下）、tʂəʊtɕĩ（梦）、t^həuləi（兔子）。

/əi/：词末音节中出现 ɐ（9）、ə（0）、i（2）、o（0）、u（0），复合元音出现 əu（0）、iə（3）。后元音出现频率较高，所占比例为 86%，其他为 i，占 14% 左右。例如：nəit^hɐ（打喷嚏）、məilɐ（小、小气）、t^həitʂəu（理发师、理发员）、tʂəitʌ̃（不架马鞍地骑）、ləiliɜ（混合、相合、结合）、nəirɐ（合适、得体、妥帖、和睦、安装、安放、指定给、取名）。

/iə/：词末音节中出现 ɐ（0）、ə（4）、i（3）、o（0）、u（4），复合元音则出现 əi（2）、əu（1）、iə（1）。其中 ɐ、o 未出现，其他元音出现频率较为平均，例如：niənpɜ（盖，披）、piətʂ^hʅ（猴子）、piətʊ̃（粗，壮）、piəri（妻子，已婚妇女）、kiəʁʊ̃（公鸡）、kiərʊ（山阴、阴面、走过、过去、越过、超过、赛过、优于）、miənku（银、银子）。

/ui/: 词末音节中出现 ɐ（4）、ə（3）、i（1）、o（0）、u（0），复合元音出现 iə（2）。未出现唇元音，其他元音所占比例相对接近。例如：uilɐ（哭）、uiliɜ（事情、工作、事端）、uitʰʌ̃（窄、狭窄）、kʰuitʂʰə（追上、赶上）、uitɕiɜ̃（门）。

/uɐ/: 词末音节中出现 ɐ（2），未出现其他元音。例如：qʊɐlɐ（两个一起）、qʊɐtɐ（老二）。

从双音节词的分析中可以看出，东乡语固有词词干部分的元音和谐比较清晰，即 ɐ 和 ə、o 不在同一个词内出现，高元音 i 和 u 可同任何元音共处于一个词中。而 ə 和 o 的情况也不同，这两个元音虽然可以出现在同一个词，但是 o 后可以出现 ə，而 ə 后则基本不出现 o，复合元音中 əi、əu、ui 可与任何元音同处一词，iə 主要与 ə、o 共处一词，uɐ 主要与 ɐ 共处一词。iu、iɐ 和 uəi 只出现在单音节词中，因此并未计入统计。

ɐ 和 o 共处一词的例外为 hɐrɔ̃（十）；ə 后出现 o 例外为 tɕərɔ̃（四）。

二、三音节词元音搭配

/ɐ/: 词腹音节出现 ɐ（43）、ə（3）、i（12）、o（0）、u（25），未出现复合元音。词末音节出现 ɐ（50）、ə（0）、i（6）、o（0）、u（24），复合元音出现 əi（2）、əu（1）。例如：ɐtɐlɐ（去势、骗）、nɐmʉrɐ（安静、平静、病痛缓解）、qʰʌwitʰʊ（肿、起包）、qɐtɐsɔ̃（钉子）、kɐtʊrəi（矮子、小矬子）、mɐʁɐlɐ（帽子）、sɐmʊsɐ（蒜）、tʂɐtʂʊlʊ（嚼）、ɐləmɐ（窑洞）。

/ɜ/: 词腹音节出现 ɐ（0）、ə（11）、i（0）、o（0）、u（0），未出现复合元音，词末音节出现 ɐ（0）、ə（2）、i（4）、o（0）、u（3），复合元音出现 əi（2）。例如：əntəʁəi（蛋）、tʂəʁərə（讨厌、厌恶）、pɜntʂəʊ（呕吐物）、ʒɜʁəsɔ̃（刺、荆棘、长刺的树丛）、ʒɜʁɜtʂʰʅ（姐姐）、hɜŋkəri（跌倒、摔跤、滚落、球状物密布）、hɜpʒɜʁəi（蝴蝶）。

/i/: 词腹音节出现 ɐ（9）、ə（4）、i（7）、o（1）、u（4），未出现复合元音。词末音节出现 ɐ（9）、ə（4）、i（1）、o（2）、u（8），复合元音出现 əu（2）。

例如：sʅ̥toro（里面）、qɨmʊsʊ̃（指甲、蹄子）、qʰɨ̥ʂʅ̥ʁəu（梯子）、sʅ̥tɐsʊ̃［筋、脉、死鬼（骂人的话）］、ɕinetʊ̃（笑的欲望）、tʂʰʅ̥qɐrɐ（紧、牢、忙、时间紧、快、快点儿、赶紧）、tʂʅnɐɚ（后天）、tɕʰimʊtʰʊ（那样的）、kʰitʂ̥əsʊ̃（肠子）、pʰi̥ɕerɜ（相信，信服）、ʂʅ̥tʂɜrəu（害羞感、羞耻、羞耻心）。

/o/：词腹音节出现 ɐ（0）、ə（5）、i（4）、o（13）、u（2），未出现复合元音。词末音节出现 ɐ（2）、ə（1）、i（5）、o（4）、u（9），复合元音出现 əi（2）。例如：oletʂʰʅ̃（孤儿）、oŋqonɔ（喊叫、叫、喧嚣）、olʊntəi（马褂）、otʰolʊ（柱，拐柱）、otɕiʁɜ̃（稠、密）、otolʊ（割）、noʁɔsʊ̃（绵羊毛）、qʰorilʌ̃（二十左右、二十岁左右）、kʰolesʊ̃（汗）、kʰomorʊ（扣、倒扣）、toʁɔlɔ̃（瘸子）。

/u/：词腹音节出现 ɐ（17）、ə（13）、i（7）、o（2）、u（25），未出现复合元音。词末音节出现 ɐ（19）、ə（11）、i（9）、o（1）、u（19），复合元音出现 əi（4）、əu（1）。例如：qʰʊ̥tʊʁɔ（刀）、mʊʁʊtəu（捻线的工具）、hʊmʊʁəi（臭）、qʊtɐʁəi（亲家母）、unɐʁʌ̃（驴驹）、untɐsʊ（线）、utʊkʰʊŋ（午饭）、utɕeʂʅ（傍晚）、mʊʂʅ̥ʁəi（拧、旋、绞）、mʊtʊrɜ（脱落、掉落、凋零）。

/əu/：词腹音节出现 ɐ（1），复合元音出现 iə（1）。词末音节出现 ə（1）、u（1）。例如：ɕəutʰʊlɜ（跪）、ʂ̥əutɕerʊ̃（露水）。

/əi/：后仅出现一个词，词腹音节元音为 ə，词末音节元音为 u。例词为 nəitɕetʰʊ（淋湿、打湿）。

/iə/：仅出现 2 个词，词腹出现 ə（1），词末出现 ə（1）、əi（1）。例词为 kiəmɜrɜ（跪）、kiətʂ̥ɜʁəi（后脑勺）。

/ui/：仅出现 3 个词，词腹出现 ɐ（2）、ə（1），词末出现 i（1）、u（2）。例词为 uilɐʁʊ（好哭的、爱哭的）、uilɐtʊŋ（哭的欲望）、quiʁəli（鹞子）。

三音节词的元音搭配情况同双音节词基本一致，即高元音可同所有元音搭配，中元音可与高元音和中元音搭配，低元音和高元音以及同部位元音搭配。

基此我们认为，东乡语的元音和谐仅限于固有词词干部分，是基于舌位高低不同的元音搭配关系，其中，中元音和低元音相互排斥，高元音则同中、低元音兼类搭配。按传统术语，单元音中，阳性元音为 ɐ，阴性元音为 ə 和 o，i 和 u 为中性元音。复合元音的和谐由复合元音后一成分的性质决定，uɐ 和 iɐ 为阳性元音，iə 为阴性元音，əu、əi、ui、iu、uəi 为中性元音。

小　结

一、东乡语的音节

1. 东乡语音节类型包括 V、VC、CV、CVC 等 4 个基本类型，基本类型又有 4 个扩展类型，共 8 个音节类型。其中 CV 类型音节为典型音节，其次是 CVC 音节。

2. 东乡语音节模式以 CV 音节的组合居多，随着音节数的增加，不仅音节类型逐渐减少，音节组合模式也趋于单化。

二、东乡语词重音

1. 东乡语大多数词的重音处于词末音节，部分以 [sɿ] 结尾的名词、部分代词、部分亲属称谓名词的重音不在词末音节。词后接凭借格 -qəlɐ、动词缀接 -nɜ、祈使式动词词缀 -kɜ、副动词词缀 -tɜ 或 -tɜnɜ、不明代词词缀 -mɐ 时，重音不后移。此外，部分词化不彻底的复合词词重音依然处于前一个词的词末音节处。

2. 东乡语汉语借词重音位置不固定，其重音位置的移动与当地汉语方言口音的声调密切相关。经统计，东乡语汉语借词的重音倾向是去声 > 平声 > 上声。如果前后音节声调相同，平声调前后音节重音各占一半，两个上声调，重音基本落在后一个音节，两个去声调，则重音倾向于落前一个音节。此外，借词重音规律还受借词本民族化程度的影响。

3. 东乡语的重音位置音高、音长、音强结合的较为紧密，鉴于落点的稳定性和影响韵律词自然度的情况，我们认为东乡语词重音是以音高为主要特征的重音。

三、元音和谐

东乡语元音和谐仅存于固有词词干部分，是舌位高低不同元音的相互搭配关系，阳性元音为 ɐ，阴性元音为 ə 和 o，i 和 u 为中性元音。复合元音的和谐由复合元音后一成分的性质决定，uɐ 和 iɐ 为阳性元音，iə 为阴性元音，əu、əi、ui、iu、uəi 为中性元音。

总结与展望

第一节　总　结

一、元音音位

东乡语元音有 /ɐ/、/ə/、/i/、/o/、/u/ 5 个固有词音位和 1 个借词音位 /ɚ/，复合元音有 /əi/、/əu/、/ui/、/iɐ/、/iə/、/iu/、/ʊɐ/、/iɔ/ 8 个二合元音音位和 1 个三合元音音位 /uəi/。

部分音位因位置和邻音的不同分若干变体，音变规则如下。

（一）单元音变体格式

/ɐ/ 的变体格式为：

$$[\text{ɐ}]/\left\{\begin{array}{c}\#\ \ \_\_+<\text{p}, \text{p}^{\text{h}}, \text{m}, \text{k}^{\text{h}}, \text{q}, \text{q}^{\text{h}}, \text{ʁ}, \text{w}> \\ \_\_+<\text{w}, \text{ʁ}> \\ \_\_\text{n}\end{array}\right\}$$

$$[\text{ʌ}]/\left\{\begin{array}{c}\#\_\_+[\text{p}, \text{p}^{\text{h}}, \text{m}, \text{k}^{\text{h}}, \text{q}, \text{q}^{\text{h}}, \text{ʁ}, \text{w}] \\ \_\_+[\text{w}, \text{ʁ}] \\ \_\_\text{ŋ}\end{array}\right\}$$

/ə/ 的变体格式为：

$$[\text{ɜ}]/\left\{\begin{array}{c}\#\_\_+<\text{tɕ},\text{tɕ}^{h},\text{ɕ},\text{j},\text{n},\text{l},\text{ɾ}>\\ <\text{tɕ},\text{tɕ}^{h},\text{ɕ},\text{j},\text{k},\text{k}^{h},\text{n},\text{t}>\_\_\ +<\text{n、l、ɾ、tʂ、tʂ}^{h}\text{、ʂ、t}>\\ \_\_\text{ŋ}\\ \_\_\#\end{array}\right\}$$

$$[\text{ɛ}]/\left\{\begin{array}{c}\#\_\_+[\text{tɕ},\text{tɕ}^{h},\text{ɕ},\text{j},\text{n},\text{l},\text{ɾ}]\\ [\text{tɕ},\text{tɕ}^{h},\text{ɕ},\text{j},\text{k},\text{k}^{h},\text{n},\text{t}]\_\_+[\text{n、l、ɾ、tʂ、tʂ}^{h}\text{、ʂ、t}]\\ \_\_\text{n}\end{array}\right\}$$

/i/ 的变体格式为：

$$[\text{i}]/\#\_\_$$

$$[\text{ɪ}]/\left\{\begin{array}{c}\text{C}\_\_\\ \_\_\#\end{array}\right\}$$

$$[\text{ʅ}]/[\text{tʂ},\ \text{tʂ}^{h},\ \text{ʂ},\ \text{ʐ}]\_\_$$

$$[\text{ɿ}]/[\text{ts},\ \text{ts}^{h},\ \text{s}]\_\_$$

$$[\text{ɨ}]/[\text{q},\ \text{q}^{h},\ \text{t}^{h},\ \text{t}]\_\_$$

/o/ 的变体格式为：

$$[\text{o}]/\left\{\begin{array}{c}\#\_\_\\ <\text{o}>+\_\_\\ <o>+\_\#\end{array}\right\}$$

$$[\text{ɔ}]/\left\{\begin{array}{c}[\text{o}]+\_\_+\\ [o]+\_\#\end{array}\right\}$$

/u/ 的变体格式为：

$$[\text{u}]/\left\{\begin{matrix} <\text{q}, \text{q}^{\text{h}}, \chi, \text{ʁ}, \text{h}> \_\_ \\ C\_\_ + [\text{n}, \text{m}, \text{l}, \text{w}] \\ \#\_\_ + \end{matrix}\right\}$$

$$[\text{ʊ}]/\left\{\begin{matrix} [\text{q}, \text{q}^{\text{h}}, \chi, \text{ʁ}, \text{h}]\_\_ \\ \text{C}\_\_ + <\text{tɕ}, \text{tɕ}^{\text{h}}, \text{ɕ}, \text{j}, \text{n}, \text{m}, \text{l}, \text{w}> \\ \_\_\# \\ \_\_\text{ŋ} \end{matrix}\right\}$$

$$[\text{ʉ}]/\left\{\begin{matrix} [\text{t}^{\text{h}}, \text{tʂ}^{\text{h}}, \text{s}, \text{ʂ}, \phi, \text{k}^{\text{h}}]\_\_ + [\text{n}, \text{l}, \text{ɾ}] \\ \text{C}\_\_ + [\text{tɕ}, \text{tɕ}^{\text{h}}, \text{ɕ}, \text{j}] \\ [\text{t}^{\text{h}}, \text{tʂ}^{\text{h}}, \text{s}, \text{ʂ}, \phi, \text{k}^{\text{h}}]\_\_\text{n} \end{matrix}\right\}$$

/ɝ/ 的变体格式为：

$$[\text{ɝ}]/\left\{\begin{matrix} \_\_ + <\text{tɕ}, \text{j}, \text{w}> \\ \\ [\text{ɐ}, \text{ɜ}] + \_\_\# \end{matrix}\right\}$$

$$[\text{ɚ}]/\left\{\begin{matrix} \_\_ + [\text{tɕ}, \text{j}, \text{w}] \\ \\ [\text{o}, \text{u}] + \_\_\# \end{matrix}\right\}$$

（二）复合元音变体格式

/əi/ 的变体格式为：

[əi]/[p，m，q，q^{h}，ʁ]____+<k，k^{h}，q，q^{h}，χ，ʁ，n，l，ɾ，m，w>

[ei]/<p，m，q，q^{h}，ʁ>____+<k，k^{h}，q，q^{h}，χ，ʁ，n，l，ɾ，m，w>

[eɪ]/<p, m, q, qʰ, ʁ>____+[k, kʰ, q, qʰ, χ, ʁ, n, l, ɾ, m, w]

/əu/ 的变体格式为：

$$[\text{əu}]/\begin{Bmatrix} <\text{p,m}>\_\_{}_{+}<\text{ʁ,w,tɕ,tɕ}^{\text{h}}\text{,ɕ,j}> \\ \_\_\# \end{Bmatrix}$$

[əʊ]/<p, m>__[ʁ, w]

[əʉ]/<p, m>____+[tɕ, tɕʰ, ɕ, j]

$$[\text{ou}]/\begin{Bmatrix} [\text{p,m}]\_\_{}_{+}<\text{ʁ,w,tɕ,tɕ}^{\text{h}}\text{,ɕ,j}> \\ [\text{p,m}]\_\_\# \end{Bmatrix}$$

[oʉ]/[p, m]____+[tɕ, tɕʰ, ɕ, j]

[oʊ]/[p, m]____+[ʁ, w]

/ui/ 的变体格式为：

$$[\text{ui}]/\begin{Bmatrix} <\text{q,q}^{\text{h}}\text{,χ,h,ʁ,ɸ,k}^{\text{h}}\text{,tʂ}^{\text{h}}\text{,ts}>\_\_+<\text{ʁ}> \\ <\text{q,q}^{\text{h}}\text{,χ,h,ʁ,ɸ,k}^{\text{h}}\text{,tʂ}^{\text{h}}\text{,ts}>\_\_\# \end{Bmatrix}$$

[uɪ]/<q, qʰ, χ, h, ʁ, ɸ, kʰ, tʂʰ, ts>____+[ʁ]

[ui] → [ʉi]/[ɸ, kʰ, tʂʰ, ts]____+<ʁ>

[ui] → [ɵi]/[qʰ]__

$$[\text{ui}] \rightarrow [\text{ʊi}]/\begin{Bmatrix} [\text{ʁ}]\_\_<\text{ʁ}> \\ [\text{ʁ}]\_\_\# \end{Bmatrix}$$

/iə/ 的变体格式为：

[iə]/C__+<ʁ>

$$[\text{iɜ}]/\left\{\begin{array}{c} \text{C\_\_}+[\text{ʁ}] \\ \\ \text{\_\_\#} \end{array}\right\}$$

其他复合元音没有变体。

二、辅音音位

东乡语锁南坝土语有 /p/、/p^h/、/t/、/t^h/、/k/、/k^h/、/q/、/q^h/ 8 个塞音音位，送气和不送气成对；有 /s/、/ʂ/、/ʐ/、/ɕ/、/ɸ/、/χ/、/ʁ/、/h/ 8 个擦音音位；有 /tʂ/、/$tʂ^h$/、/tɕ/、/$tɕ^h$/、/ts/、/ts^h/ 6 个塞擦音音位，送气和不送气成对；有 6 个浊音音位，包括 /n/、/m/ 2 个鼻音；1 个边音 /l/；1 个闪音 /ɾ/；2 个近音 /j/ 和 /w/。其中，/ʐ/、/ts/、/ts^h/ 3 个为借词音位。

东乡语辅音音位中除 /p/、/n/、/ɾ/ 3 个辅音，其他辅音均无变体。

/p/ 的变体格式为：

[p]/#__

[β]/V+__

/n/ 的变体格式为：

$$[\text{n}]/\left\{\begin{array}{c} \text{\_\_V} \\ \\ V\text{\_\_}+[\text{t}, \text{t}^{\text{h}}, \text{tʂ}, \text{tʂ}^{\text{h}}, \text{tɕ}, \text{tɕ}^{\text{h}}, \text{ts}, \text{ts}^{\text{h}}] \end{array}\right\}$$

[ŋ]/V__+[k，k^h，q，q^h]

[m]/V__+[p]

/ɾ/ 的变体格式为：

[ɾ]/<ʅ>+__

[ʐ]/[ʅ]+__

三、区别特征和自然类

（一）区别特征

东乡语音段音位的区别特征可归纳为 9 对：元音性 / 非元音性、辅音性 / 非辅音性、暂音性 / 延音性、糙音性 / 润音性、送气 / 不送气、鼻音性 / 口音性、集聚性 / 分散性、钝音性 / 锐音性、降音性 / 平音性。

（二）元辅音自然类

东乡语音段音位又分元音和辅音两个自然类。表示为：

音位→ V：C

元音自然类划分如下：

		前	后（圆）
V	高	i	u
	中	ə	o
	低		ɐ（展）

辅音自然类划分如下：

$$C\begin{cases}前\begin{bmatrix}+硬腭\\-硬腭\end{bmatrix}\\后\begin{bmatrix}+软腭\\-软腭\\+喉门\end{bmatrix}\end{cases}$$

四、音变规则

（一）元音音变

东乡语元音音变有清化、展唇化、同化、鼻化、脱落。

1. 清化涉及非重读音节高元音。

[i̥]/[tɕ^h，p^h，k^h，ɕ]__+C$_{清}$

[ɿ]/[s，ts^h]__+C$_{清}$

[ʅ]/[tʂ^h，ʂ]__+C$_{清}$

[ɨ]/[q^h，t^h]__+C$_{清}$

[u] → [u]/C$_{送气，清擦}$__+C$_{清}$

2. 展唇化涉及 [u]。

[u] → [ɨ]/[p，p^h，m]__[n，ŋ]

3. 鼻化主要涉及 [n] 和 [ŋ] 前的元音。

$$\mathrm{Vn(ŋ)} \rightarrow \mathrm{V}_{nasal}ø/\begin{Bmatrix}[\mathrm{V}]\_+[ɕ, s, ʂ, l] \\ [\mathrm{V}]\_\# \end{Bmatrix}$$

4. 脱落主要涉及三音节词词首独立成音节的元音和词首起始位置 [n] 结尾的元音。

[ɐ] → ø/#__+[ɐ]

[ə] → ø/#__+[ə]

[u] → ø/#__+[u]

5. 东乡语元音的同化主要为央化，主要涉及后元音和央元音。（见第三章第一节）

（二）辅音音变

东乡语辅音音变多为同化音变，发音方法上的变化居多，有清化、擦化，发音部位上的音变有唇化和后化。

1. 清化主要涉及 [ʁ]。

[ʁ] → [ʁ̥]/[V]+__

2. 擦化主要涉及 [ɾ]、[p] 和借词音位 [tsʰ]。

[p] → [β]/V+__

[ɾ] → [ʐ]/[ʅ]+__

3. 鼻音的唇化和后化主要涉及 [n]。

$$[n]/\left\{\begin{matrix} \_\_V \\ V\_\_ + [t, t^h, tʂ, tʂ^h, tɕ, tɕ^h, ts, ts^h] \end{matrix}\right\}$$

[ŋ]/V__+[k，k^h，q，q^h]

[m]/V__+[p]

五、音节和词结构

（一）音节基本结构

（C）V（C）

基本类型：V、VC、CV、CVC

扩展类型：VV、CVV、CVVV、CVVC

（二）音节类型分布

词首音节：V、VC

自由音节：CV、CVC

东乡语典型音节为 CV 音节，音节搭配典型组合为 CV/CV…。东乡语词以开音节为主。自由音节 CVC 后置辅音 [n] 和 [ŋ]，在词首和词腹塞音前保持音质，其他情况下均鼻化先行元音，趋于消失，即词结构普遍开音节化。

（三）音节的搭配

音节类：S1=V（C）；S2=CV（C）

搭配模式：S2（S1）+S2

（四）词内音节数限制

数据库中词内音节最多为四音节，随着音节数的增加，词频递减。

六、重音

（一）固有词重音

格式为：

V → [+ 重音性]/__ { C [V（C）] } #

合成词重音格式为：

V → [+ 重音性]/__（C）+

（二）汉语借词重音

V → [+ 重音性]/ [去平（上）]

七、元音和谐

东乡语的元音和谐主要为同部位和谐和舌位上下不同为基础的元音和谐，主要涉及中元音和低元音。单元音中，阳性元音为 /ɐ/，阴性元音为 /ə/ 和 /o/，/i/ 和 /u/ 为中性元音。复合元音中 /uɐ/ 和 /iɐ/ 为阳性元音，/iə/ 为阴性元音，/əu/、/əi/、/ui/、/iu/、/uəi/ 为中性元音。

东乡语元音和谐限于词干内，#__#，一般不涉及词后构形成分。

$$\#[\text{高元音}]+\begin{Bmatrix}[\text{高元音}]\\ [\text{央元音}]\\ [\text{低元音}]\end{Bmatrix}\#$$

#[央元音]+[央元音]#

#[低元音]+[低元音]#

第二节 展 望

本文结合实验语音学和音系学的方法构建了东乡语的音系，基本呈现了东乡语的语音特点和规律，但对以下几点问题尚需深入分析。

1. 介音问题。东乡语 [tɕ]、[tɕʰ]、[ɕ] 和部分 [k]、[kʰ]、[p]、[n]、[m]、[l] 后出现 /ə/ 时，元音前似乎有介音 [i]，有些学者将其处理为复合元音，有些学者则认为是辅音的腭化，本文倾向于后一个观点，但仍有不少疑虑，有待于进一步研究。

2. [n] 和 [l] 的腭化。听感上 [n] 和 [l] 在 [i] 前有腭化为 [ȵ] 和 [ɬ] 的倾向，从共振峰上无法判断其音质，本文均处理为 [n] 和 [l]。需要用动态腭位进一步验证。

3. 元音和谐问题。/ə/ 和 /o/ 均为阴性元音，但在后续音节中，/o/ 后可出现 /ə/，但 /ə/ 后往往不出现 /o/，其音理有待深入分析。

语音研究是形态研究和句法研究的基础。基于已经建立的东乡语音系，下一步的工作将聚焦于东乡语词典编纂、形态研究和句法研究。笔者通过田野调查已收集 1.9 万余条词汇，并建立了“东乡语语料库”，这些语料可用于验证和核实本次研究的成果，也是下一步研究工作的资料基础。另外，在田野调查中获得的语篇语料，包括歌谣、故事、谚语、新闻播报、诗歌、对话等，也可作为形态研究和句法研究的语料来源。

参考文献

［1］A.Mostaert, “The Mongols of Kansu and Their Language”, bulletin No.8 of the Catholic University of Peking. 中国国家图书馆馆藏，1931。

［2］Field.l.kenneth: “A Grammatical Overview of Santa Mongolian”, Ph.D dissertation, University of California, Santa Barbara, 1997.

［3］Praat (Boersma, Paul & Weenink, David). Praat.doing phonetics by computer [computerprogram]. version 5.2.22, retrieved 14 April 2011 from 2004.

［4］Тодаева,В.Х:Дунсианский Япзук,Москва:Издател’ствво Восточнои Литерури,1961.

［5］阿·伊布拉黑麦.东乡语的构词法//甘肃省民族事务委员会少语办，西北民族学院西北民族研究所编.东乡语论集.兰州：甘肃民族出版社，1988.

［6］阿·伊布拉黑麦.东乡语的音位//甘肃省民族事务委员会少语办，西北民族学院西北民族研究所编.东乡语论集.兰州：甘肃民族出版社，1988.

［7］阿·伊布拉黑麦.东乡语构词法补遗.甘肃民族研究，1987（1、2）.

［8］阿·伊布拉黑麦.东乡语话语材料.民族语文，1987（3）.

［9］阿·伊布拉黑麦.关于东乡语语音的几个音位.甘肃民族研究，1985（2）.

［10］阿·伊布拉黑麦，陈元龙.东乡族的“消经”文字.兰州：甘肃人民出版社，1999。

［11］艾金勇，扬阳蕊，于洪志.临夏方言单字调声学实验与统计分析.科技信息，2008（17）.

[12] 白音门德. 巴林土语研究. 呼和浩特：内蒙古人民出版社，1997.

[13] 包力高. 东乡语与蒙古书面语元音辅音的对应 // 甘肃省民族事务委员会少语办，西北民族学院西北民族研究所编. 东乡语论集. 兰州：甘肃民族出版社，1988.

[14] 包满亮. 东乡语情态词初探. 中央民族大学学报（哲学社会科学版），2016（2）.

[15] 包萨仁. 从语言接触看东乡语和临夏话的语序变化. 西北第二民族学院学报（哲学社会科学版），2006（2）.

[16] 包萨仁. 东乡语汉语接触模式探析. 北方语言论丛，2011.

[17] 包萨仁. 蒙古语科尔沁土语和东乡语汉借虚词比较研究. 内蒙古民族大学学报（社会科学版），2006（2）.

[18] 包萨仁. 蒙古语族东乡语与汉语的接触研究. 北京大学博士学位论文，2006.

[19] 宝音. 现代蒙古语喀喇沁土语音系研究. 中央民族大学博士学位论文，2015.

[20] 宝玉柱，哈斯其木格，韩国君. 蒙古语族语言研究新探索. 中央民族大学学报（哲学社会科学版），2015（6）.

[21] 宝玉柱，孟和宝音. 蒙古语正蓝旗土语复合元音实验音系学研究. 民族语文，2008（4）.

[22] 宝玉柱，孟和宝音. 蒙古语正蓝旗土语音节研究. 中央民族大学学报（哲学社会科学版），2008（5）.

[23] 宝玉柱，孟和宝音. 现代蒙古语正蓝旗土语弱元音研究. 大连民族学院学报，2008（6）.

[24] 宝玉柱，孟和宝音. 现代蒙古语正蓝旗土语音系研究. 北京：民族出版社，2011.

[25] 包玉柱. 蒙古语词首元音前化与辅音腭化. 民族语文，2011（4）.

[26] 宝玉柱. 蒙古语喀喇沁土语社会语言学研究. 北京：中国社会科学出版

社，2015.

［27］宝玉柱．蒙古语正蓝旗土语短元音实验音系学研究．内蒙古民族大学学报（社会科学版），2008（3）．

［28］宝玉柱．蒙古语正蓝旗土语元音和谐率研究．语言研究，2010（1）．

［29］宝玉柱．蒙古语正蓝旗土语长元音实验音系学研究．内蒙古大学学报（哲学社会科学版），2008（4）．

［30］宝玉柱．蒙古语族多语种数据库标注规范研究．满语研究，2015（2）．

［31］宝玉柱．现代蒙古语正蓝旗土语重音研究．中央民族大学学报（哲学社会科学版），2007（6）．

［32］鲍怀翘，林茂灿．实验语音学概要（增订版）．北京：北京大学出版社，2014.

［33］布和．东乡语词汇初探．内蒙古大学学报（蒙文版），1982（1）．

［34］布和．东乡语的鼻辅音 n 和 ŋ. 内蒙古大学学报（蒙文版），1985（2）．

［35］布和．东乡语的元音和谐现状探析 // 甘肃省民族事务委员会少语办，西北民族学院西北民族研究所编．东乡语论集．兰州：甘肃民族出版社，1988.

［36］布和．东乡语动词“式”的一个形式——附加成分 -mu// 甘肃省民族事务委员会少语办，西北民族学院西北民族研究所编．东乡语论集．兰州：甘肃民族出版社，1988.

［37］布和．东乡语和蒙古语．呼和浩特：内蒙古人民出版社，1986.

［38］布和，等．东乡语词汇．呼和浩特：内蒙古人民出版社，1983.

［39］布和，等．东乡语话语材料．呼和浩特：内蒙古人民出版社，1987.

［40］陈其斌．东乡社会研究．北京：民族出版社，2006.

［41］戴玉景，杨东亚．甘肃东乡族体质特征研究．人类学学报，1991（2）．

［42］道布．蒙古语元音和谐率与元音音位对立的中和．民族语文，1984（2）．

［43］德力格尔玛，波·索德．蒙古语族语言概论．北京：中央民族大学出版社，2006.

［44］东乡族自治区地方史志编纂委员会编．东乡族自治县志．兰州：甘肃文

化出版社，1996.

[45]《东乡族自治县概况》编写组，《东乡族自治县概况》修订本编写组 . 东乡族自治县概况 . 北京：民族出版社，2008.

[46] 中国人民政治协商会议甘肃省委员会文史资料和学习委员会，中国人民政治协商会议甘肃省临夏回族自治州委员会，中国人民政治协商会议甘肃省东乡族自治委员会合编 . 甘肃文史资料选辑第 50 集 . 中国东乡族 . 兰州：甘肃人民出版社，1999.

[47] 高璐，李应兴，于洪志 . 临夏州中心地区方言与普通话的比较研究 . 西北民族大学学报（哲学社会科学版），2008（5）.

[48] 哈斯其木格，郑玉玲 . 对辅音 /j/ 的生理和声学分析 . 第十届中国语音学学术会议论文集，2012.

[49] 哈斯其木格 . 达斡尔语音系研究 . 中央民族大学博士学位论文，2016.

[50] 哈斯其木格 . 基于动态腭位图谱的蒙古语辅音研究 . 北京：中国社会科学出版社，2013.

[51] 哈斯其木格 . 蒙古语察哈尔土语的前送气辅音 . 民族语文，2009（1）.

[52] 哈斯其木格 . 蒙古语的复辅音问题 . 民族语文，2006（3）.

[53] 韩国君 . 基于语音声学参数的土族语元音研究 . 内蒙古大学硕士学位论文，2013.

[54] 韩国君 . 土族语音系研究 . 中央民族大学博士学位论文，2016.

[55] 呼和，鲍怀翘，确精扎布 . 关于《蒙古语语音声学参数数据库》. 内蒙古大学学报（人文社会科学版），1997（5）.

[56] 呼和，确精扎布 . 蒙古语语音声学分析 . 呼和浩特：内蒙古大学出版社，1999.

[57] 呼和 . 关于蒙古语的音节问题 . 民族语文，1998（4）.

[58] 呼和 . 蒙古语 /r/ 辅音的声学分析 . 内蒙古大学学报（哲学社会科学版），1996（6）.

[59] 呼和 . 蒙古语标准音塞音塞擦音声学分析 . 民族语文，2015（3）.

[60] 呼和 . 蒙古语词重音问题 . 民族语文，2007（4）.

[61] 呼和 . 蒙古语语音试验研究 . 沈阳：辽宁民族出版社，2009.

[62] 呼和 . 再论蒙古语词重音 . 民族语文，2014（4）.

[63] 呼和巴尔 . 东乡语复数附加成分 –çiəla // 甘肃省民族事务委员会少语办，西北民族学院西北民族研究所编 . 东乡语论集 . 兰州：甘肃民族出版社，1998.

[64] 呼和巴尔 . 东乡语和蒙古语同源的词 . 蒙古语言文学，1986（1）.

[65] 呼司乐土，巴图格日勒，格根塔娜，德格吉呼 . 基于语音声学参数数据库的东乡语元音 /i/ 音位分析 . 西北民族大学学报（自然科学版），2015（4）.

[66] 呼司乐土，巴图格日勒 . 关于蒙古语族东乡语双音节词重音问题 . 中国蒙古学，2016（4）.

[67] 呼司乐土 . 基于数据库的东乡语元音声学研究 . 西北民族大学硕士学位论文，2015.

[68] 呼司乐土 . 基于声学参数数据库东乡语 /k/ 辅音研究 . 青年文学家，2014（35）.

[69] 角道正佳 . 东乡语的语音变化 . 大阪外国语大学学报，1982.

[70] 金瑞卿 . 东乡语词法研究 . 中央民族大学博士学位论文，1998.

[71] 金双龙 . 东乡语研究 . 内蒙古大学博士学位论文，2013.

[72] 金双龙 . 新疆东乡语语音研究 . 内蒙古大学硕士学位论文，2010.

[73] 金双龙 . 东乡语研究 . 民族出版社，2020.

[74] 金雅声，张瑞珊 . 东乡语单元音声学研究 . 西北民族研究，2010（4）.

[75] 栗林均 . “东乡语词汇”蒙古文索引 . 东京外国语大学，1986.

[76] 刘桂枝 . 西北地区七个民族 ABO 血型分布特点及分析 . 西北民族学院学报，1996（1）.

[77] 刘照雄 . 东乡语概况 . 中国语文，1965（2）.

[78] 刘照雄 . 东乡语简志 . 北京：民族出版社，1981.

[79] 吕士良，胡阿旭，于洪志 . 东乡语元音的嗓音特征研究 . 西北民族大学

学报（自然科学版），2011（2）.

［80］马国良，刘照雄 . 东乡语论集 // 甘肃省民族事务委员会少语办，西北民族学院西北民族研究所编 . 东乡语论集 . 兰州：甘肃民族出版社，1998.

［81］马国忠，陈元龙编著 . 东乡语汉语词典 . 兰州：甘肃民族出版社，2001.

［82］马如彪 .《华夷译语》与东乡语词汇探讨 . 语言与翻译，2016（1）.

［83］马志勇编著 . 东乡族源 . 兰州，兰州大学出版社，2004.

［84］孟和宝音 . 区别特征学说与现代蒙古语语音模式 . 内蒙古师范大学学报（哲学社会科学版），2000（1）.

［85］敏春芳 . 东乡语汉语借词研究 . 汉语史研究集刊，2012.

［86］敏春芳 . 语言接触视域下东乡语副动词研究 . 甘肃高师学报，2013（6）.

［87］那德木德，桑杰 . 关于东乡语名词末尾音 –n. 蒙古语文研究参考资料，1984.

［88］那德木德 . 关于东乡语元音 . 西北民族大学学报（哲学社会科学版），1982（3）.

［89］那森柏 . 东乡语的词重音 . 蒙古语言文学，1981（1）.

［90］那森柏 . 东乡语蒙古语人称代词比较研究 . 蒙古语言文学，1983（1）.

［91］那森柏 . 东乡语札记 // 蒙古学研究某些问题 . 乌兰巴托，1961.

［92］清格尔泰 . 清格尔泰文集 . 赤峰：内蒙古科学技术出版社，2011.

［93］瞿世伟 . 东乡语语音声学研究 . 西北民族大学硕士学位论文，2012.

［94］确精扎布 . 蒙古语察哈尔土语元音的实验语音学研究 . 民族语文，1989（4）.

［95］石峰 . 实验音系学探索 . 北京：北京大学出版社，2009.

［96］孙竹 . 东乡语实词及其形态 // 蒙古语族语言研究 . 呼和浩特：内蒙古大学出版社，1996.

［97］孙竹 . 蒙古语达斡尔语东乡语的数范畴比较 . 民族语文，1987（6）.

［98］乌日格喜乐图，哈斯其木格，呼和 . 鄂温克语短元音声学分析 . 满语研

究，2010（2）.

[99] 吴宗济，林茂灿 . 实验语音学概要 . 北京：高等教育出版社，1987.

[100] 吴宗济 . 普通话元音和辅音的频谱分析及共振峰的测算 . 声学学报，1964（1）.

[101] 谢小冬，王勋陵，安黎哲 . 从群体遗传的 DNA 线索看东乡族族源问题 . 民族研究，2002（1）

[102] 余志鸿 . 从《蒙古秘史》语言看东乡语 . 民族语文，1994（1）.

[103] 张瑞珊 . 东乡语塞音清浊问题的声学分析 . 科技信息，2009（33）.

[104] 张瑞珊 . 东乡语元音声学研究 . 西北民族大学硕士学位论文，2010.

[105] 赵忠德 . 音系学 . 上海：上海外语教育出版社，2006.

[106] 朱晓农 . 语音学 . 北京：商务印书馆，2010.

附　录

一、符号表

（一）国际音标与东乡语记音符号对照表

东乡语记音符号	国际音标	东乡语记音符号	国际音标
a	ɐ	t	t^h
e	ɜ	n	n
i	i	l	l
ii	ɨ	r	ɾ
o	o	g	k
u	u	k	k^h
ai	əi	gh	q
ei	əi	kh	q^h
ao	əu	h	χ
ou	əu	gv	ʁ
ia	iɐ	hh	h
ie	iə	j	tɕ
iu	iu	q	$tɕ^h$
ua	uɐ	x	ɕ
ui	ui	zh	tʂ

续表

东乡语记音符号	国际音标	东乡语记音符号	国际音标
iao	əu	ch	$tʂ^h$
uai	ʊei	sh	ʂ
b	p	z	ts
p	p^h	c	ts^h
m	m	s	s
f	ɸ	w	w
d	t	y	j

（二）其他符号表

1. []：音素符号。

2. //：音位符号。

3. #：词界符号。

4. __：目标位置符号。

5. +：音节界限符号。（本为音素界限符号，本次研究中将其用作音节界限符号）。

6. →：变为符号。

7. ø：空位符号。

8. /：条件符号，即“在……条件下”。

9. {}：包括符号。

二、实验词样本

序号	东乡语记音符号	国际音标	汉译
N0001	ana	ɐnɐ	母亲
N0002	ada	ʌtɐ	父亲
N0003	ma	mɐ	给我
N0004	antan	ʌnt^{h}ʌ̃	金子
N0005	anda	ɐntɐ	放脱
N0006	andagva	ɐntɐʁɐ	放开
N0007	andatu	ɐntɐt^{h}ʊ	香
N0008	andatugvan	ɐntɐt^{h}ʊ̥ʁ̥ʌ̃	略香的
N0009	andara	ɐntɐɾɐ	打开
N0010	anchala	ɐntʂ̥^{h}ɐlɐ	叉开腿
N0011	anzhasun	ɐntʂ̥ɐsʊ̃	犁杖
N0012	anghane	ʌŋʁɐnɐ	驴叫
N0013	anghei	ʌŋqɜi	张嘴
N0014	angeigva	ʌŋqɜiʁɐ	打开口
N0015	abei	ʌpɜi	伯父
N0016	apa	ʌp^{h}ɐ	大麦
N0017	ahu	ʌχu	姑父
N0018	agvin	ʌʁiŋ	村庄
N0019	agvui	ɐʁui	宽、阔
N0020	agvuishi	ɐʁuiʂ̥ʅ	显得宽
N0021	aguida	ɐʁuitɐ	变宽
N0022	agi	ɐki	取，买

续表

序号	东乡语记音符号	国际音标	汉译
N0023	aku	ʌku	姑母
N0024	ala	ɐlɐ	杀
N0025	anchala	ɐntʂ^{h}ɐlɐ	叉开腿
N0026	ali	ɐlɪ	哪个
N0027	alima	ɐlimɐ	任何一个
N0028	aluma	ɐlɜmɐ	洞，窑洞
N0029	aman	ʌmɐŋ	嘴，口
N0030	amala	ʌmɐlɐ	用嘴含住
N0031	amusa	ʌmɜsɐ	尝
N0032	amun	ʌmʊ̃	米
N0033	amin	ʌmiŋ	生命
N0034	amitu	ʌmit^{h}u	活的
N0035	amu	ʌmu	伯母
N0036	asa	ɐsɐ	问
N0037	asun	ɐsʊ̃	牲畜
N0038	asigvu	ɐsʅ̥χu	借债
N0039	asigvala	ɐʂʅ̥ʁɐlɐ	大家
N0040	atala	ɐt^{h}ɐlɐ	阉割
N0041	adula	ɐtʊlɐ	放牧
N0042	adulachin	ɐtʊlɐtʂ^{h}ʅ̃ŋ	放牧员
N0043	achan	ɐtʂ^{h}ʌ̃	驮子
N0044	achi	ɐtʂ^{h}ʅ	驮
N0045	ajie	ɐtɕiɛ	姐姐
N0046	ayi	ɐjɪ	害怕
N0047	ayigva	ɐjɪʁɐ	吓唬
N0048	ayilun	ɐjɪlʊ̃	稻草人
N0049	aɾan	ɐɾɐŋ	河
N0050	aɾasun	ɐɾɐsʊ̃	皮

续表

序号	东乡语记音符号	国际音标	汉译
N0051	aɾou	ɐɾɜu	背筐
N0052	aɾunzha	ɐɾʊ̃tʂɐ	交换
N0053	aɾun	ɐɾʊ̃	干净的
N0054	aɾuluwo	ɐɾuluwo	变干净，天晴
N0055	aɾugva	ɐɾʊʁɐ	弄干净
N0056	ene	ɛnɛ	这个
N0057	enete	ɛnɛtɛ	这边
N0058	enela	ɛnɛla	这些
N0059	ende	ɛntɜ	这儿
N0060	endegvei	ɜntɜʁəi	蛋
N0061	endegeilie	ɜntɜʁəilɛ	下蛋
N0062	endedu	ɜntɜtʊ	这里的
N0063	enzhegve	entʂɜʁɜ	驴子
N0064	enkie	ɜŋkɜ	衣襟
N0065	enkiele	əŋkelɛ	用衣襟兜着
N0066	ekie	ek^{h}ɛ	母亲，母畜
N0067	egvesun	ɜʁɜsʊ̃	刺
N0068	egvechi	ɜʁɜtʂʅ	姐姐
N0069	egvei	ɜʁəi	山崖
N0070	eme	əmɜ	雌，已婚妇女
N0071	ese	ɜsɜ	未，没
N0072	ede	ɛtɛ	现在，此时
N0073	eqie	ɛtɕ^{h}ɛ	早
N0074	eqiedeku	ɛtɕ^{h}etək^{h}ʊ	从前的
N0075	echen	ɛtʂ^{h}ɜ̃	胸
N0076	echi	ɜtʂ^{h}ʅ	去
N0077	echen	ɜtʂɜŋ	主任
N0078	eɾe	ɛɾɛ	男的，雄

续表

序号	东乡语记音符号	国际音标	汉译
N0079	eɾei	ɛɾɪ	寻找
N0080	ingva	ĩʁɐ	辨别
N0081	igva	iʁɐ	碗
N0082	igvala	iʁɐlɐ	用碗计量
N0083	iman	imʌ̃	山羊
N0084	nugvun	nuʁʊ̃	山羊羔
N0085	imu	imʊ	这样的
N0086	imutugvan	imut^{h}ʊ̥ʁɐ̥ŋ	这么一点儿
N0087	ijie	itɕɜ	吃
N0088	ijiedan	itɕetʌ̃	吃法
N0089	ijieku	itɕek^{h}ʊ	食品，粮食
N0090	iɾe	iɾɜ	来
N0091	iɾegva	iɾɜʁɐ	拿过来
N0092	iɾegvawo	iɾɜʁɐwo	拿过来了
N0093	wo	o	怀抱
N0094	ogvei	oʁəi	黎明
N0095	oliechin	oletʂ^{h}ʅ̥	孤儿
N0096	onghono	oɲqonɔ	叫
N0097	onghonodu	oɲʁonɔtʊ	喧嚣
N0098	onghonoduwo	oɲqonɔtuwo	喧哗过去
N0099	ghochou	qotʂ^{h}əu	料槽
N0100	onkie	oŋkɜ	脸，脸色
N0101	onshi	onʂʅ	读
N0102	onshidan	onʂʅ̥tɐŋ	读法
N0103	onshiwo	onʂʅwo	读了
N0104	onshigva	onʂʅ̥ʁɐ	使其读
N0105	oko	ok^{h}o	短
N0106	okotu	ok^{h}ot^{h}ʊ	变短

续表

序号	东乡语记音符号	国际音标	汉译
N0107	oki	okɪ	变短了
N0108	okiwo	okɪwʌ	给了
N0109	olie	olɜ	半个
N0110	olien	oliɜn	云
N0111	oliesu	oliɜsʊ	饿
N0112	oliesuku	oliɜsʊ̥kʰʊ	饿的
N0113	oliesuwo	oliɜsuwo	饿了
N0114	oliesudan	oliɜsʊ̥tʌ̃	饿的样子
N0115	oluntei	oluntəi	马褂
N0116	olon	olɔ̃	多
N0117	oloto	olotɔ	变多
N0118	ologvoni	oloʁonɪ	多的
N0119	olu	olʊ̃	得到，拾，可以，生育
N0120	oluchin	olutʂʰʅ̃	作为
N0121	oludan	olutʌ̃	生的方法
N0122	olun	olʊ̃	肚带
N0123	oluntu	olʊ̃tʰʊ	有肚带的
N0124	oluse	olusɜ	作为
N0125	ghochoutu	qotʂʰəutʰʊ	有料槽的
N0126	osi	osʅ	生长
N0127	ositan	osʅ̥tʌ̃	生长的样子
N0128	osun	osʊ̃	草
N0129	osuntu	osuntʰʊ	草茂盛的
N0130	oto	otʰo	太，过于
N0131	otolu	otʰolʊ	割
N0132	otuludan	otʰolʊtʌ̃	割的情形
N0133	ot u	otʰʊ	疼
N0134	otudan	otʰʊ̥tʌ̃	疼的样子

续表

序号	东乡语记音符号	国际音标	汉译
N0135	otuwo	ot^{h}uwo	疼了
N0136	odei	otei	膝盖
N0137	odeilie	oteilɛ	用膝盖压
N0138	odolu	otolʊ	翻地，爬行
N0139	odugvan	otʊʁʌ̃	这么多的
N0140	oqiao	otɕ^{h}əu	老的
N0141	oqiaolu	otɕ^{h}olu	变老
N0142	oqin	otɕ^{h}ĩ	姑娘
N0143	oqisila	otɕ^{h}i̥sʅlɐ	姑娘们
N0144	oqigvan	otɕ^{h}i̥ʁ̥ʌ̃	浓的，稠的
N0145	oqigvatu	otɕ^{h}i̥ʁ̥ʌt^{h}u	变浓
N0146	ochi	otʂ̥^{h}ʅ	喝
N0147	ochije	otʂ̥^{h}ʅjɜ	一起喝
N0148	ochidan	otʂ̥^{h}ʅ̥tʌ̃	喝的方法
N0149	ochiwuni	otʂ̥^{h}ʅwʉni	饮品
N0150	ochiɾa	otʂ̥^{h}ʅɾɐ	旋转
N0151	ochiɾadan	otʂ̥^{h}ʅɾɐtʌ̃	旋转的样子
N0152	ochiɾagva	otʂ̥^{h}ʅɾʌʁɐ	使旋转
N0153	ocholu	otʂ̥^{h}olʊ	翻穿衣服
N0154	oɾou	oɾəu	杏
N0155	oɾeitu	oɾeit^{h}ʊ	杏多的，有杏的
N0156	oɾi	oɾɪ	债务
N0157	oɾo	oɾo	胃，心口
N0158	oɾon	oɾɔ̃	地方
N0159	oɾonte	oɾɔntɜ	原地，在某处
N0160	oɾontu	oɾont^{h}u	有位置的
N0161	oɾun	oɾʊ̃	（我）自己
N0162	wu	ʊ	大口喝

续表

序号	东乡语记音符号	国际音标	汉译
N0163	wi	ui	没有
N0164	wila	uilɐ	哭
N0165	wiladan	uilɐtʌ̃	哭的样子
N0166	wilagva	uilɐʁɐ	弄哭
N0167	wilawo	uilɜʁʌwo	弄哭了
N0168	wilagu	uilʌʁʊ	好哭的
N0169	wilatun	uilɐtʊ̃	想哭的情绪
N0170	wilie	uilɜ	事情，活
N0171	wiliechi	uiletʂʰʅ	干活的人
N0172	uiliechila	uiletʂʰʅlɐ	做活
N0173	witan	uitʰʌ̃	窄
N0174	witashi	uitʰɐʂʅ	嫌窄
N0175	witara	uitʰɐɾɐ	变窄
N0176	witagva	uitɐʁɐ	消失，失踪
N0177	witagvazhi	uitɐʁɐtʂʅ	弄丢
N0178	wijien	uitɕiɜ̃	门
N0179	wijientu	uitɕɜntʰʊ	有门的
N0180	wira	uiɾɐ	近
N0181	wirasa	uiɾɐsɐ	嫌近
N0182	wirashi	uiɾɐʂʅ	变近
N0183	una	unɐ	倒下
N0184	unadan	unɐtɐŋ	倒下的情形
N0185	unagva	unɐʁɐ	放倒
N0186	unagvan	unɐʁʌ̃	驴驹
N0187	unagvawo	unɐʁʌwo	山羊羔
N0188	unagvala	unɐʁɐlɐ	驴下驹
N0189	nugvun	nʊʁʊ̃	山羊羔
N0190	nugvulie	nuʁʊlɜ	山羊下羔

续表

序号	东乡语记音符号	国际音标	汉译
N0191	unba	ʉmpɐ	游泳
N0192	unbadan	umpɐtʌ̃	游泳的方法
N0193	unbere	umpʉɾɜ	塌陷，倒塌
N0194	unberewo	umpəɾɜwo	塌陷，倒塌
N0195	unberedan	umpɜɾɜtʌ̃	塌陷的样子
N0196	undasu	untɐsʊ	渴
N0197	undasuwo	untɐsʊwo	渴了
N0198	undasudan	untɐsu̥tɐŋ	渴的情形
N0199	undu	untʊ	高
N0200	undujie	untʉtɕɜ	变高
N0201	undude	untʊtɜ	在高处
N0202	undushigva	untʊʂʅ̥ʁɐ	提高，加高
N0203	undujie	untʉtɕiɜ	长高
N0204	ugvu	uʁʊ	抬，举，拿
N0205	ugvudan	uʁʊ̃t	拿的样子
N0206	ula	ulɐ	山
N0207	ulachi	ulɐtʂ^{h}ʅ	善纳鞋底的人
N0208	ulasha	ulɐʂ̥ɐ	山里人
N0209	ulatu	ulɐt^{h}ʊ	山多的，有山的
N0210	ulie	uliɜ	不
N0211	usu	usu	水
N0212	usuchi	usʊ̥tʂ^{h}ʅ	卖水的人
N0213	usula	usʉlɐ	饮（牲畜）
N0214	usulawo	usʉlɐwo	饮（牲畜）了
N0215	usun	usʊ̃	毛发
N0216	usutu	usu̥t^{h}ʊ	毛发旺盛的，有毛发的
N0217	usushi	usu̥ʂʅ	浸水
N0218	uda	utɐ	迟

续表

序号	东乡语记音符号	国际音标	汉译
N0219	udadan	utɐtʌ̃	迟到的样子
N0220	udagvan	utɐʁʌ̃	略迟
N0221	udan	utɐŋ	慢
N0222	udashi	utɐʂʅ	嫌慢
N0223	udashigva	utɐʂʅʁɐ	放慢
N0224	udasun	utɐsʊ̃	线
N0225	udasunchi	utɐsʊntʂʰʅ	卖线的人
N0226	udu	utʊ	天，日子
N0227	udukun	utʊkʰʊ̃	午饭
N0228	udulan	utulʌ̃	中午
N0229	udukunde	utʊkʰʊntɜ	吃午饭
N0230	uduru	utʊɾʊ	带领
N0231	udurudan	utʊɾʊtʌ̃	带领的方法
N0232	ujieshi	utɕɜʂʅ	傍晚
N0233	ujieshilien	utɕiɜʂʅliɜn	傍晚
N0234	uzhe	utʂɜ	看
N0235	uzhedan	utʂətʌ̃	看法
N0236	uzhegva	utʂɜʁɐ	让看
N0237	uzhewuni	utʂəwʊni	看的东西
N0238	uzhezhi	utʂɜtʂʅ	看着
N0239	uzhu	utʂu	头儿
N0240	uzhula	utʂʉlɐ	开头
N0241	uzhushigva	utʂuʂʅ̊ʁɐ	往边上挪
N0242	uzhutu	utʂʊtʰʊ	有头儿的，有尖的
N0243	uje	ujɜ	关节
N0244	ujetu	ujɜtʰu	有关节的
N0245	uɾou	uɾəu	后裔，子孙
N0246	uɾutu	uɾʉtʰu	有后裔的，有子孙的

续表

序号	东乡语记音符号	国际音标	汉译
N0247	uridan	uritʌ̃	繁衍的情况
N0248	uru	urʊ	叫
N0249	urusu	urʊsʊ	流
N0250	urusudan	urusʊ̥tʌ̃	流的样子
N0251	uruzhu	urʊtʂʊ	前天
N0252	uwun	ʊ̃	冬天
N0253	ershi	ɚʂʅ	二十
N0254	erbe	ɚpɜ	二百
N0255	erma	ɚmɐ	儿马
N0256	erto	ɚtʰo	耳套
N0257	neita	neitʰɐ	打喷嚏
N0258	neitagva	neitʰɐʁɐ	使打喷嚏
N0259	neitaku	neitʰɐkʰu	打喷嚏的
N0260	neiqien	neitɕʰiɜn	湿的
N0261	neiqiesa	neitɕʰɛsɐ	嫌湿
N0262	neiqietu	neitɕʰɛtʰu	潮湿，弄湿
N0263	naira	neɪrɐ	合适，得体
N0264	nairagva	neɪrɐʁɐ	弄合适，安装
N0265	naira	neɪrɐʂʅ	变得得体，变得合适
N0266	nao	nəu	命中，打中
N0267	naogva	nəʊʁɐ	命中
N0268	nangha	nʌŋqɐ	汉族
N0269	namade	nɐmɐtɜ	给我
N0270	namura	nɐmərɐ	安静
N0271	namura	nɐmurɐ	安静
N0272	nasun	nɐsʊ̃	年龄
N0273	nasunde	nɐsʊntɜ	长寿，增岁
N0274	nadu	nɐtʊ	玩

续表

序号	东乡语记音符号	国际音标	汉译
N0275	natuchi	nɐtʊtʂ^{h}ʅ	专事演唱的人
N0276	naduku	nɐtʊk^{h}ʊ	玩的
N0277	nadun	nɐtʊ̃	游戏，玩笑
N0278	naɾan	nɐɾʌ̃	太阳
N0279	naɾun	nɐɾʊ̃	细
N0280	naɾunde	nɐɾɵntɜ	仔细地，认真地
N0281	naɾushi	nɐɾʊʂʅ	变细
N0282	naɾuzhe	nɐɾʉtʂɜ	变细
N0283	naɾusa	nɐɾɵsɐ	嫌细
N0284	naiman	neimʌ	八
N0285	neki	nɜk^{h}ɪ	皮袄
N0286	nekichi	nɜk^{h}ɪ̥tʂ^{h}ʅ	爱穿皮衣的人
N0287	nia	niɐ	粘
N0288	niagva	niɐʁɐ	粘上
N0289	niegvan	niɜʁɐn	仅一个
N0290	nienbe	niɜmpɜ	盖，披
N0291	nao	no	命中
N0292	nogvosun	noʁɔsʊ̃	绵羊毛
N0293	nokie	nok^{h}ɜ	伙伴
N0294	nokiechilie	nok^{h}ietʂ^{h}ʅlɜ	结交为伙伴
N0295	nokien	nok^{h}iɜn	洞
N0296	nogvon	noʁɔ̃	绿
N0297	nogvoro	noʁɔɾɔ	变绿
N0298	nogvoshi	noʁɔʂʅ	嫌绿
N0299	nogvei	noʁəi	狗
N0300	nojen	nojɜ̃	官
N0301	nuɾʊ	nʊɾʊ	背，脊梁
N0302	nu	nʊ	脸

续表

序号	东乡语记音符号	国际音标	汉译
N0303	nugvu	nʊʁʊ	吐
N0304	nugvusun	nʊʁʊsʊ̃	眼泪
N0305	nudu	nutʊ	捣
N0306	nudun	nutʊ̃	眼睛
N0307	nurun	nuɾʊ̃	脊背
N0308	ba	pʌ	拉屎
N0309	bai	pəi	站，立
N0310	baigva	pəiʁɐ	立起来
N0311	baigvadan	pəiʁɐtʌ̃	站的方法
N0312	bao	pou	下去
N0313	baogva	poʊʁɐ	弄下去
N0314	baodei	poutei	小麦
N0315	baodeitu	pouteit^{h}u	有小麦的
N0316	bengven	pɜ̃ʁɜ̃	嫂子
N0317	benche	pɜntʂ^{h}ɜ	草地
N0318	benzhe	pɜntʂɜ	呕吐
N0319	benzhesun	pɜntʂɜsʊ̃	呕吐物
N0320	pan	pʌ̃	蜂窝
N0321	bagva	pʌʁɐ	蛤蟆
N0322	banbun	pʌmpʊ̃	蜜蜂
N0323	banbunchi	pʌmpʊ̃tʂ^{h}ʅ	养蜜蜂的人
N0324	basi	pɐsʅ	老虎
N0325	basun	pʌsʊ̃	屎
N0326	basura	pʌsɵɾɐ	总拉屎的
N0327	basulie	pɐsʉlɛ	总拉屎的
N0328	baduru	pɐtʉɾʉ	壮实的人
N0329	bajan	pʌjʌ̃	富裕的
N0330	bajansa	pʌjʌ̃sɐ	嫌富

续表

序号	东乡语记音符号	国际音标	汉译
N0331	bajasu	pʌjɐsʊ	高兴
N0332	bajasulan	pʌjɐsəlɣ̃	欢喜
N0333	baɾa	peɾɐ	完
N0334	baɾawo	peɾɐwo	做完
N0335	baɾei	peɾɪ	抓
N0336	baɾindu	peɾɪntʊ	粘连在一起
N0337	bunji	puntɕɪ	瞪眼
N0338	bunjigva	puntɕɪʁɐ	瞪眼
N0339	bunjigvawo	puntɕɪʁɐwo	瞪眼了
N0340	belien	pɜliɜn	无代价的
N0341	belenda	pɜlɛntɐ	白要，白拿
N0342	beje	pɜjɛ	身体，躯干
N0343	pi	pi	我
N0344	biechin	piəʈʂ^{h}ʅŋ	猴子
N0345	biechinchi	pietʂʅntʂ^{h}ʅ	要猴人
N0346	biedun	piətʊ̃	粗
N0347	biedusa	piətʊsɐ	嫌粗
N0348	bieduzhe	piətutʂɜ	变粗
N0349	biedushi	piɜtuʂʅ	变粗
N0350	bieɾi	piəɾɪ	妻子，已婚妇女
N0351	bieɾitu	piəɾɪtʊ	有妻子的
N0352	bilie	pilɛ	抢
N0353	bijien	pitɕiɜ̃	我们
N0354	bugvo	pʊʁo	屁股
N0355	bugvochi	pʊʁotʂ^{h}ʅ	坏蛋
N0356	bugvoni	pʊʁonɪ	短
N0357	bugvonida	pʊʁonɪtɐ	变短
N0358	bugvonigvan	puʁɵniʁɣ̃	短一点的

续表

序号	东乡语记音符号	国际音标	汉译
N0359	bugvonisa	puʁonisɐ	嫌短
N0360	bugvonishi	puʁɵniʂʅ	变短
N0361	bolu	polʊ	熟，成熟
N0362	bolugva	polʊʁɐ	弄熟
N0363	bolugvazhi	polʊʁɐtʂʅ	弄熟
N0364	bolugvawo	polʊʁɐwo	弄熟了
N0365	bosi	posʅ	布
N0366	bosichi	posʅ̥tʂʰʅ	卖布的人
N0367	bosi	posʅ	起来，竖起来
N0368	bosise	posʅ̥sɜ	起来的话
N0369	bosun	posʊ̃	虱子
N0370	bositu	posʅ̥tʰʊ	有虱子的
N0371	bosura	posʉɾɐ	虱子变多
N0372	borun	poɾʊ̃	右
N0373	bu	pʊ	不，不要
N0374	bunzhu	pʊntʂʊ	麻雀，小鸟
N0375	bugvulie	pʊʁʊlɛ	堵上
N0376	bugvliezhi	pʊʁʊlɛtʂʅ	堵上
N0377	bugvuliewo	puʁulɜwo	堵上了
N0378	bula	pʊlɐ	掩埋
N0379	bulanghei	pʊlʌŋqəi	混浊
N0380	bulangheila	pʊlʌŋqəlɐ	弄混浊
N0381	bulangheisa	pʊlɐŋqəsɐ	嫌混浊
N0382	bulangheishi	pʊlɐŋqəʂʅ	变混浊
N0383	bulun	pʊlʊ̃	角儿
N0384	biinda	puntɐ	扔掉
N0385	budan	pʊtʌ̃	饭，米
N0386	budalawu	putɐlʌwʊ	傍午

续表

序号	东乡语记音符号	国际音标	汉译
N0387	bujirei	putɕɪri	趺跤，绊跤
N0388	puse	pʰu̥sɜ	再，还
N0389	pixiere	pʰi̥ɕerɛ	相信，信服
N0390	puseji	pʰu̥sɜtɕɪ	其他
N0391	pixie	pʰi̥ɕɛ	腰带
N0392	pixielie	pʰi̥ɕelɜ	系腰带
N0393	pixieliene	pʰi̥ɕɜlɛnɛ	要系腰带
N0394	pixieliesen	pʰi̥ɕelesɜ̃	系了腰带的
N0395	pizhi	pʰi̥tʂʰʅ	写
N0396	puku	pʰu̥kʰʊ	上房盖
N0397	pukudu	pʰu̥kutʊ	天阴
N0398	peghara	pʰu̥qɐrɐ	颤抖
N0399	pushi	pʰu̥ʂʅ	不是
N0400	putura	pʰu̥tʊrɐ	散开，扬起
N0401	puturasen	pʰu̥tʊrɐsɜn	散开的，扬起的
N0402	puda	pʰu̥tɐ	容纳，装，
N0403	pudagva	pʰu̥tɐʁʌ	装进
N0404	pudagvasan	pʰu̥tɐʁɐsɜ̃	装进去的
N0405	pudagvane	pʰu̥tɐʁɐnɜ	要装进去
N0406	pudu	pʰu̥tʊ	牢固
N0407	pudula	pʰʊ̥tʊlɐ	弄牢固
N0408	putulagva	pʰʊ̥tʊlʌʁɐ	弄牢固
N0409	putugvazhi	pʰu̥tʊʁɐtʂʅ	弄牢固
N0410	puzha	pʰu̥tʂɐ	豆子
N0411	puzhatu	pʰu̥tʂɐtʰʊ	有豆子的
N0412	puzhalu	pʰʊ̥tʂɐlʊ	煮开
N0413	puzhaluwo	pʰu̥tʂɐlʊwo	煮开了
N0414	fa	ɸʌ	次

续表

序号	东乡语记音符号	国际音标	汉译
N0415	feilie	ɸʉilɛ	吹
N0416	feiliegva	ɸʉilɛʁɐ	让吹
N0417	feiliewo	ɸʉilewo	吹了，吹过
N0418	hhuja	hujɐ	栓
N0429	funjie	ɸʉntɕɛ	追，追赶
N0420	funiegve	ɸuniəʁɛ	狐狸
N0421	funiesun	ɸuniəsʊ̃	灰
N0422	funqie	ɸʉntɕʰɜ	闻
N0423	funqiesen	ɸʉntɕʰesɜ̃	闻过的
N0424	fukie	ɸu̥kiɜ	大，牛
N0425	fukiesi	ɸu̥kiəsɿ	双亲，长辈
N0426	fukiesa	ɸu̥kesɐ	显得太大
N0427	fukieshi	ɸu̥keʂʅ	变大
N0428	fukiechi	ɸu̥ketʂʰʅ	放牛人
N0429	fugu	ɸu̥kʊ	死
N0430	fugun	ɸu̥kʊ̃	脂肪
N0431	hhulan	hʊlɐŋ	红
N0432	fumugvei	hʊmʊʁei	臭
N0433	fuda	ɸu̥tɐ	大袋子
N0434	fudu	ɸu̥tʊ	长的
N0435	fudusa	ɸu̥tʊsɐ	嫌长
N0436	fududa	ɸu̥tʉtɐ	变长
N0437	fududawo	ɸu̥tʉtʌwo	变长了
N0438	fududazhi	ɸu̥tʉtɐtʂʅ	变长了
N0439	fujiesun	ɸu̥tɕɜsʊ̃	补丁
N0440	fuzhugvu	ɸu̥tʂʊʁʊ	昨
N0441	fure	ɸʉrɛ	种子
N0442	furetu	ɸʉrɛtʰʊ	有种子的

续表

序号	东乡语记音符号	国际音标	汉译
N0443	furelie	ɸʊrɜlɛ	结子
N0444	furei	ɸurɪ	嘴唇
N0445	hami	χɐmɪ	闭眼
N0446	hamiwo	χɐmɪwo	闭眼了
N0447	ho	χo	窝
N0448	hon	χɔ̃	年龄
N0449	hodou	χotəu	蛆
N0450	hodun	χotʊ̃	羽毛
N0451	horo	χorɔ	缠绕
N0452	hulasun	hʊlʌsʊ̃	杨树
N0453	hulara	χʊlʌrɐ	变红
N0454	hularawo	χʊlɐtɐ	变红了
N0455	hulei	χʊləi	发红
N0456	hudu	χʊ̥tʊ	补
N0457	huduwo	χʊ̥tʊwo	补上了
N0458	hudusan	χʊ̥tʊsɜ̃	补了的
N0459	hhantu	hʌntʰʊ	一起
N0460	hhantula	hɐntʰəlɐ	合起来
N0461	hhanku	hʌŋkʰʊ	步，迈步
N0462	hhankula	hʌŋkʰʉlɐ	用步测量
N0463	hhagva	χʌʁʌ	手掌
N0464	hhagvada	χɐʁɐtɐ	拍
N0465	hhamura	hʌmʊrɐ	休息
N0466	hhamesa	hɐməsɐ	端盘
N0467	hhachi	hɐtʂʰʅ	侄子
N0468	hharojie	hɐrɵtʂɛ	十个左右
N0469	hharon	hɐrɔ̃	十
N0470	hharolie	hɐrɵlɛ	十个一起

续表

序号	东乡语记音符号	国际音标	汉译
N0471	hhe	hɜ	他
N0472	hheghala	hɜqɐlʌ	用它
N0473	hhende	hɜntɛ	那里
N0474	hhenpegvei	hɜpɜʁəi	蝴蝶
N0475	hhela	hɛlɐ	他们
N0476	hhelie	hɛlɛ	水面上漂浮
N0477	hhengerei	həŋkerɪ	跌倒
N0478	hhuntura	hunt^hʊrɐ	睡觉
N0479	hhunghu	hʊŋqʊ	放屁
N0480	hhunghusun	hʊŋqʊsʊ̃	屁
N0481	kha	q^hɐ	手
N0482	khaila	q^heilɐ	鸟鸣
N0483	khailazho	q^heilɐtʂo	鸟鸣了
N0484	khaichi	q^hɛitʂ^hʅ	剪子
N0485	khana	q^hɐnɐ	咳嗽
N0486	khanadun	q^hɐnɐtʊ̃	咳嗽病
N0487	hantarei	χɐnt^hɐrɪ	滑
N0488	khan	q^hʌ̃	火
N0489	khala	q^hɐlɐ	哪里
N0490	khalagvan	q^hɐlɐʁʌ̃	哪个地方
N0491	khalama	q^hɐlɐmɐ	无论哪里
N0492	khaladu	q^hɐlɐtʊ	哪里的
N0493	khalun	q^hɐlʊ̃	热
N0494	khara	q^hɐrʌ	黑
N0495	kharala	q^hɐrɐlɐ	变黑
N0496	kharei	q^hɐrɪ	返回
N0497	khareizhi	q^hɐrɪtʂʅ	返回了
N0498	khawa	q^hʌwɐ	鼻子

续表

序号	东乡语记音符号	国际音标	汉译
N0499	khawara	q^{h}ʌwɐɾɐ	总流鼻涕的人
N0500	khawitu	q^{h}ʌwɪt^{h}ʊ	肿胀
N0501	khawituse	q^{h}ʌwɪt^{h}ʉ̥sɜ	肿胀的
N0502	khawituzho	q^{h}ɐwɪt^{h}ʉ̥tʂo	肿胀了
N0503	khaila	q^{h}eijɐ	羊草
N0504	khiighei	q^{h}ɨ̥qəi	猪
N0505	khirei	q^{h}ɨɾʅ	上去
N0506	khishigvou	q^{h}ɨ̥ʂʅ̥ʁəu	梯子
N0507	khisun	q^{h}ɨ̥ʂʊ̃	酸得
N0508	khishula	q^{h}ɨ̥ʂʉlɐ	辛苦
N0509	khishulu	q^{h}ɨ̥ʂʉlʊ	变酸，发酸
N0510	khidei	q^{h}ɨ̥tei	汉语
N0511	khideichi	q^{h}ɨ̥teitʂ^{h}ʅ	操汉语的人
N0512	khidun	q^{h}ɨ̥tʊ̃	硬的
N0513	khizha	q^{h}ɨ̥tʂɐ	颊
N0514	khirou	q^{h}ɨ̥ɾəu	霜
N0515	khireizhi	q^{h}ɨ̥zʅ̥tʂʅ	上去
N0516	khireigva	q^{h}ɨ̥zʅ̥ʁɐ	弄上去
N0517	khosun	q^{h}osʊ̃	干的
N0518	khoreilan	q^{h}ɵɾilʌ̃	有点干的
N0519	khorun	q^{h}oɾʊ̃	二十左右
N0520	khoruzhe	q^{h}oɾʉtʂɜ	二十天左右
N0521	khuaichin	q^{h}uitʂ^{h}ʅ̃	旧的
N0522	khuaichira	q^{h}ɵitʂ^{h}ʅɾɐ	变旧
N0523	khuina	q^{h}ʉinɐ	后面
N0524	khuinashi	q^{h}ʉinɐʂʅ	以后
N0525	khuinashida	q^{h}ʉinɐʂʅtɐ	往后，后来
N0526	khuinadu	q^{h}ʉinɐtʊ	后面的

续表

序号	东乡语记音符号	国际音标	汉译
N0527	kho	qʰo	送，送行
N0528	khogva	qʰoʁɐ	送
N0529	khogven	qʰu̥ʁ̥ɜ̃	女婿
N0530	khosun	qʰu̥ʂ̥ʊ̃	空的
N0531	khudugvo	qʰu̥tʊʁo	刀
N0532	khudu	qʰu̥tʊ	搅拌
N0533	khudon	qʰu̥tɔ̃	牲畜圈
N0534	khudugvu	qʰu̥tʊʁu	搅拌
N0535	khudugvuzhi	qʰu̥tʊʁʊtʂʅ	搅拌着
N0536	khudugvuchin	qʰu̥tʊʁotʂʰ̃ʅ	爱挑拨的人
N0537	khuzha	qʰu̥tʂɐ	吠
N0538	khuzhawo	qʰu̥tʂɐwo	吠了
N0539	khuzhi	qʰu̥tʂʅ	裹
N0540	khuzhiku	qʰu̥tʂʅkʰʊ	裹的东西
N0541	khuzhiwuni	qʰu̥tʂʅwunɪ	襁褓
N0542	khuru	qʰʊɾʊ	抄
N0543	kai	kʰɛi	风
N0544	kaitu	kʰeitʰu	有风的
N0545	kaishi	kʰeiʂʅ	发疯
N0546	kere	kʰʉɾəu	要
N0547	kou	kʰoʊ	苦
N0548	koushi	kʰoʉʂʅ	变苦
N0549	kouda	kʰoʉtɐ	变苦
N0550	kewon	kʰowɔ̃	男孩子
N0551	kewosi	kʰowosɿ	男孩子们
N0552	kewosila	kʰowosɿlɐ	男孩子们
N0553	kowo	kʰowo	麸子
N0554	kowotu	kʰowotʰʊ	有麸子的

续表

序号	东乡语记音符号	国际音标	汉译
N0555	kie	k^{h}ɜ	斟
N0556	kiɛn	k^{h}iɜn	谁
N0557	kienugvun	k^{h}enʊʁʊ̃	谁的
N0558	kieli	k^{h}əli	腹
N0559	kielie	k^{h}elɜ	说
N0560	kieliezhi	k^{h}elɜtʂʅ	说着
N0561	kielien	k^{h}eliɜn	语言
N0562	kielieche	k^{h}eletʂ^{h}ɛ	交谈
N0563	kieliesi	k^{h}elesʅ	消息，口角
N0564	kiese	kesɛ	斟的话
N0565	kijie	k^{h}i̥tɕɜ	躺，睡
N0566	kiejiewo	k^{h}itɕəwo	躺下
N0567	kijiezhi	k^{h}itɕetʂʅ	躺着
N0568	kijiegva	k^{h}itɕeʁɐ	弄躺
N0569	kizhou	k^{h}i̥tʂəu	狗崽子
N0570	kijiesun	k^{h}i̥tʂɜsʊ̃	肠子
N0571	kizhi	k^{h}i̥tʂʅ	切
N0572	kizhigva	k^{h}i̥tʂʅʁɐ	切开
N0573	koliesun	k^{h}olɜsʊ̃	汗
N0574	kolieru	k^{h}ɵlɜɾʊ	出汗
N0575	komoru	k^{h}omʊɾʊ	倒扣
N0576	kuaisun	k^{h}ʊeisʊ̃	肚脐
N0577	kon	k^{h}ɔ̃	脚
N0578	kuiqien	k^{h}ʉitɕ^{h}iɜ̃	冷
N0579	kuiqiegva	k^{h}ʉitɕ^{h}eʁɐ	弄冷
N0580	kuiche	k^{h}ʉitʂ^{h}ɜ	追上，赶上
N0581	kuniegve	k^{h}ʉniɜʁɐ	使赶上
N0582	kun	k^{h}ʊ̃	人

续表

序号	东乡语记音符号	国际音标	汉译
N0583	kunla	k^{h}unlɐ	人们
N0584	kukie	k^{h}u̥kɜ	蓝色
N0585	kukiere	k^{h}u̥keɾɜ	变蓝
N0586	kukiesa	k^{h}ukesɐ	嫌蓝
N0587	kumegve	k^{h}umɜʁɜ	箱子
N0588	kuxie	k^{h}u̥ɕɛ	羡慕
N0589	kuru	k^{h}ʊɾʊ	到达
N0590	kurutala	k^{h}ʊɾʉt^{h}ɐlɐ	到的时候
N0591	ghanzhun	qʌntʂʊ̃	袖子
N0592	ghagalu	qʌʁɐlʊ	劈开
N0593	ghaghalugva	qʌʁɐluʁɐ	让劈开
N0594	ghaghalusen	qʌʁɐlʊsɐn	劈开了的
N0595	ghaghaluzhi	qʌʁɐlɵtʂʅ	劈开
N0596	ghaghacha	qʌqɐtʂ^{h}ʌ	分离
N0597	ghaghachawo	qɐʁɐtʂ^{h}ʌwo	分离了
N0598	ghaghachagva	qɐʁɐtʂ^{h}ɐʁɐ	分开
N0599	ghada	qɐtɐ	嚼子
N0600	ghadane	qɐtɐnɛ	外面
N0601	ghadanedu	qɐtɐnɜtʊ	外面的
N0602	ghadala	qɐtɐlɐ	戴马嚼子
N0603	ghadasun	qɐtɐsʊ̃	钉子
N0604	ghadashi	qɐtɐʂʅ	往外一点
N0605	ghadashigvan	qɐtɐʂʅʁ̊ɤ̃	往外一些
N0606	ghadu	qɐtʊ	镰刀
N0607	ghaduda	qɐtʊtɐ	用镰刀砍
N0608	ghadulie	qɐtulɜ	用镰刀割
N0609	ghadun	qɐtʊ̃	岳父
N0610	ghazha	qɐtʂɐ	地

续表

序号	东乡语记音符号	国际音标	汉译
N0611	ghira	qɨrɐ	容易
N0612	ghuaigveli	quɪʁɜli	鹞子
N0613	ghagha	qɐqɐ	剪
N0614	ghaghazhi	qɐqɐtʂʅ	剪着
N0615	ghaghagva	qɐʁɐʁɐ	让剪
N0616	ghagvawo	qɐʁʌwo	剪了
N0617	ghimusun	qɨmusʊ̃	指甲，梯子
N0618	gimusulie	qɨmʊsəlɐ	掐
N0619	ghizha	qɨtʂɐ	边
N0620	ghizhila	qɨtʂʅlɐ	压迫
N0621	ghizhilazhi	qɨtʂʅlɐtʂʅ	压迫着
N0622	ghiwashi	qɨwɐʂʅ	变容易
N0623	ghiwatu	qɨwɐtʰu	变容易
N0624	ghonou	qonəu	谷子
N0625	ghoni	qonɪ	绵羊
N0626	ghono	qono	住
N0627	ghonogva	qonoʁɐ	让住
N0628	gonowo	qonowo	住了
N0629	ghon	qoŋ	沟
N0630	ghogva	qoʁɐ	弄干
N0631	ghogvochin	qoʁotʂʰʅ	鸽子
N0632	gholei	qolei	喉
N0633	gholo	qolo	远
N0634	ghologvan	qoloʁʌ̃	远些
N0635	gholode	qolotɜ	远处
N0636	golosa	qolosɐ	嫌远
N0637	gholu	qolʊ	变成，成为
N0638	gholugva	qolʊʁɐ	变成

续表

序号	东乡语记音符号	国际音标	汉译
N0639	gomei	qoməi	裙子
N0640	ghomeivhi	qoməitʂʰʅ	爱穿裙子的人
N0641	ghodei	qotei	俯
N0642	ghodeizhi	qoteitʂʅ	俯着
N0643	ghoyi	qojɪ	借用
N0644	ghoyichin	qojɪtʂʰʅ	乞丐
N0645	ghoyizhi	qəjitʂʅ	借着
N0646	ghoɾon	qorɔ̃	院子
N0647	ghua	quɐ	俩
N0648	ghuala	quɐlʌ	两个一起
N0649	ghuada	quɐtɐ	仅两个一起
N0650	ghuajia	quɐtɕiɜ	各两个
N0651	ghonghon	qoŋqɔ̃	铃
N0652	ghogva	qoʁʌ	分开
N0653	ghogvadan	qoʁʌtʌ̃	分开的方法
N0654	ghugvan	quʁʌ̃	绵羊羔
N0655	ghugvalie	quʁɐlɐ	绵羊下羔
N0656	ghugvei	quʁəi	虫子
N0657	ghulu	qulʊ	折断
N0658	ghula	qulɐ	偷，盗窃
N0659	ghulusun	qulʊsʊ̃	竹子
N0660	ghudandu	qutɐntʊ	卖
N0661	ghudan	qutʌ̃	谎言
N0662	ghudagvei	qutɐʁəi	亲家母
N0663	ghudou	qutəu	井，水窖
N0664	ghujin	qutɕɪ̃	快
N0665	ghujigvan	qutɕɪʁʌ̃	快点儿
N0666	ghudugva	qutʊʁɐ	辊轴

续表

序号	东乡语记音符号	国际音标	汉译
N0667	ghujila	qutɕilɐ	加快
N0668	ghuzhun	qʊtʂʊ̃	脖子
N0669	ghuja	qʊjɐ	小腿
N0670	ghuɾa	qʊɾɐ	雨
N0671	ghuɾan	qʊɾʌ	三
N0672	ghuɾashi	qʊɾɐʂʅ	雨多起来
N0673	ghuɾada	qʊɾɐtɐ	三次
N0674	guɾala	qʊɾɐlɐ	三个一起
N0675	guɾun	qʊɾʊ̃	手指
N0676	gao	kəu	好
N0677	gaoda	kəutɐ	变好
N0678	gaodagva	kəutɐʁɐ	弄好
N0679	gaodawo	kəutɐwo	好了
N0680	ganchan	kɐntʂʰʌ̃	擀面杖
N0681	gaga	kɐkɐ	哥哥
N0682	gaduɾei	kɐtʊɾɜi	矮子
N0683	gayi	kɐji	兄长
N0684	gaoji	kɵutɕi	稍微
N0685	gaojigvan	kɵutɕɪʁʌ̃	稍微
N0686	gie	kiɛ	房子
N0687	giewo	kiəwo	做了
N0688	giezhi	kietʂʅ	做着
N0689	giegva	kiəʁɐ	让做
N0690	gien	kiɜ̃	病
N0691	giedan	kietɐŋ	做的样子
N0692	giede	kietɛ	家里
N0693	gientu	kiɜntʰʊ	有病的
N0694	giegven	kiɜʁɜ̃	亮光

续表

序号	东乡语记音符号	国际音标	汉译
N0695	giegvere	kiзʁзɾз	变亮
N0696	giegvun	kiзʁʊ̃	公鸡
N0697	giemere	kiəmзɾз	生病
N0698	giezhegvei	kietʂзʁəi	后脑勺
N0699	giededu	kietзtʊ	家里的（妻子）
N0700	giedun	kiətʊ̃	几个
N0701	giedugvan	kietʊʁʌ̃	多少个
N0702	giedulie	kiзtʉlɛ	几个人
N0703	giedujia	kietutɕiз	各几个
N0704	giejie	kietɕɛ	纸
N0705	giezhe	kietʂɛ	什么时候
N0706	giezhema	kietʂəmɐ	无论何时
N0707	gieran	kiəɾз̃	光亮
N0708	gierenzhe	kieɾɐntʂз	发光
N0709	gierei	kiərei	阴面
N0710	gieru	kiəɾʊ	越过
N0711	gieruzhə	kiзɾʉtʂə	越着
N0712	ginan	kinʌ̃	馒头
N0713	konjie	kontɕз	冻
N0714	gonzhelie	kontʂзlз	被子
N0715	gongien	konkiз̃	轻
N0716	gongiesa	konkiesɐ	嫌轻
N0717	gongiere	konkiəɾз	变轻
N0718	gogo	koko	乳房
N0719	gogogva	kokoʁʌ	喂奶
N0720	gojia	kotɕɐ	自己
N0721	gua	kuɐ	瓜
N0722	gun	kʊ̃	深

续表

序号	东乡语记音符号	国际音标	汉译
N0723	gunda	kuntɐ	变深
N0724	gunsa	kʊnsɐ	嫌深
N0725	gundu	kʊntʊ	重
N0726	gugu	kʊkʊ	布谷鸟
N0727	gucha	kʊtʂ^{h}ɐ	雕
N0728	lailie	leiliɛ	混合
N0729	lailiesen	leiliəsɜ̃	混合的
N0730	laosa	ləʊsɐ	骡子
N0731	lala	lɐlɐ	快，赶紧
N0732	lalagvan	lɐlɐʁɤ̃	慢，小心的
N0733	lashigva	lɐʂʅʁ̥ɐ	面条
N0734	lachin	lɐtʂ^{h}ʅ̃	叶子
N0735	lashi	lɐʂʅ	舔着吃
N0736	loto	lot^{h}o	笼头
N0737	ma	mɐ	给
N0738	mao	mou	坏，不好
N0739	maoer	moɚ	猫儿
N0740	manan	mɐnɤ̃	鼹鼠
N0741	mani	mɐnɪ	咱们的
N0742	manugvun	mɐnʊʁʊ̃	属于咱们的
N0743	manantu	mʌnʌnt^{h}u	有鼹鼠的
N0744	man	mɤ̃	都，全部
N0745	mensun	mɜ̃sʊ̃	冰
N0746	mandou	mɜntəu	冰雹
N0747	manlou	mɐ̃ləu	额头
N0748	magva	mɐʁɐ	早晨
N0749	magvala	mʌʁɐlɐ	帽子
N0750	magvashi	mʌʁɐʂʅ	明天

续表

序号	东乡语记音符号	国际音标	汉译
N0751	magvashijie	mʌʁɐʂ̥ʅtɕɜ	明天
N0752	magvun	mʌʁʊ̃	我们，咱们
N0753	mata	mɐt^{h}ɐ	忘记
N0754	matan	mɐt^{h}ʌ̃	咱们
N0755	matu	mɐt^{h}ʊ	这样
N0756	matuma	mɐt^{h}ʊmɐ	无论如何
N0757	mara	mɐɾɐ	膘
N0758	marane	mɐɾɐnɜ	窥视
N0759	mare	mʌɾɜ	跟我，和我
N0760	mase	mʌsɜ	从我
N0761	masa	mʌsɐ	木头碗
N0762	melie	mɛlɛ	前面
N0763	melieshi	melɜʂʅ	原先，以前
N0764	melieshigvan	meleʂʅʁ̥ʌ̃	往前一些
N0765	meliedu	məlɛtʊ	前面的
N0766	medun	mɜtʊ̃	裤子
N0767	mejie	mɜtɕɜ	知道
N0768	mejiegva	metɕeʁɐ	让知道
N0769	mejiene	metɕenɛ	会知道
N0770	mejiese	mɛtɕesɜ	知道的话
N0771	mejieye	mətɕejɛ	一起知道
N0772	mejiezhi	mətɕetʂʅ	知道
N0773	mejiesan	mətɕesɜ̃	知道的
N0774	mejiegvaku	mətɕeʁɐk^{h}ʊ	知道的
N0775	miengu	miɜnkʊ	银子
N0776	mina	minɐ	鞭子
N0777	minatu	minɐt^{h}ʊ	有鞭子的
N0778	minada	minɐtɐ	用鞭子打

续表

序号	东乡语记音符号	国际音标	汉译
N0779	mini	minɪ	我的
N0780	minugvun	minʊʁʊ̃	属于我的
N0781	migva	miʁɐ	肉
N0782	migvatu	mɪʁɐt^{h}ʊ	有肉的
N0783	mila	məilɐ	小
N0784	milasa	meilɐsɐ	嫌小
N0785	milashi	məilɐʂʅ	变小
N0786	milashigva	məilɐʂʅ̥ʁɐ	弄小
N0787	musi	mʊsɿ	穿
N0788	musine	mʊsɿnɐ	要穿
N0789	musije	mʊsɿʝɛ	一起穿
N0790	musise	mʊsɿ̥sɜ	穿的话
N0791	musisan	mʊsɿ̥sɜ̃	穿了的
N0792	musiwo	mʊsɿwo	穿了
N0793	musigva	mʊsɿʁɐ	让穿
N0794	mo	mo	路
N0795	motu	mot^{h}ʊ	有路
N0796	mogvei	moʁəi	蛇
N0797	nigveutu	moʁeit^{h}ʊ	蛇多的
N0798	moɾon	moɾɜ̃	河
N0799	moɾei	moɾɪ	马
N0800	moɾeichi	moɾitʂ^{h}ʅ	卖马的人
N0801	muni	mʊnɪ	刚才
N0802	munigvan	mʊnɪʁʌ̃	刚刚
N0803	mugvu	mʊʁʊ	碰，顶撞
N0804	mugvudu	mʊʁʊntʊ	相互碰撞
N0805	mugvutu	mʊʁʊt^{h}ʊ	钝的
N0806	mugvudou	mʊʁʊtəu	捻线的工具

续表

序号	东乡语记音符号	国际音标	汉译
N0807	mugvune	mʊʁɵnɜ	要顶
N0808	mugvuje	mʊʁʊjɛ	一起顶，一起碰
N0809	mugvuse	mʊʁʊsɜ	碰撞的话，顶的话
N0810	mugvusen	mʊʁʊɜ̃	碰了的
N0811	mugvuwo	mʊʁʊwo	碰了
N0812	mugvugva	mʊʁʊʁɐ	让碰撞
N0813	mushigvei	mʊʂʅʁ̥əi	拧
N0814	mushigveine	muʂʅʁ̥eine	要拧
N0815	mushigveije	mʊʂʅʁ̥eijɜ	一起拧
N0816	mushigveisan	muʂʅʁ̥eisɐn	拧过的
N0817	mushigveiwo	mʊʂʅʁ̥eiwo	拧了
N0818	muture	mutʰʊɾɜ	脱落，凋零
N0819	muturene	mutʰʊɾɜnɛ	脱落，凋零
N0820	muturese	mʊtʰɵɾɜsɜ	脱落的话，凋零的话
N0821	muturesan	mʊtʰɵɾɜsɐn	脱落的，凋零的
N0822	mutureje	mʊtʰɵɾɜjɜ	一起脱落
N0823	muchugvun	mʊtʂʰʊʁʊ̃	裸体
N0824	muchugvulie	mʊtʂʰʊ̥ʁ̥ʉlɛ	脱光
N0825	muru	mʊɾʊ	牛叫
N0826	sa	sɐ	挤奶
N0827	sane	sɐnɛ	挤奶
N0828	saje	sɐjɛ	一起挤奶
N0829	sase	sɐsɜ	挤奶的话
N0830	sagva	sɐʁʌ	让挤奶
N0831	sasen	sɐsɐn	挤奶的
N0832	sawo	sɐwo	挤过奶
N0833	sazhi	sɐtʂʅ	挤着奶
N0834	sagvane	sɐʁʌnɜ	要挤奶

续表

序号	东乡语记音符号	国际音标	汉译
N0835	sagvaje	sɐʁɐjɜ	让挤奶
N0836	sagvase	sɐʁɐsɜ	让一起挤奶
N0837	sagvasan	sɐʁɐsɐn	让一起挤奶的
N0838	sagvaku	sɐʁɐk^{h}ʊ	让一起挤奶的
N0839	sagvazhi	sɐʁɐtʂʅ	让一起挤奶着
N0840	sao	səu	坐
N0841	saone	sɜunɜ	要坐
N0842	saoje	səʉjɜ	一起坐
N0843	saose	səʉsɜ	坐的话
N0844	saosan	səʉsɜ̃	坐下的
N0845	saowo	soʊwo	坐了
N0846	saozhi	səʉtʂʅ	坐着
N0847	saogva	soʊʁɐ	让坐
N0848	saogvazhi	soʊʁɐtʂʅ	让坐着
N0849	saodan	səʉtɐŋ	坐的样子
N0850	saogvasan	səʊʁɐsɜ̃	让坐下的
N0851	saogvane	soʊʁɐnɜ	让坐
N0852	saogvaje	soʊʁɐjɜ	让一起坐
N0853	saotala	soʊt^{h}ɐlɐ	正坐下的时候
N0854	sana	sɐnɐ	想，计算
N0855	san	sʌ̃	梳子
N0856	sanla	sʌ̃lɐ	梳头
N0857	sanatala	sɐnɐt^{h}ɐlɐ	正想的时候
N0858	sanana	sɐnɐnɐ	想
N0859	sanawo	sɐnɐwo	想了
N0860	sanagva	sɐnɐʁɐ	让想
N0861	sanaje	sɐnɐjɜ	一起想，一起算
N0862	sanazhi	sɐnɐtʂʅ	想着，算着

续表

序号	东乡语记音符号	国际音标	汉译
N0863	sanase	sɐnɐsɜ	想的话，算的话
N0864	sanasan	sɐnɐsɜ̃	想了的，算了的
N0865	sanandu	sɐnɐntu	相互想，互相计算
N0866	sanshi	sʌ̃ʂʅ	三十
N0867	sagva	sɐʁɐ	荞麦
N0868	sagvatu	sɐʁɐt^{h}ʊ	有荞麦的
N0869	sagvan	sɐʁʌ̃	胡子
N0870	sagvantu	sɐʁɐnt^{h}u	有胡子的
N0871	sagvei	sʌʁəi	守卫，等
N0872	sagveizhi	sɐʁeitʂʅ	守着，等着
N0873	sagveine	sɐʁeinɜ	要等，要守
N0874	sagveije	sɐʁeijɜ	一起等，一起守
N0875	sagveise	sɐʁəisɜ	等的话，守的话
N0876	sagveisan	sɐʁəisɐn	等的，守的
N0877	sagvetala	sɐʁəit^{h}ɐlɐ	等的时候，守的时候
N0878	sagveiwo	sɐʁəɪwo	守了，等了
N0879	sagveigva	sɐʁəɪʁɐ	让等，让守
N0880	sala	sɐlɐ	树杈
N0881	salatu	sɐlɐt^{h}ʊ	有树杈的
N0882	samu	sʌmʊ	蔓菁，白菜根
N0883	samusa	sɐmʊsɐ	蒜，有蒜的
N0884	sazhigvei	sɐtʂʅʁəi	喜鹊
N0885	saɾa	sɐɾɐ	月亮
N0886	saɾatu	sɐɾɐt^{h}ʊ	有月亮的
N0887	saɾisun	sɐɾɪsʊ̃	蝙蝠
N0888	saigvan	seiʁʌ̃	美丽的
N0889	saigvala	seiʁɐlɐ	主人送客
N0890	saigvatu	seiʁɐt^{h}ʊ	变美

续表

序号	东乡语记音符号	国际音标	汉译
N0891	sishi	sʅʂʅ	四十
N0892	sira	sʅɾɐ	断开
N0893	sirazhi	sʅɾɐtʂʅ	断着
N0894	sirane	sʅɾɐnɜ	要断
N0895	sirase	sʅɾɐsɜ	断了的话
N0896	sirasan	sʅɾɐsɐn	断了的
N0897	siratala	sʅɾɐtʰɐlɐ	正断的时候
N0898	siragvase	sʅɾɐʁɐsɜ	让断的话
N0899	sonosu	sonosʊ	听见
N0900	sonosuje	sonosujɛ	一起听见
N0901	sogvo	soʁo	木制水桶
N0902	sogvei	soʁəi	左
N0903	sogveichi	soʁeitʂʰʅ	左撇子
N0904	soje	sojɛ	毒牙
N0905	sunghuna	sʊŋqʊnɐ	葱
N0906	sunghu	sʊŋqʊ	选择
N0907	sungvuna	sʊŋqʊnɐ	要选
N0908	sunghuse	sʊŋqʊsɜ	如果选的话
N0909	sunghuzhi	sʊŋqʊtʂʅ	选着
N0910	sunghudan	sʊŋqʊtɤ̃	选的方法
N0911	sugva	sʊ̥ʁ̥ɐ	教育
N0912	sugvane	su̥ʁ̥ɐnɜ	要教育
N0913	sugvaje	su̥ʁ̥ɐjɜ	一起教育
N0914	sugvazhi	su̥ʁ̥ɐtʂʅ	教着
N0915	sugvatala	su̥ʁ̥ɐtʰɐlɐ	教的时候
N0916	sugvase	su̥ʁ̥ɐsɜ	教的话
N0917	sugvasen	su̥ʁ̥ɐsɐn	教了的
N0918	sugvadan	su̥ʁ̥ɐtɐŋ	教的方法

续表

序号	东乡语记音符号	国际音标	汉译
N0919	sugvawo	su̥ʁɐwo	教了
N0920	sugho	su̥qo	瞎子
N0921	sugie	su̥kiɛ	斧子
N0922	sukiendu	su̥kiɜntʊ	互相骂
N0923	sugiezhi	su̥kietʂ̥ʅ	骂着
N0924	sugiene	su̥kienɜ	要骂
N0925	sugieye	su̥kiejɜ	一起骂
N0926	sugiese	su̥kiəsɜ	骂的话
N0927	sugiewo	su̥kiɜwo	骂了
N0928	sugiesan	su̥kiəsɐn	骂了的
N0929	sugiegva	su̥kiɜʁɐ	让骂
N0930	sula	sulɐ	松
N0931	sulaɾa	sʊlɐɾɐ	变松
N0932	sumu	sumʊ	箭
N0933	suna	sunʌ	伸开
N0934	sunazhi	sunɐtʂ̥ʅ	伸着
N0935	sunasan	sunɐsɜ̃	伸了的
N0936	sunane	sunɐnɜ	要伸
N0937	sunaye	sunɐjɛ	一起伸
N0938	sunadan	sunɐtʌ̃	伸的样子
N0939	sunaku	sunɐkʰʊ	伸的
N0940	sumegve	sumɜʁɐ	锥子
N0941	sumegvelie	sʉmɜʁɜlɛ	用锥子扎
N0942	sumuda	sʊmʊtʌ	射箭
N0943	sudo	sʅ̥to	醉
N0944	sidoshi	sʅ̥toʂ̥ʅ	往里边
N0945	sudone	sʅ̥tonɐ	要醉
N0946	sudoye	sʅ̥tojɜ	一起醉

续表

序号	东乡语记音符号	国际音标	汉译
N0947	sudozhi	sɿtotʂʅ	醉着
N0948	sudose	sɿtosɜ	醉的话
N0949	sudosen	sɿtosɜ̃	醉了的
N0950	sudogva	sɿtoʁɐ	让醉
N0951	sidoshigvan	sɿtoʂʅʁɐŋ	往里一些
N0952	sidoro	sɿtoro	里面
N0953	sidorodu	sɿtorotʊ	里面的，内心的
N0954	suru	sʊrʊ	学
N0955	surune	sʊrʊnɜ	要学
N0956	suwa	sʊwʌ	渠道
N0957	suwatu	sʊwʌtʰu	有渠道的
N0958	sida	sɿtɐ	扯开，摘
N0959	sidane	sɿtɐnɜ	要扯，要摘
N0960	sidaye	sɿtɐjɛ	一起扯，一起摘
N0961	sidase	sɿtɐsɜ	要摘的话，要扯的话
N0962	sidasan	sɿtɐsɜ̃	扯了的，摘了的
N0963	sidazhi	sɿtɐtʂʅ	摘着，扯着
N0964	sidawo	sɿtɐwo	扯了，摘了
N0965	sidagva	sɿtɐʁɐ	祭典
N0966	sidantu	sɿtɐŋtu	互扯
N0967	sidasun	sɿtɐsʊ̃	筋，脉
N0968	sitiira	sɿtɨrɐ	着火
N0969	sidiirazhi	sɿtɨrɐtʂʅ	火着着
N0970	sitiirane	sɿtɨrɐnɜ	要着火
N0971	sizhagvan	sɿtʂɐʁɐŋ	老鼠
N0972	sizhi	sɿtʂʅ	撒，泼
N0973	sizhizhi	sɿtʂʅtʂʅ	撒着，泼着
N0974	sizhine	sɿtʂʅnɜ	要撒，要泼

续表

序号	东乡语记音符号	国际音标	汉译
N0975	sizhise	sʅtʂ̥ʅsɜ	撒的话，泼的话
N0976	sizhiwo	sʅtʂ̥ʅwo	撒了，泼了
N0977	sizhiku	sʅtʂ̥ʅk^{h}u	撒的，泼的
N0978	sizhigva	sʅtʂ̥ʅʁɐ	让撒，让泼
N0979	sizhigvane	sʅtʂ̥ʅʁɐnɜ	撒了，泼了
N0980	xiaogve	ɕəʊʁɜ	耳环
N0981	xiaotulie	ɕəʉt^{h}ʉlɜ	跪
N0982	xiaojie	ɕəʉtɕɛ	影子
N0983	xien	ɕɛn	尾巴
N0984	xientu	ɕɜnt^{h}ʊ	有尾巴的
N0985	xieni	ɕeni	晚上
N0986	xieɾei	ɕeɾɪ	醒
N0987	xieɾun	ɕeɾʊ̃	粗糙的
N0988	xieɾugvan	ɕeɾʊʁʌ̃	粗糙的
N0989	xieɾusha	ɕəɾʊ̃ʂɐ	变粗糙
N0990	xinie	ɕiniɛ	笑
N0991	xiniedun	ɕiniətʊ̃	笑话
N0992	xiniene	ɕiniɛnɜ	要笑
N0993	xinieje	ɕinejɛ	一起笑
N0994	xiniezhi	ɕiniətʂʅ	笑着
N0995	xiniese	ɕiniəsɛ	笑的话
N0996	xiniesen	ɕiniəsɜ̃	笑了的
N0997	xiniegva	ɕiniəʁɐ	让笑
N0998	xiniendu	ɕiniɜntʊ	互相取笑
N999	xinietala	ɕiniet^{h}ɐlɐ	笑的时候
N1000	xiniedan	ɕiniətʌ̃	笑的样子
N1001	xiniegvane	ɕiniɜʁɐnɐ	让笑

三、频谱图样本

(一)单元音频谱图

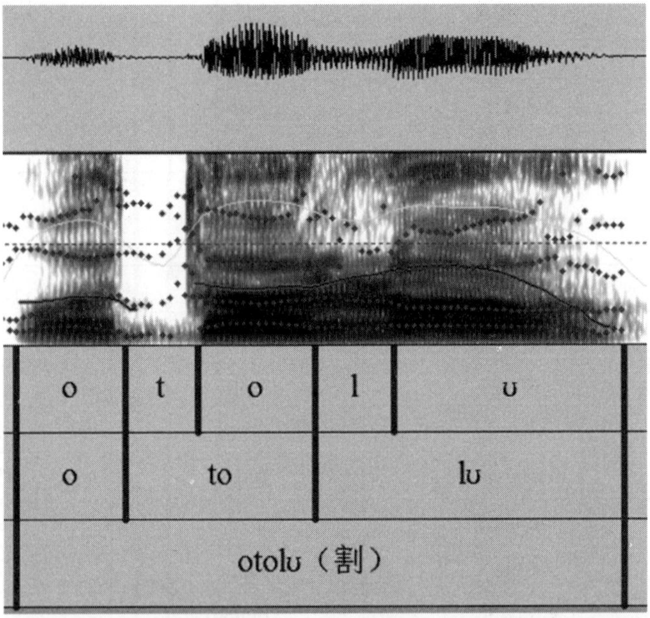

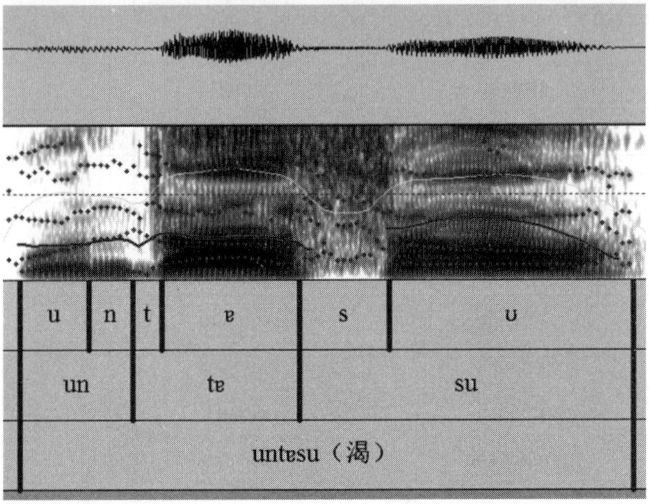

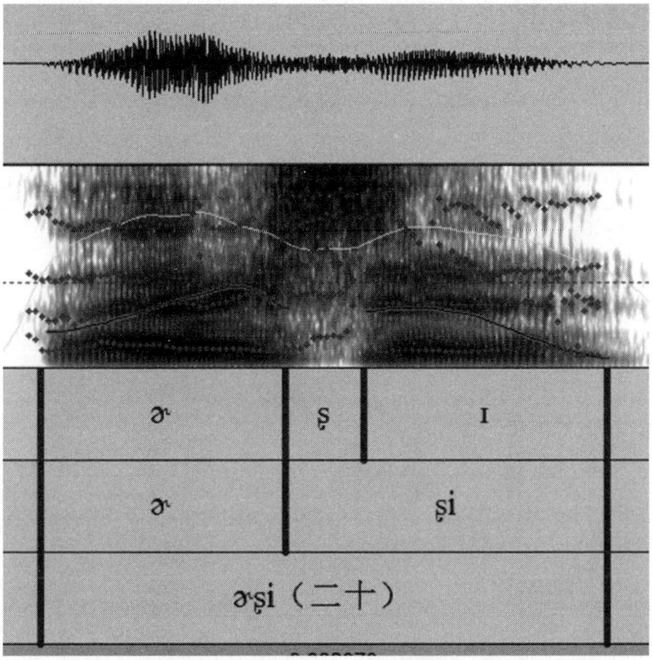
ɚ
ṣ
ɪ
ɚ
ṣi
ɚṣi（二十）

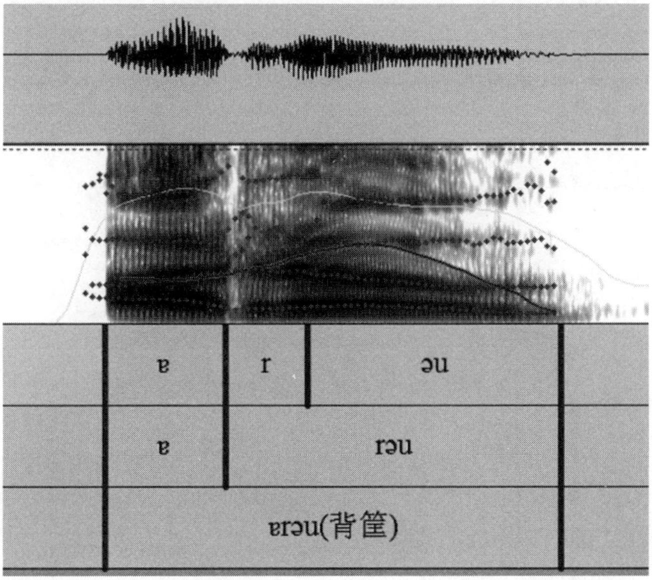
ɐ
r
əu
ɐ
rəu
ɐrəu(背筐)

（二）二合元音频谱图

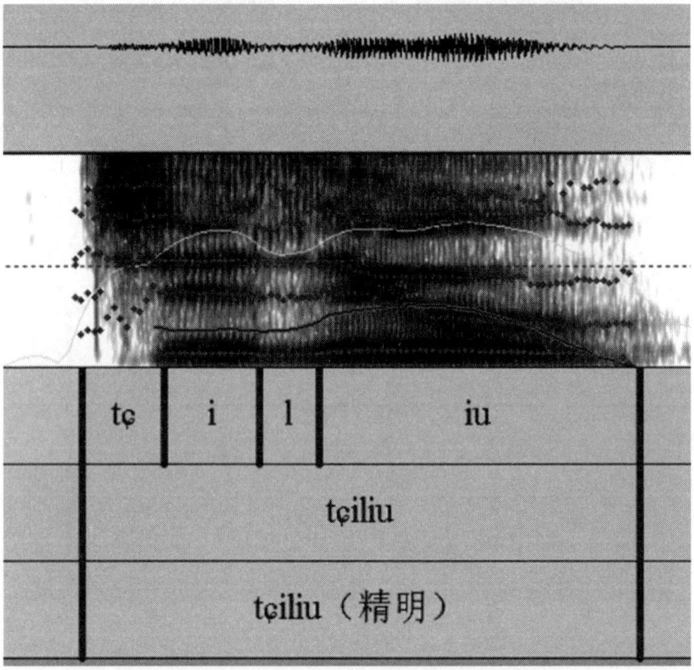

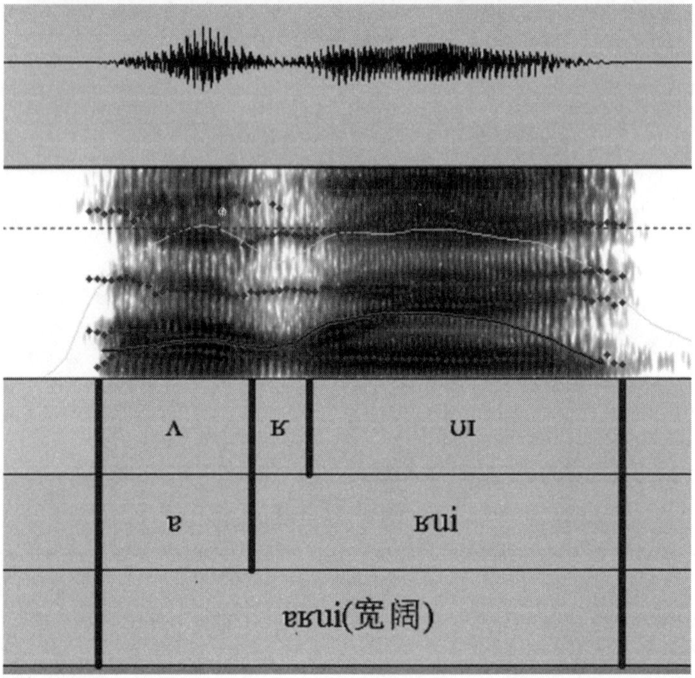

（三）三合元音频谱图

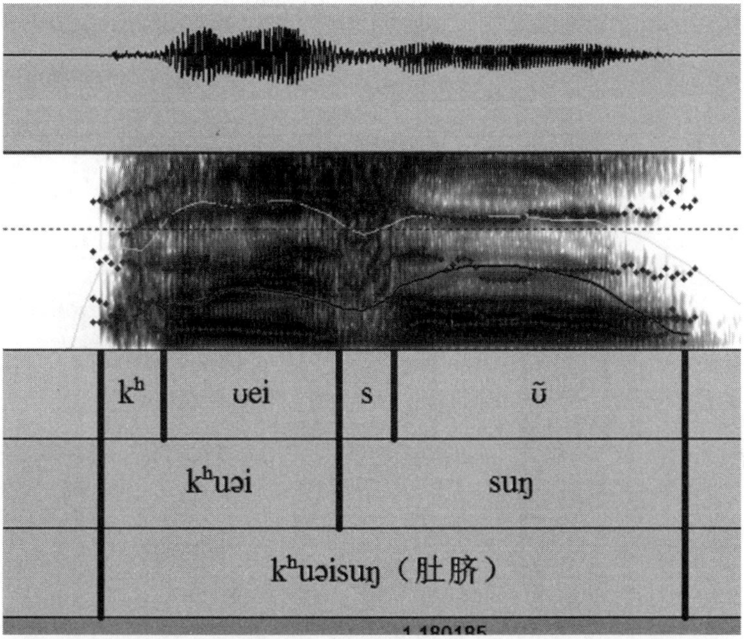

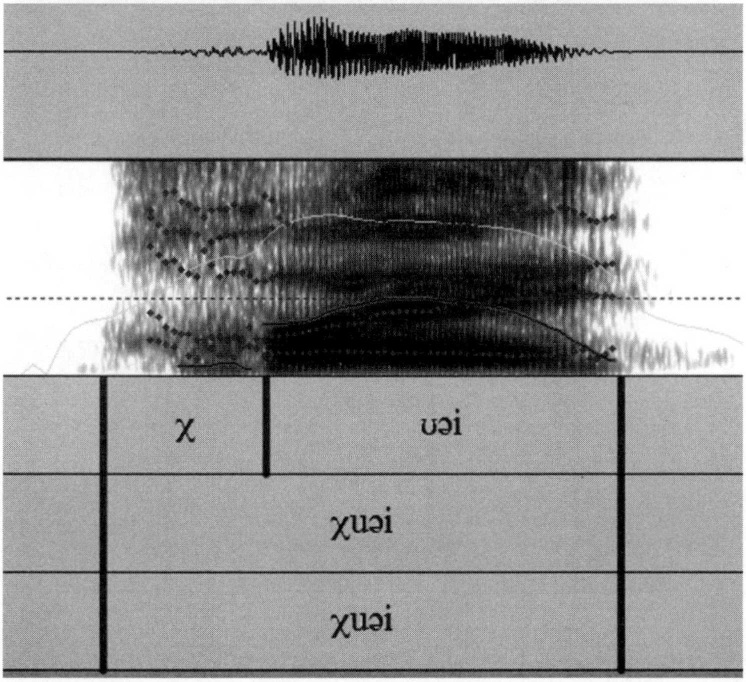

（四）频谱图

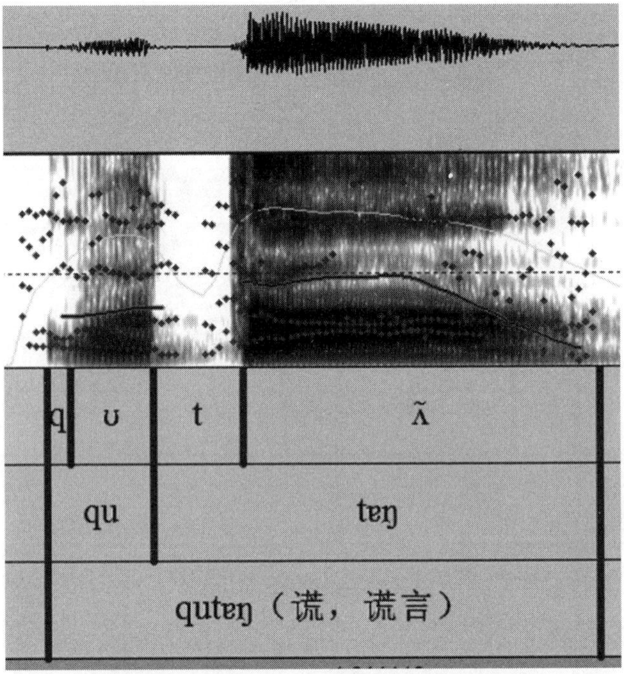

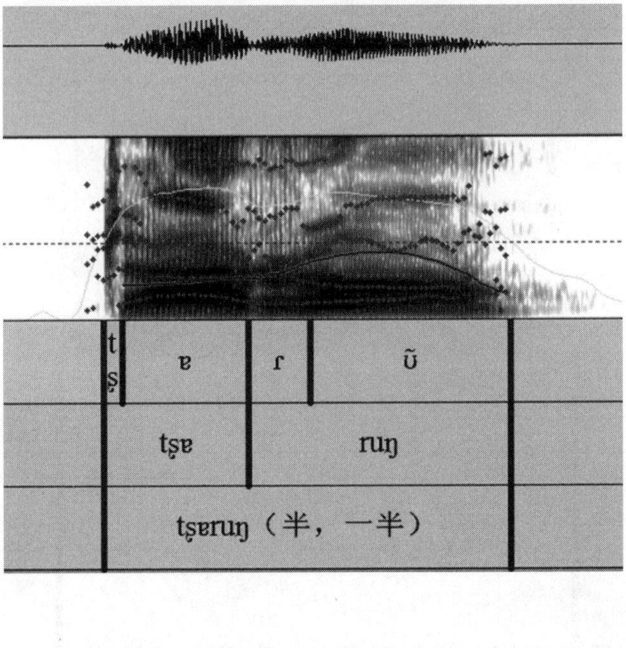

（五）辅音频谱图

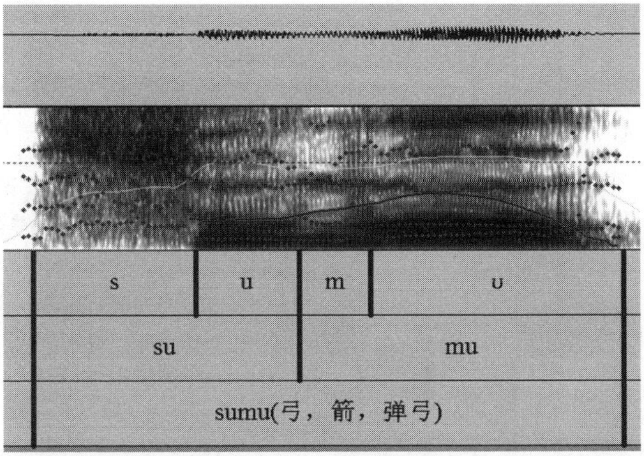

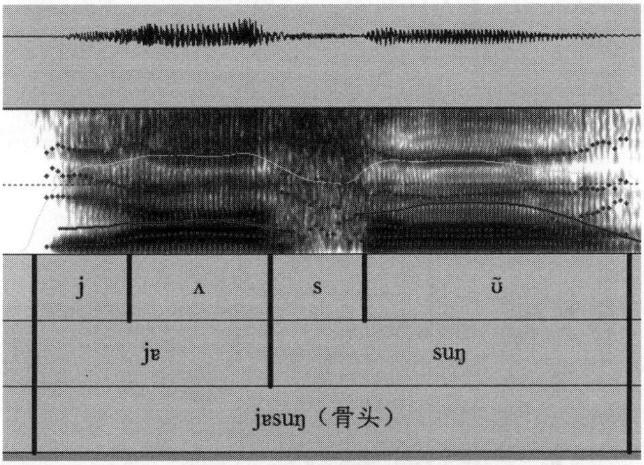

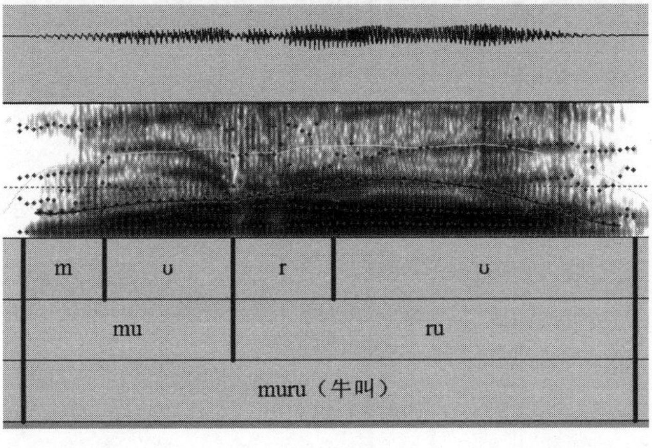

（六）重音频谱图

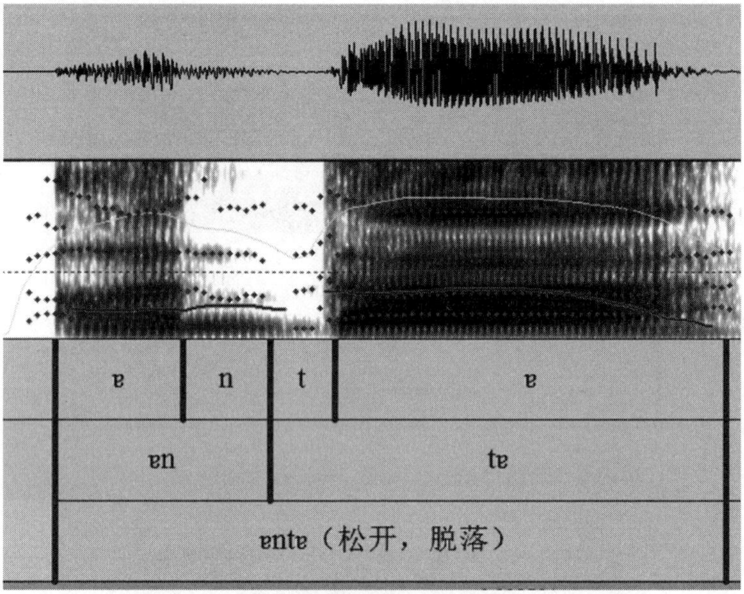

（七）重音频谱图（汉语借词）

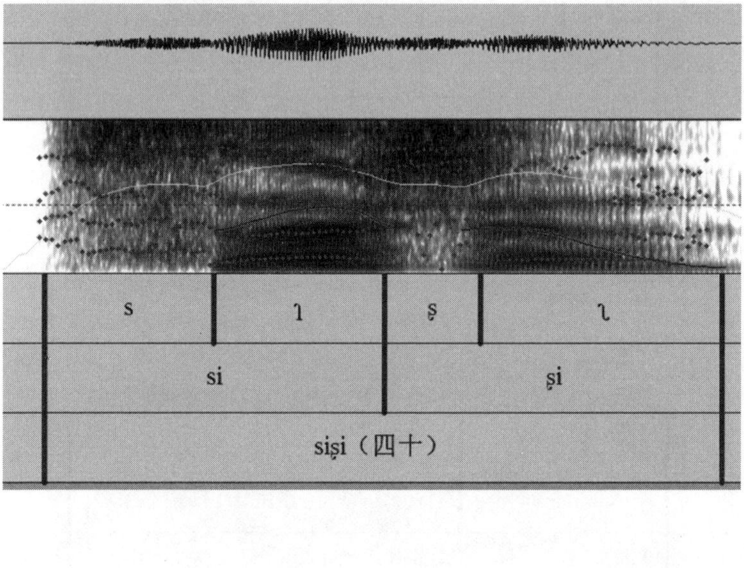

图书在版编目（CIP）数据

东乡语音系研究 / 呼和额日格著 . — 北京：民族出版社，2023.8

ISBN 978-7-105-17078-4

Ⅰ.①东… Ⅱ.①呼… Ⅲ.①东乡语—语音系统—研究 Ⅳ.① H233.1

中国版本图书馆 CIP 数据核字（2023）第 178076 号

东乡语音系研究

责任编辑：孙秀梅
责任校对：阿茹汗
出版发行：民族出版社
地　　址：北京市东城区和平里北街 14 号
邮　　编：100013
电　　话：010-58130062（蒙文编辑室）010-58130904（蒙文发行科）
　　　　　010-64224782（发行部）
网　　址：http://www.mzpub.com
印　　刷：河北鑫兆源印刷有限公司
经　　销：各地新华书店
版　　次：2023 年 12 月第 1 版　2023 年 12 月北京第 1 次印刷
开　　本：787 毫米 ×1092 毫米　1/16
字　　数：260 千字
印　　张：16.5
定　　价：48.00 元
书　　号：ISBN 978-7-105-17078-4/H · 1229（汉 425）